Les nouveaux martyrs d'Allah

Du même auteur

Le Discours Populaire de la Révolution Iranienne. (en collaboration avec Paul Vieille), deux volumes, Paris, Éditions Contemporanéité, 1990

L'Utopie sacrifiée. Sociologie de la révolution iranienne, Presses de la Fondation Nationale des Sciences Politiques, Paris, 1993

Le Foulard et la République (en collaboration avec Françoise Gaspard), Paris, La Découverte, 1995

Sous le voile islamique (en collaboration avec Chahlâ Chafiq), Paris, Éditions du Félin, 1995

L'Islamisme et la mort, le martyre révolutionnaire en Iran, paris, L'Harmattan, 1995

L'Islam des jeunes, Paris, Flammarion, 1997

Anthropologie de la révolution iranienne, le rêve impossible, Paris, L'Harmattan, 1997

Iran: comment sortir d'une révolution religieuse? (en collaboration avec Olivier Roy), Paris, Seuil, 1999

La recherche de soi, dialogues sur le sujet (en collaboration avec Alain Touraine), Paris, Fayard, 2000

L'Instance du sacré, Paris, Cerf, 2001

Farhad Khosrokhavar

Les nouveaux martyrs d'Allah

Flammarion

Ouvrage publié sous la direction de
Perrine Simon-Nahum

ISBN : 02-08-068317-9

Introduction

Tout au long du XXe siècle, le monde moderne a voulu enterrer la religion au rang des affaires privées de l'individu. Or, depuis quelques décennies, on assiste à un retour en force des formes de religiosités ostentatoires qui défient l'espace public qu'elles investissent, en rupture avec la société, voire en lutte contre elle.

Loin de représenter des reliquats d'archaïsme en voie de disparition, ces religiosités violentes s'inscrivent en continuité avec le monde moderne. La dynamique qui les produit est celle-là même qui définit nos conditions d'existence, culturelles et politiques. Souvent marquées par la place prépondérante de la mort dans leur vision du monde, elles concernent presque toutes les religions, même si on s'intéressera ici exclusivement à l'islam, tout simplement parce que l'auteur de ces lignes est incompétent sur les autres religions.

En Occident, le problème de l'islam et de ses formes activistes se pose pour de multiples raisons. D'une part, parce que les anciens cloisonnements sont en voie de disparition, la mondialisation rendant difficile l'existence de civilisations étanches et distinctes comme par le passé. Il y a un siècle, l'Occident était de manière écrasante peuplé de chrétiens. À présent, cela est beaucoup moins vrai. Les bouleversements du monde moderne et le brassage de populations d'origines diverses en son sein ont entraîné depuis moins d'un demi-siècle la constitution de minorités musulmanes importantes un peu partout. Que ce soit en France (quelque quatre millions) en Angleterre (un million et demi), en Allemagne (plus de trois millions) et ailleurs en Europe ou aux États-Unis (aux alentours de quatre millions), les musulmans font désormais partie du paysage culturel et religieux. Le monde globalisé engendre aussi des phénomènes symboliques et culturels qui sont en relation les uns avec les autres, que ce soit par le biais des médias modernes, des formes nouvelles de communication ou, encore, du déplacement des masses importantes de population d'un coin à l'autre de la planète, avec la formation de diasporas de plus en plus variées. Des événements comme la guerre en Bosnie ou les luttes dans les territoires palestiniens sont vus en temps réel par les téléspectateurs du monde entier et engendrent des formes de compassion, d'indignation et de solidarité ou de rejet presque simultanés. Cela aussi brise les cloisons entre les diverses parties du monde.

Quant aux musulmans qui vivent en Occident, l'écrasante majorité d'entre eux s'adapte aux pays d'accueil et finit par s'y intégrer. Une infime minorité se radicalise pour des raisons spécifiques qui font la trame des analyses qui suivent. Les causes en sont variées. Il existe, pour commencer, les problèmes liés à l'indépendance des anciennes colonies après la Seconde Guerre mondiale (c'est le cas du Cachemire, territoire musulman dont la partie indienne est l'enjeu de la lutte entre le Pakistan et l'Inde), mais aussi les problèmes liés à la création d'Israël et la guerre de Six-Jours, puis ceux consécutifs à l'effondrement de l'empire soviétique (les cas bosniaque, tchétchène, voire afghan). Les formes islamiques de lutte aboutissant au *djihad* ou au martyre sont liées à la constitution de nouvelles nations qui rencontrent un obstacle sur leur chemin, ou, comme dans l'exemple iranien, à la formation de nations qui se trouvent en situation de guerre contre un autre pays. Malgré les différences qui séparent les cas iranien, palestinien, tchétchène, algérien ou afghan, ils ont en commun d'être animés par des mouvements islamiques qui identifient un but clair et un adversaire tout aussi distinct, contre lequel ils engagent la lutte. En Iran, la guerre contre l'Irak avait pour objectif de préserver l'indépendance nationale et les acquis de la Révolution islamique d'une part, de lutter contre l'adversaire irakien, de l'autre. Une rhétorique anti-occidentale faisait de la lutte contre l'impérialisme l'un des enjeux de la Révolution islamique mais cette visée a été rapidement marginalisée.

Un autre type de martyre foncièrement différent a vu le jour en liaison directe avec l'effondrement du monde bipolaire et de l'empire soviétique. C'est le martyre de type Al Qaeda. Même s'il partage de nombreux points communs avec celui qui a trait à une situation nationale, la subjectivité qui anime ses acteurs ainsi que la forme que revêt leur animosité à l'égard du monde sont fondamentalement autres.

L'analyse proposée ici se fonde sur l'étude des textes, sur l'expérience du terrain que j'ai eue en tant que sociologue et anthropologue dans le monde islamique et en France, mais aussi sur les entretiens menés, depuis un an et demi, dans des prisons françaises avec des musulmans dont certains sont condamnés pour association de malfaiteurs en vue d'une action terroriste, islamistes radicaux ou accusés par la justice de faire partie de réseaux islamistes. Ces discussions mettent en lumière la spécificité de leur engagement et la manière dont ils vivent leur subjectivité.

Un fait a la vie dure : les martyrs sont présentés comme des « fous d'Allah », mus par des motifs qui procèderont de la démence ou d'un hiatus par rapport à la vie occidentale. Ils ont des problèmes de personnalité ou, simplement, ne parviennent pas à s'intégrer dans nos sociétés, c'est-à-dire ne sont pas modernes et sont tout simplement incapables de se comporter en individus responsables et autonomes. Par ailleurs, ils seraient marginaux, exclus, réagissant à cette situation de rejet social et économique en s'insurgeant contre la société. Ce constat est vrai en partie pour les jeunes des banlieues en France et des quartiers pauvres en Angleterre. Une minorité des martyrs de type Al Qaeda s'y reconnaît. Mais une grande partie des membres de ce réseau ne peut être rangée dans cette catégorie. Leur subjectivité n'est pas celle d'individus marginalisés ou misérables, exclus ou rejetés par la société. Ils sont souvent issus des couches moyennes et n'ont aucun problème majeur d'intégration. Ils sont dans la plupart des cas bien au-delà et non en deçà de la moyenne de nos concitoyens. L'activiste islamiste susceptible devenir un terroriste transnational du type Al Qaeda est beaucoup plus complexe que ne l'imaginent la plupart des gens. Ceci contraste avec les descriptions courantes selon lesquelles les terroristes seraient les représentants d'un archaïsme ou simplement des êtres naïfs, fragilisés par leur incapacité à s'assumer dans la complexité de la société contemporaine et manipulés par quelques caïds. Même si ces constats sont en partie vrais, ils manquent l'essentiel. Ils sont au contraire, d'une certaine manière, les produits de notre monde et se donnent pour idéal la formation d'une *néo-umma* transnationale aussi floue que peut l'être notre modernité dans ses mythes et ses fantasmes. Ils construisent leur individualité dans un rapport inédit au monde actuel. La logique qui opère en leur sein ressemble à celle des sectes modernes.

Par-delà la diversité des formes du martyre islamique contemporain, on se gardera ici de deux écueils. L'analyse risque en effet d'être faussée si l'on considère chaque cas comme unique ou, au contraire, si on identifie la radicalisation à un simple fondamentalisme ou à l'islamisme. On tentera de pénétrer, dans la mesure du possible, la subjectivité de ces acteurs et de décrire phénoménologiquement leur motivation, leur intentionnalité, leur construction mentale du monde et leur manière de s'y insérer en le contestant. Il ne s'agit nullement d'une conception apologétique de leur action ou de leur représentation du monde. Comprendre n'est pas légitimer. Une sociologie ou une anthropologie qui feraient l'économie de la compréhension pour condamner sommairement ou donner une vision traditionnelle ou prémoderne de cette subjectivité ferait fausse route, parce qu'elle rendrait impossible une réflexion approfondie sur les malaises de notre monde moderne. Le second écueil consiste à ranger sous la catégorie de l'islamisme tous les modes d'action radicale se réclamant de l'islam.

Ce travail, qui s'inspire en particulier de mon expérience iranienne de 1977 à 1991 et de mes travaux de terrain en France à partir de 1992, se veut un jalon pour pénétrer dans la compréhension des formes extrêmes de subjectivation. L'islam en est la trame de fond. Les références à la théologie et à l'anthropologie islamiques donnent en partie les formes de légitimation des radicalismes religieux. Mais il s'agit, au-delà, de voir l'interaction entre la religion et les conditions de vie modernes et la manière dont les nouvelles formes de subjectivation infléchissent l'islam dans des directions souvent insoupçonnées.

Les deux formes de martyre

Dans les sociétés musulmanes, le martyr est une figure intermédiaire entre le héros et le saint. Dans la pratique courante, au sein du chiisme comme du sunnisme, la figure du saint existe bel et bien. Pourtant, l'orthodoxie sunnite l'exclut : il ne doit pas y avoir d'intermédiaire entre Allah et ses Créatures et même le Prophète n'est, à proprement parler, qu'un être humain. Ce sont les pratiques locales, mais aussi les confréries, les zaouias et le maraboutisme qui introduisent subrepticement la notion de sainteté à partir de la *baraka*, cette capacité de démultiplier les biens, de prévenir ou de guérir les maladies ou, plus globalement, de rendre propice la vie en exauçant les vœux des fidèles.

Dans l'islam chiite[1], on perçoit la présence des équivalents de la sainteté catholique dans les figures des douze imams. Ils font offfice de médiateurs entre les hommes et Dieu par leur filiation avec le Prophète dont ils sont les descendants indirects, par le biais d'Ali, son gendre et cousin. Le martyr n'est pas un saint, mais une fois qu'il a étreint la mort sacrée, il peut se mesurer aux figures saintes et devenir leur compagnon au Paradis. Il procède aussi du héros, mais son héroïsme n'est pas de nature profane, puisqu'il s'engage pour une cause noble et religieuse qui relève d'une logique de mérites dans l'autre monde. Le martyr sunnite est celui qui meurt dans la voie de Dieu, en prenant part au *djihad.* Dans le chiisme, le martyr relève de cette « sainteté perdante[2] » que l'on trouve, pour des raisons historiques similaires, dans l'Europe du Sud-Est. Dans le cas chiite, du moins dans la période de fixation des modèles de sainteté qui s'achève avec l'occultation du douzième imam disparu en 874, les communautés qui s'en réclament sont souvent persécutées et surtout, se perçoivent comme telles par les sunnites. Tout comme dans les Balkans, les martyrs chiites font traditionnellement l'objet d'un culte doloriste[3]. Par contre, la « fabrique des martyres », dans le sens de la multiplication des candidats à la mort sacrée, est une activité qui se développe dans l'ère moderne, contrairement aux théories de sécularisation classique qui en annonçaient la fin, avec la modernisation des sociétés.

Cette apparition de nouveaux martyrs n'est pas due à la reproduction des structures traditionnelles dans les sociétés musulmanes, encore moins à la volonté de certaines communautés de s'opposer à la modernisation. Les nouveaux martyrs sont bel et bien, parfois sous une forme excessive, voire pathologique, les figures nouvelles de l'affranchissement vis-à-vis de la tradition. Ils le font en épousant des formes de légitimité qui se réclament officiellement de cette tradition tout en la marginalisant dans les faits. Nous sommes face au paradoxe, devenu classique pour les sociologues de la religion, d'une nouvelle religiosité qui introduit une rupture avec les formes traditionnelles de vie communautaire tout en occultant cette rupture au nom d'une version plus « authentique » d'un islam des origines. Une grande partie de la nouveauté du phénomène, dit « islamiste », réside dans l'utilisation ambivalente du registre de la tradition religieuse en vue de la saper.

Le martyre en tant que sacrifice de soi pour une cause sacrée se retrouve dans la plupart des religions et, en particulier, dans les religions abrahamiques. Il s'associe, dans le christianisme tout comme dans l'islam, à la notion de témoignage, cette idée étant elle-même reliée à celle de lutte contre l'injustice et l'oppression. À part l'islam, dans la religion sikh, l'association est forte. Le lien se fait par le recours à l'idée que l'injustice a son origine dans le déni de reconnaissance de Dieu, que l'oppresseur est hérétique. La lutte contre l'hérésie et l'impiété peut dès lors être à l'origine du martyre, combattre jusqu'à la mort, ceux qui frelatent la religion allant de pair avec la dénonciation des tyrans et des oppresseurs.

Dans les modalités de l'action, deux types de martyre sont à relever. Le premier est un martyre défensif. Il s'agit non pas de lutter avec violence contre l'hérétique ou l'oppresseur, mais de témoigner, jusqu'à la mort, de la justesse de sa cause en lui opposant une attitude de défi non violent. Tel est le cas du martyr chrétien. Il rejette l'action violente, mais il refuse tout autant d'obtempérer à l'ordre du gouverneur ou de l'empereur romain qui voudrait l'obliger à suivre la religion officielle. Le christianisme n'est pas la seule religion à promouvoir le martyre défensif. Le bouddhisme y a eu recours tout aussi bien, comme en témoigne l'autodafé des moines bouddhistes au Vietnam dans les années soixante, en protestation contre le gouvernement militaire.

Le second type de martyre est de caractère offensif. Il implique la lutte active, au besoin violente, contre ceux que l'adepte considère comme oppresseurs et hérétiques. Le sacrifice de soi implique la volonté d'annihiler l'ennemi dans une lutte où l'un ou l'autre peut avoir le dessus.

Si les deux types de martyre sont animés par l'idée de sacrifice de soi, chacun garde sa spécificité dans les formes d'action, ce qui les rend fondamentalement différents.

Le martyre défensif

Martyr provient du mot grec *martus* qui devient *marturos*, *martures* et signifie essentiellement témoin. L'expression était utilisée dans les tribunaux grecs. Jusqu'au IIe siècle chrétien, il n'a jamais désigné la mort pour une cause. Avec l'apparition de ce nouveau sens, l'acception de « témoin » dans un tribunal s'estompe progressivement, laissant la place à la nouvelle signification. Cela ne veut pas dire qu'avant le IIe siècle la volonté de mourir en martyr n'existait pas chez les chrétiens. Nombre d'exemples, comme celui d'Ignace d'Antioche au début du IIe siècle, en témoignent. Épris de la mort, il envisageait avec joie les tortures qui l'attendaient[4]. L'affect martyriste existait même si l'expression n'était pas là pour désigner sémantiquement sa spécificité.

Le martyre chrétien voit le jour dans l'Empire romain[5] et se trouve, dès l'origine, fortement lié à cette situation historique et culturelle. Son apparition engendre, chez les Romains, stupéfaction et incompréhension. Comment un être raisonnable peut-il se lancer dans un « suicide irrationnel », se demande Marc Aurèle, empereur stoïcien. Surtout lorsqu'il s'agit de faire porter le coup mortel par les autres et non par soi.

Dans le martyre volontaire que recherchaient les aspirants chrétiens, les païens voyaient des signes de démence. Ils s'étonnaient de voir des gens se précipiter dans la mort en suscitant intentionnellement la colère du gouverneur ou de l'empereur. Passe encore le souci de ne pas sacrifier à celui-ci. Mais agir ostentatoirement et imiter ceux qui l'avaient refusé pour se faire délibérément mettre à mort, cela dépassait la saine raison[6].

Selon Eusèbe de Césarée[7], à l'époque de Dioclécien, le premier martyr Procope refusa de sacrifier aux dieux devant le gouverneur. Il dit ne connaître qu'un seul Dieu à qui il voulait se sacrifier en personne. Il eut pour cela la tête tranchée. Les martyrs poussaient quelquefois la témérité jusqu'à faire physiquement obstacle aux actes de sacrifice des gouverneurs. Tel fut le cas du jeune Apphianos. Il s'avança vers le gouverneur Urbanus qui offrait une libation, le prit par la main droite, et l'empêcha de sacrifier. Puis, il l'exhorta à se détourner de son erreur et à abandonner le sacrifice aux idoles. Il fut déchiré comme les bêtes sauvages, dit Eusèbe, par l'entourage du gouverneur. Aux yeux des autorités romaines, la dimension profanatoire du martyre se doublait d'une autre, ostentatoire, destinée à propager le christianisme par le prosélytisme. Les condamnations en groupe donnaient à leur tour un écho amplifié à ces actes de martyre. C'est le cas de Pamphile qui, en février 310, souffrit le martyre avec onze autres compagnons selon Eusèbe, consacrant ainsi le nombre sacré de douze, celui des apôtres, selon les chrétiens. Ils avaient passé deux années en prison et c'est en compagnie des chrétiens égyptiens qu'ils furent mis à mort.

Un autre trait du martyre chrétien est la possibilité qu'ont les femmes à y accéder. Elles forment une minorité, mais ne manquent pas d'audace pour contester la légitimité des dieux païens. C'est le cas de Valentine[8] que l'on exhorte, devant le tribunal romain, à sacrifier aux dieux pour avoir la vie sauve. Elle refuse, on la tire de force vers l'autel mais au lieu d'obtempérer, elle renverse le brasier. Elle est torturée et mise à mort.

Le martyre chrétien s'accompagne quelquefois de miracles. Dans un cas, devant le refus opposé aux chrétiens d'une sépulture – on éparpille leurs dépouilles qui sont dévorées par les bêtes –, il pleut et des gouttes tombent sur les pierres des colonnes du temple. Le bruit se répand que la terre avait pleuré, incapable de supporter le sacrilège infligé aux croyants.

Bref, le martyre chrétien se caractérise par le refus d'obéir à César en matière religieuse, et la mort assénée par l'autorité en est la conséquence. Cependant, comme dans toute attitude impliquant la mort, se pose la question du passage à la limite. La mort n'est plus alors une conséquence indirecte de la transgression, elle devient une fin en soi et se change en aspiration à disparaître. Elle témoigne non seulement du rejet d'une religion inauthentique, mais aussi du « désir ardent » (l'expression se trouve autant chez les martyrs chrétiens des premiers siècles que chez les martyrs chiites iraniens du XXe) de quitter ce monde, vallée des larmes, là où doivent s'exercer « le mépris du monde[9] » et la fuite devant ses faux-semblants. « Soif de mourir » (*tês maruriasr epithumia*) est aussi une expression que l'on retrouve chez les martyrs iraniens (*teshné ye shahâdat*).

Le déplacement de sens est donc en quelque sorte inscrit dans le martyre. De la mort possible mais non souhaitée au service d'un idéal religieux, celui-ci peut se transformer insensiblement en une mort désirée en vue d'atteindre un séjour glorieux au paradis. La justification fournie est presque toujours la vanité de ce monde, son inconstance, le désespoir d'y séjourner et l'aspiration à le quitter pour rejoindre les bienheureux dans un autre lieu, paradis des élus de Dieu. Ce qui, au début, était la contestation de la légitimité du polythéisme romain par le chrétien ou d'un ordre politique contraire à la religion authentique (le martyre chiite révolutionnaire en Iran) se transforme en quête de suicide par les soins d'un agent extérieur (l'autorité romaine chez le chrétien, l'armée irakienne chez le martyr iranien). Ce dernier est diabolisé, mais de fait, une complicité le lie au martyr qui se fait mettre à mort par ses soins.

Le martyre s'accompagne d'une inversion des affects. La mort provoque, normalement, crainte et tristesse. Or, les textes mentionnent la joie rayonnante du martyr, son sourire satisfait, voire son rire au moment où il va être exécuté. Dans l'ensemble, la littérature martyrologique relève l'égalité d'âme du martyre, son élan vers la mort et un affect marqué par le contentement intérieur, quelquefois son exaltation. Ce type d'attitude s'observe tout aussi bien chez le martyr iranien, libanais ou palestinien.

Fait essentiel, le martyre comme volonté délibérée de mourir est lié à une situation de persécution par les forces du Mal. Dans le cas chrétien des premiers siècles, c'est la répression du christianisme par Rome – du moins ce fut ainsi qu'il fut vécu par les adeptes chrétiens. Dans le cas iranien, c'est la persécution par les forces du Mal : il s'agit de l'Occident incarné par Saddam Hussein, chef d'État irakien. Un autre fait « pathologique » peut caractériser le martyre lorsque « l'ardent désir » se focalise sur le persécuteur. La mort doit être administrée par l'agent inique qui, de ce fait, signe sa propre damnation et la glorification du martyr, tout en accomplissant secrètement son désir. Il en est ainsi d'Ignace d'Antioche qui, selon G. W. Bowersock, manifestait une aspiration excessive à mourir entre les mains de ses persécuteurs. L'ardent désir ne peut se réaliser que par une autre personne, pour ne pas être identifié au suicide. La mort doit être assénée par le magistrat ou le gouverneur romain. La relation instaurée par le martyr est ainsi triangulaire, mettant aux prises le soi qui doit périr, autrui qui doit être l'agent de la mise à mort et Dieu qui doit accueillir le sacrifice.

Dans l'Empire romain, le martyre par désir ardent de mourir a pris tout au long du IIIe et au début du IVe siècle une telle ampleur que les théologiens ont tenté d'y mettre bon ordre. Autant le désir de préserver sa foi et de lutter contre ceux qui entendent imposer une fausse religion est considéré comme légitime, autant la volonté consciente de mourir par soif de la mort sacrée est contraire à la religion. Augustin dénonce ce type de mort et étend le commandement « Tu ne tueras point » à toute vie humaine, y compris celle du martyr. Dès lors, se mettre à mort est un meurtre et « celui qui se tue ne tue pas autre chose qu'un homme [10] ».

Par une logique de passage à la limite, en prenant la défense légitime de la foi jusqu'au sacrifice de soi, le martyr introduit la quête de la mort indépendamment des circonstances qui auraient pu la légitimer. Cette dialectique est toujours d'actualité. Des circonstances dramatiques peuvent mettre en branle la mise en œuvre du martyre. Un moment arrive où la fascination de la mort se détache souvent de la logique religieuse qui réfrénait la passion de mourir et sa séparation par rapport à la visée religieuse. On assiste dans ce cas à un amour passionnel de la mort, au désir d'annihilation de soi. Ceux-ci prennent le pas sur la volonté d'assurer la légitimité d'une cause sacrée au risque de la mort.

Le martyre offensif

Le martyr offensif est animé du désir de supprimer l'ennemi par le recours à la violence légitime, cautionnée religieusement. La lutte implique la suppression de l'adversaire impie et oppresseur. Cette idée qui anime le martyr musulmam mais aussi d'autres religions, comme celle des Sikhs, peut tout aussi bien inspirer le nationalisme comme chez les Tigres tamouls au Sri Lanka que le patriotisme dans la Première Guerre mondiale ou les phénomènes révolutionnaires en 1789.

Le martyre, dans la religion sikh, présente en effet d'indéniables ressemblances avec celui de l'islam[11]. Le martyre du Guru Arjan, le cinquième Guru, a conduit à la militarisation de la religion sikh en 1606. Celui de son petit-fils, le neuvième maître sikh, Guru Tegh Bahadur, a abouti à la création de l'élite militante les Khalsa, formée en 1699 par le dixième et dernier Guru, Gobind Singh. Le martyre sikh est désigné par la même expression que celle de l'arabe, repris par le persan : *chahid* (pluriel *chohadâ*). Deux significations s'y mêlent, qu'on retrouve également dans l'islam.

D'une part, l'idée du sacrifice (en arabe *qurban*) qui rapproche de Dieu par le sang versé – dans le mot *qurban* il y a la notion de *qurb*, proximité. Mais une autre notion, indépendante de la première, est centrale dans le martyre sikh – qui se trouve aussi dans l'islam – celle de la lutte contre l'oppression, témoignage par la mort contre l'injustice. Les deux notions se renforcent mutuellement. Le sacrifice de soi pour la religion se fait dans la lutte contre les oppresseurs irréligieux. Pour les sikhs, le martyr est une figure révérée, symbole de vertu, de véracité et de rectitude morale. Le *chahid* donne son sang pour préserver la justice (*dharam*) dans des circonstances tragiques afin de témoigner de la véracité de sa religion. L'idéal de résistance prévaut jusque dans la mort au service d'une cause sacrée.

I

L'islam

Le destin de l'expression « martyre » (*chahâdat*, du *chahid*, martyr) est étrange en islam. Dans le Coran, le mot désigne le témoignage et non la mort sacrée. Chaque fois qu'il est question de mourir pour Allah, ce sont des expressions comme « périr sur le chemin de Dieu » (sourate 2, verset 154, traduction Jacques Berque), « tomber sur le chemin de Dieu » (s. 3, v. 157), « être tué sur le chemin de Dieu » (s. 3, v. 169), « combattre sur le chemin de Dieu » (s. 4, v. 74), « faire exode sur le chemin de Dieu et y être tué ou mort » (s. 22, v. 58) que l'on rencontre. Le « chemin de Dieu » (*sabil ellah*) est l'expression majeure qui désigne ce qui deviendra, par la suite, le martyre (*chahâdat*).

C'est, selon toute apparence, après la conquête musulmane de la Palestine au VIIe siècle que la notion de témoin (*chahid*) en vint à signifier explicitement la mort sacrée, en parallèle à la notion grecque de *marturos* et sa double signification comme témoin et martyr. L'expression *chahid* vise la désignation des martyrs musulmans tombés au champ de bataille dans la lutte contre les infidèles avec la promesse de grandes récompenses dans l'au-delà. En arrière-plan, la notion de témoignage fait du martyr le protagoniste de la mort sacrée et le témoin de la véracité de sa foi.

Dans le christianisme, l'acceptation de la mort sacrée témoignait de la sincérité de la foi devant Dieu et de la véracité de la cause devant les hommes. Le même type de double témoignage se rencontre dans l'islam. Un trait fondamental distingue cependant le *chahid* musulman du *marturos* chrétien. Dans ce dernier cas, la mort découle du refus du chrétien de souscrire à la volonté du détenteur de pouvoir qui cherche à lui imposer sa religion. Le chrétien ne cherche pas à infliger la mort au païen romain qui veut lui faire abjurer sa foi. Il lui dénie tout simplement le droit à le forcer à agir contre les préceptes de sa religion. Dans le cas musulman, le martyre est la mort résultant de la lutte contre l'ennemi de la religion d'Allah. C'est le combat dans la voie de Dieu qui entraîne la mort en martyr du croyant : « Car combattre sur le chemin de Dieu, c'est obtenir ou mort ou victoire : dans les deux cas, Nous lui vaudrons un salaire magnifique » (s. 4, v. 74).

Selon la traduction officielle du Coran accréditée par l'Arabie saoudite[1], cette sourate s'énonce comme suit : « Certes, Allah a acheté des croyants, leurs personnes et leurs biens en échange du paradis. Ils combattent dans le sentier d'Allah : ils tuent, et ils se font tuer. C'est une promesse authentique qu'Il a prise sur Lui-même dans la Thora, l'Évangile et le Coran. Et qui est plus fidèle qu'Allah à son engagement ? Réjouissez-vous donc de l'échange que vous avez fait : et c'est là le très grand succès » (s. 9, v. 111).

Tuer ou se faire tuer dans la voie d'Allah : c'est sur cette phrase clé de la sourate Repentir (ou Désaveu) que se fonde en principe la justification du martyre en islam. Que l'on tue ou que l'on se fasse tuer, c'est le paradis qui est promis. Ce texte fondateur ne mentionne pas, comme on l'a dit, l'expression martyr (*chahid*) ou martyre (*chahâdat*) qui deviendra par la suite une notion clé de la mort sacrée. L'idée de la mort sacrée « dans la voie de Dieu » y est cependant explicitement formulée et sera reprise dans diverses traditions islamiques.

Alors que dans le christianisme la violence physique provient des détenteurs de l'autorité et que le chrétien n'y réagit pas par une violence équivalente, dans l'islam, la lutte contre les ennemis d'Allah est marquée par une violence légitime où l'on peut tuer comme être tué. Aucun privilège n'est accordé à l'ennemi pour qu'il vous assène impunément des coups. Si le combattant de Dieu tue, il sera récompensé par Dieu ; s'il succombe, sa place est au paradis. Sur ce plan, le martyre revêt une signification totalement différente de celle du christianisme. L'exercice de la violence est légitime pour le musulman et son sort se décidera à l'issue du combat « dans la voie de Dieu ». La violence n'est plus à sens unique, elle ne provient pas exclusivement de la part de l'adversaire, elle est assumée par le croyant qui y recourt en toute légitimité selon les préceptes de sa foi.

Le martyre peut ainsi se résumer de la manière suivante :

– si on lutte dans la voie de Dieu, on a d'immenses mérites ;

– si dans cette lutte on meurt au cours du combat, on est martyr et on ira au paradis ;

– le martyre est la conséquence non intentionnelle de la mort au champ de bataille (ou dans tout autre situation qui puisse lui être assimilée) aux mains d'un ennemi que l'on affronte dans le but explicite de le neutraliser ou de l'annihiler sans chercher à périr entre ses mains ;

– le martyre présente, idéal-typiquement, un engagement actif, de la part du musulman, de mourir ou de donner la mort, d'exercer une violence légitime contre des hérétiques ou des impies qui mettent en danger la religion d'Allah ;

– de ce fait, contrairement au christianisme, dans le martyre musulman il n'existe pas de refus de violence physique contre l'ennemi, bien au contraire : il y a volonté expresse de le neutraliser, voire le supprimer dans un combat dont l'issue peut être tout autant la mort de « l'impie » que du croyant.

LE *DJIHAD*, GUERRE SAINTE

Le martyre musulman se distingue de son équivalent chrétien par la réciprocité dans la violence. Il est fortement lié à cette autre notion séminale qu'est le *djihad*, ou guerre sainte. La différence majeure de cette notion avec celle de la croisade dans le christianisme réside dans son fondement théologique dans l'islam, absent du christianisme. Et ce, en dépit de toutes les exactions qui, au nom de la croisade et, par la suite, sous prétexte de convertir au christianisme les Indiens du continent sud-américain ou d'ailleurs, se sont exercées dans la religion chrétienne.

La notion de *djihad* a vu d'abord le jour en Arabie, à la suite de l'idéologisation de la guerre tribale par l'islam[2]. La guerre incessante entre diverses tribus était fréquente en Arabie où l'hétérogénéité entre différentes communautés religieuses (juive, chrétienne, païenne) et la divergence d'intérêts entre elles engendraient des luttes constantes. L'islam a donné un sens unifié à ce type de lutte en lui conférant un contenu religieux. Pendant les premiers temps, la signification du *djihad* a été plus ou moins fluctuante[3]. Progressivement, il a pu revêtir une acception codifiée, « dans la voie de Dieu », transcendant les rivalités tribales et les luttes économiques entre les tribus par un universalisme que l'islam a mis graduellement en œuvre.

Il y a une association étroite entre guerre sainte et martyre dans l'islam, même si l'expression n'est pas utilisée comme telle dans le Coran, et ne viendra que par la suite appuyer l'édifice doctrinal islamique. Les ouvrages classiques ne contiennent pas beaucoup d'informations à ce sujet, le thème étant d'importance mineure ou se trouvant hors du domaine du droit canon, le *fiqh*. On associait au *djihad* la division du monde en deux parties, le territoire de l'islam (*dar al islam*) et celui de la guerre (*dar al harb*). Les chafi'ites[4] mentionnent une troisième catégorie, le territoire du traité (*dar al ahd*) où s'instaure un traité de paix avec les non-musulmans. Lorsque les non-musulmans concluent l'armistice avec les musulmans sur la base d'un tribut payé à ces derniers (*kharadj*), leur territoire est celui de la paix (*dar al sulh*).

Le *djihad* peut, par ailleurs, être déclaré pour défendre l'islam menacé par l'offensive des non-musulmans. Dans ce cas, tout musulman a l'obligation de s'y engager individuellement (*fardh ol eyn*). Lorsque ce même *djihad* est promu pour assurer l'expansion de l'islam dans le monde, il devient un devoir collectif (*fardh al kifayah*), une obligation pour la communauté en totalité, le musulman pouvant y renoncer à titre individuel tout en venant à l'aide de la communauté par la fourniture de biens et de services.

Bref, il y a une distinction essentielle entre la guerre offensive et la guerre défensive, au nom du *djihad.* C'est pourquoi, pendant l'expansion du califat ou du sultanat, la guerre sainte n'était pas un devoir individuel du croyant qui pouvait s'y soustraire, et le faisait souvent, en déléguant la fonction guerrière à l'armée musulmane. Ce n'est qu'au XIXe siècle, avec le colonialisme et la domination des sociétés musulmanes par les armées européennes, que l'on voit le retour au *djihad*, surtout dans les premières périodes de cette domination où la lutte contre la colonisation européenne s'est manifestée dans des mouvements politico-religieux[5]. Que ce soit en Asie centrale à la fin du XIXe siècle ou en Iran, contre l'hégémonie russe sur les provinces du Nord-Ouest au début du XIXe siècle, la lutte contre l'étranger non musulman s'est légitimée en référence au *djihad*.

Enfin, une autre distinction se rencontre au sujet du *djihad*, dédaignée des courants radicaux, mais que privilégient les nouveaux courants mystiques islamiques qui rejettent l'islam radical. C'est le cas des nouveaux réformateurs religieux en Iran comme Mojtahed Shabestari et Abdolkarim Soroush. On y distingue le *djihad* mineur (*djihad asghar*) et le *djihad* majeur (*djahad akabar),* le premier étant perçu comme la guerre contre les mécréants, le second comme la lutte contre la transgression des lois divines, dans le for intérieur du croyant. La référence à cette forme de *djihad* se rencontre particulièrement chez les mystiques musulmans qui cherchent à se purifier intérieurement pour l'accueil d'Allah et ne craignent pas, de ce fait, de mourir pour son amour, souvent aux mains d'autres musulmans qui les considèrent comme impies[6].

La forme mystique du *djihad* s'adresse d'abord au Moi qui doit maîtriser avant tout ses propensions transgressives vis-à-vis de Dieu. Selon cette perspective, le sujet est enclin à s'insurger contre Dieu, à l'image de Satan. Il a un ego rétif (*nafs e ammâreh*) qui fait barrage à l'accueil de Dieu. Le novice (*sâlek*) doit se battre contre ce *nafs* insurgé afin d'étreindre Dieu en s'y fondant. Le combat se déroule avec soi et non avec l'ennemi extérieur. Dans la tendance radicale, c'est en revanche l'adversaire extérieur qui est désigné du doigt et la lutte contre soi lui est subordonnée. Le soi, dans cette vision militante, est mû par une apathie qui le pousse à renoncer à la lutte et à l'abnégation dans la voie de Dieu pour chercher sa propre quiétude. Il faut engager le combat contre l'ennemi impie et, pour cela, surmonter son propre égocentrisme en se préparant au sacrifice suprême.

On voit ainsi comment les deux registres du *djihad* (contre l'ego et contre l'ennemi) s'articulent à chaque fois différemment. Dans le radicalisme islamique, il faut lutter contre l'adversaire hérétique et pour cela, le musulman doit accepter le sacrifice de soi. Dans le cas du quiétisme mystique, la lutte contre l'ennemi n'est qu'une apparence de plus liée à l'irréalité du monde extérieur (*madjâzi*), le croyant devant se consacrer à sa purification intérieure pour atteindre aux degrés supérieurs de spiritualité mystique en gravissant les différents niveaux (*maqâmât*). Ces deux versions de *djihad* ont coexisté dans l'islam et leur antagonisme a souvent donné lieu à des luttes intestines aboutissant au bannissement des mystiques soufis, mais dans l'ensemble, les penseurs islamistes rejettent la version quiétiste et mystique. Quelquefois, la combinaison des deux versions s'observe chez des penseurs radicaux comme Khomeyni qui transcrivait la propension mystique dans l'amour dévoué du martyre dans la voie de Dieu. L'amour de

Dieu anime la volonté de s'annihiler en Lui (*fanâ fil lâh*) par le truchement du martyre.

Le Coran et le djihad

Le Coran est un livre à plusieurs dimensions. On y trouve des sourates où l'on fait l'éloge de la miséricorde divine et de sa bonté, des sourates qui donnent une version spirituelle de la foi, d'autres enfin qui insistent sur l'ire divine et le châtiment qu'il réserve aux transgresseurs. Cette dimension multiple se retrouve dans l'Ancien Testament.

Si on isole le Coran du contexte des traditions (*sunna*) fondées sur les propos attribués au Prophète (*hadith*) ou le consensus des ulémas tout au long de l'histoire sur des sujets divers, certaines sourates peuvent choquer une conscience moderne (de même que l'Ancien Testament). C'est pourquoi les versions radicales de la religion d'Allah qui se fondent sur le Coran ne sont que l'une des tendances attribuables à l'islam et en aucun cas la seule. Elles privilégient certaines sourates du Coran sur d'autres. Ceux qui mettent l'accent sur la dimension *djihadiste* de la religion d'Allah font souvent référence à la sourate du Repentir, verset 29 : « Combattez ceux qui ne croient ni en Allah ni au Jour dernier, qui n'interdisent pas ce qu'Allah et Son messager ont interdit et qui ne professent pas la religion de la vérité, parmi ceux qui ont reçu le livre, jusqu'à ce qu'ils versent la capitation (*jizya*) par leurs propres mains, après s'être humiliés. »

Cette sourate concerne les gens du Livre, c'est-à-dire les juifs, les chrétiens et même, selon certains, les zoroastriens qui ont un livre sacré reconnu par certaines traditions islamiques. Son objet est la guerre jusqu'à ce que ceux-là acceptent de payer l'impôt de la capitation. Pris indépendamment des autres, ce verset peut servir à justifier la guerre à outrance contre les non-musulmans.

D'autres sourates du Coran apportent cependant un élément explicatif qui atténue l'effet dudit verset. Ainsi, la sourate La Vache, verset 190 : « Combattez dans le sentier d'Allah (voie d'Allah) ceux qui vous combattent, et ne transgressez pas. Certes, Allah n'aime pas les transgresseurs », selon laquelle seuls ceux qui combattent doivent être combattus.

La mention du *djihad* se trouve dans la sourate Le Pèlerinage, verset 39 : « Autorisation est donnée à ceux qui sont attaqués [de se défendre] – parce que vraiment ils sont lésés ; et Allah est certes capable de les secourir. » Ici, le *djihad* est manifestement défensif et ne concerne que ceux qui sont agressés.

À côté des sourates qui préconisent la guerre sainte pour protéger l'islam ou le propager, il en existe d'autres qui vont dans le sens de la clémence ou de la tolérance. Ainsi, le verset 256 de la sourate La Vache : « Nulle contrainte en religion ! Car le bon chemin s'est distingué de l'égarement. » Ou encore, la sourate Les Abeilles, verset 125 : « Par la sagesse et la bonne exhortation appelle [les gens] au sentier de ton Seigneur. Et discute avec eux de la meilleure façon. Car c'est ton Seigneur qui connaît le mieux celui qui s'égare de Son sentier et c'est Lui qui connaît le mieux ceux qui sont bien guidés. »

L'échange de vues et le débat sont ici préconisés et le rejet des mécréants est attribué à Dieu et non à ses créatures qui, en l'occurrence, ne doivent émettre aucun jugement au sujet de ceux qui s'égarent, puisque c'est Lui qui a la connaissance la meilleure à ce sujet.

Dans la sourate La Caverne, verset 29, on entend : « Et dis : “la vérité émane de votre Seigneur”. Quiconque le veut, qu'il croie, et quiconque le veut, qu'il mécroie.» Ici aussi, c'est à l'intelligence et à la perception de chacun qu'est laissée l'adhésion à la religion ou son rejet. Selon ce verset, on ne doit pas exercer de contrainte pour convertir les autres à la religion d'Allah.

Dans la sourate Jonas, verset 99, il est dit : «Si ton Seigneur l'avait voulu, tous ceux qui sont sur la terre auraient cru. Est-ce à toi de contraindre les gens à devenir croyants ?» Ici, l'appel est fait à la toute-puissance du Seigneur pour justifier la tolérance en matière de religion. S'Il avait voulu que tout le monde embrasse l'islam, Allah l'aurait fait Lui-même. S'il ne l'a pas fait, c'est qu'il a Ses propres desseins et ce n'est pas à ses créatures de se substituer à Lui et à Sa sagesse pour le faire. La contrainte est exclue, à partir de l'omnipotence de Dieu.

De même que l'on rencontre dans le Coran des versets sur le *djihad*, il en existe aussi sur la paix. Il en est ainsi de la sourate Le Butin, verset 61 : «Et s'ils [les mécréants] inclinent à la paix, incline vers celle-ci [toi aussi] et place ta confiance en Allah, car c'est Lui l'Audient, l'Omniscient.»

Il existe donc dans le Coran des sourates contre la guerre et pour la paix comme il en existe pour le *djihad* et contre une paix perçue comme avilissante pour les croyants. C'est par la Tradition (*sunna*) et les récits attribués aux disciples immédiats du Prophète (*hadith*) ou rapportés par des témoins plus ou moins éloignés et par le consensus des ulémas (*idjma'*) que l'on pallie à l'absence de règles explicites à ce sujet. Les interprétations changent avec les situations socio-historiques et l'appel au *djihad* se transforme selon les circonstances historiques et l'émergence de nouveaux groupes plus ou moins combatifs.

Le problème essentiel qui préoccupe les exégètes du Coran est de montrer la compatibilité de ces diverses sourates et leur hiérarchisation lorsqu'une contradiction semble en opposer certaines à d'autres. Prenons un exemple récent. Interprétant les textes du Coran qui inclinent tour à tour vers la paix et la guerre, vers la clémence ou vers la rigueur, le clerc chiite Motahhari[7] distingue quatre types de sourates :

– celles qui prônent de manière absolue la guerre sainte ;

– celles qui conditionnent la guerre sainte à des facteurs comme l'initiative prise par les mécréants d'ouvrir les hostilités ou de vouloir asservir les musulmans ;

– celles qui affirment en toute clarté que l'adhésion à l'islam n'est pas obligatoire ;

– enfin, celles où l'islam s'affirme partisan de la paix.

Selon Motahhari, lorsqu'une sourate affirme, de manière absolue et sans condition restrictive, la guerre sainte, sa signification doit être subordonnée à celle qui préconise le *djihad* à partir de conditions explicitement définies (comme l'attaque par les infidèles ou l'oppression des musulmans). Cette hiérarchisation signifie qu'un texte coranique ne doit pas être cité et appliqué sans précaution et indépendamment d'autres citations et références.

Il existe un consensus chez de nombreux ulémas sur la nature défensive du *djihad*. Le problème réside dans le fait que les conditions restrictives (comme l'attaque par les non-musulmans ou leur oppression) peuvent s'interpréter selon des perspectives différentes. Dans les courants radicaux qui ont de tout temps jalonné l'histoire de l'islam, on donne un sens large à la répression. Aussi, dans la période contemporaine, la présence des Infidèles sur la Terre sainte à Jérusalem ou en Arabie saoudite est considérée comme une agression de la part de certains groupes sunnites. De même, l'agression culturelle (*tahâdjom farhangi*) par l'Occident contre les sociétés musulmanes est brandie par les islamistes chiites comme un *casus belli*.

L'EXODE (*HIDJRA*), L'APPEL (*DA'WA*) ET LA GUERRE SAINTE (*DJIHAD*)

Souvent associée au *djihad*, on trouve une autre notion, celle de la Migration ou Exode (*hidjra)*, l'Hégire, le départ des territoires dominés par les infidèles, du *dar al harb* au *dar al islam*. En septembre 622, harassé par les infidèles à La Mecque, le Prophète la quitta pour Médine (Yasreb) afin d'y travailler à la suprématie des musulmans et venir reconquérir la ville, une fois en position de force. Cet exode, *hidjra*, est interprété de multiples façons tout au long de l'histoire de l'islam, que ce soit dans un sens littéral et stratégique dans les guerres ou les mouvements de lutte divers ou dans un registre plus symbolique chez les soufis. Souvent, lorsque des groupes de musulmans se sentent dans une position de faiblesse, ils optent pour une stratégie de retrait, quitte à revenir à la charge plus tard. Il en est ainsi du groupe *Takfir wal Hidjra* (littéralement : Excommunication et Hégire) qui affronte en 1977 le pouvoir égyptien de Sadate sous la direction d'un jeune ingénieur agricole, Choukri Moustafa. Le groupe s'installe dans des grottes de Haute Égypte ou des appartements communautaires, faisant ainsi son Exode pour trouver refuge dans un autre monde que celui des Infidèles. L'objectif est double : partir lorsqu'on est en position de faiblesse pour se protéger contre les forces du Mal plus puissantes; se revigorer en exil, revenir en force, lutter contre les Infidèles, les vaincre et restaurer la foi.

Ces notions trouvent des échos renouvelés chez les musulmans dans les sociétés occidentales où se sont installées de nouvelles communautés musulmanes, depuis les années soixante. Une grande majorité d'entre eux finissent par s'adapter et épouser le mode de vie des sociétés d'accueil. Une infime minorité se radicalise. Entre une majorité qui opte pour l'acculturation pacifique et le métissage et une faible minorité qui la refuse, émerge un troisième groupe qui choisit des formes néo-communautaires. On cherche alors à constituer une communauté islamique paisible, en retrait de la société, tout en entretenant avec elle des relations non antagoniques[8]. Dans ce cas, c'est la logique de *da'wa* (la quête de retour à la foi ou le prosélytisme) qui s'applique alors que dans celui des plus radicaux, prévaut au contraire la logique du *djihad*. Si le groupe a le sentiment qu'il ne peut faire appel à la *da'wa* ni mettre en œuvre le *djihad*, il peut toujours opter pour la *hidjra*, dans l'attente d'une occasion où l'une des deux autres éventualités pourrait être mise en œuvre.

Ces trois notions donent lieu à diverses interprétations. Deux d'entre elles ont une importance toute particulière. Selon la première, elles peuvent signifier un état intérieur, celui du croyant qui cherche à se réaliser par la spiritualité. Le *djihad* devient ainsi la lutte intérieure visant à transcender les appels de nos instincts inférieurs; de même, la *da'wa* met en relief l'âme d'élite de ceux qui s'y reconnaissent, à la différence de la grande majorité. L'appel s'adresse aux premiers, au sein de structures plus ou moins fermées et élitistes comme les nouvelles confréries (*khânéqâh*, *zaouia*). Enfin, la *hidjra* peut désigner les diverses étapes que franchit une âme d'élite au sein de groupes soufi hermétiques, en vue d'une ascension purement spirituelle.

Parallèlement à ces significations spirituelles, ces notions peuvent tout aussi bien renvoyer à des formes concrètes d'engagement social. Le *djihad* signifie littéralement la guerre sainte contre les impies ; la *hidjra*, la migration physique pour échapper à la répression ou à l'impossibilité de propager une foi militante. Enfin, la *da'wa* renverra à un prosélytisme compris à la lettre, afin d'accroître le nombre des adeptes d'Allah dans le dessein de s'imposer ultérieurement aux non-croyants.

La polysémie irréductible de ces expressions et la signification qu'on leur accorde relèvent des positions existentielles mais aussi politiques des croyants et de leur situation dans la société. Rien d'étonnant, dès lors, à ce qu'on puisse prôner au nom de l'islam des conduites diamétralement opposées sur les problèmes sociaux ou les modes d'action concrets. Contrairement au catholicisme qui dispose d'une institution donnant le sens du sacré, la multitude des instances d'exégèse du sens de la foi et leur caractère polycéphale encouragent la diversité des interprétations et des conduites. Le seul frein à cette démultiplication à l'infini vient de la Tradition et d'une certaine homogénéité de la pensée des ulémas au sein d'institutions plusieurs fois centenaires comme l'université Al Azhar ou la prestigieuse école coranique la Zitouna qui contribuent à réduire l'éventail des interprétations possibles sans toutefois les ramener à l'unité.

Le martyre dans l'islam

Si dans le sunnisme, le martyre est associé, voire subordonné, à la guerre sainte, dans le chiisme, branche minoritaire de l'islam – un musulman sur dix est chiite –, on rencontre une structure affective centrée sur le martyre, donnant un sens original à la religion d'Allah. Sous la dynastie des Omeyyades, l'islam risquait la dépravation et la dénaturation aux yeux des nombreux opposants qui rejetaient le luxe et la licence de la Cour. Un sourd antagonisme opposait certaines franges de la société musulmane aux Omeyyades mais celles-ci étaient dépourvues d'un chef susceptible de mener une révolte contre le califat. L'imam Hassan, deuxième imam chiite, mourut sans s'opposer au calife Moavieh. Selon certaines traditions chiites, il fut empoisonné, c'est-à-dire martyrisé.

Avec le troisième imam chiite, Hossein, frère de Hassan, Moavieh meurt et son fils Yazid lui succède. Il est connu pour son goût du luxe et mène une existence à l'opposé des principes de l'islam. Avec Hossein, l'opposition semble alors trouver un véritable chef, doté de la légitimité de la famille du Prophète. Il en est le petit-fils par sa fille Fatemeh qui épousa Ali, premier imam chiite et quatrième calife orthodoxe (*rashidun*), lui-même gendre et cousin du Prophète.

Pour des raisons liées à la mauvaise organisation de la lutte, Hossein succomba à la mort en octobre 680, dans le désert du Kerbala, dans l'actuel Irak, en compagnie d'une poignée de fidèles (soixante-douze selon la tradition chiite)[9]. Son martyre dans des circonstances dramatiques devient l'emblème du chiisme duodécimain (à douze imams). Chaque année, les croyants célèbrent l'anniversaire de sa mort tout au long du mois de Moharram, avec des processions de flagellants et des mises en scène théâtrales (*ta'zieh*), marquant les étapes qui aboutissent à sa mort tragique dans la journée de sa mort (*achoura*).

Les chiites vouent une dévotion particulière à la famille du Prophète, Ali son gendre et cousin, Hassan et Hossein, deuxième et troisième imams chiites et fils d'Ali et de Fatemeh, fille du Prophète; et ce, jusqu'au douzième imam, Mahdi, occulté en 874 et dont les chiites attendent la réapparition afin d'œuvrer pour la Fin des temps. Hossein occupe une place à part et son martyre est ressenti comme un événement majeur. Sans lui, à la suite de son père Moavieh, Yazid aurait réussi à frelater le message de l'islam, aux yeux des chiites. Le sacrifice de Hossein avec une poignée de fidèles avait pour but de réveiller les musulmans contre cet islam inauthentique. En mourant en martyr, Hossein réussit à discréditer Yazid, accélérant le renversement des Omeyyades et l'instauration du califat des Abbassides, proches de la famille du Prophète.

Le martyre du troisième imam chiite a donc été l'occasion de dénoncer les usurpateurs, afin de restaurer la vraie religion du Prophète. Ici, le martyre noue des relations ambiguës avec le *djihad* puisque le sacrifice de soi ne se fait pas dans la perspective d'une victoire. Bien au contraire, la conséquence en est une défaite ponctuelle, la mort de Hossein dans un combat inégal où le « Prince des Martyrs » (surnom donné au troisième imam par les chiites) meurt sans avoir embrassé la victoire. Celle-ci s'effectuera *post mortem*, par la mise à nu de l'illégitimité d'un pouvoir inique. Mais ce message n'est pas univoque. Pour les partisans du quiétisme et du dolorisme, la défaite de Hossein signifie que ce monde est une vallée de larmes et que seules les larmes versées pendant le mois de Moharram où on célèbre sa Passion peuvent apporter un baume aux maux innombrables que réserve au croyant la vie ici-bas. C'est la version dominante qui, à de rares intervalles près, a constitué la religiosité populaire dans le monde chiite. En effet, ces derniers étaient souvent réprimés par les pouvoirs sunnites qui les considéraient comme déviants, voire hérétiques. Dans ces conditions, la vision doloriste donnait un sens à la permanence de la répression tout en consolant le croyant par la promesse d'un au-delà de bonheur au paradis. La dissimulation de son appartenance au chiisme (*taqié* ou *ketman*) était une attitude fréquente dans les milieux chiites en territoire sunnite.

Cependant, plus rarement, le martyre de Hossein alimentait des révoltes ou des insurrections contre les pouvoirs répressifs identifiés à celui de Yazid. Une version activiste du martyre de Hossein se faisait jour lors des luttes contre la domination sunnite ou lorsque la répression devenait intolérable ou, encore, en terre chiite, contre la domination coloniale. À partir du XIXe siècle, on voit apparaître une version résolument combative qui transforme la mort de Hossein en lutte contre l'injustice, identifiée elle-même à la dénégation de la religion d'Allah. Hossein se serait insurgé contre le pouvoir illégitime de Yazid pour marquer la nécessité de lutte contre l'oppression politique et sociale.

De fait, l'interprétation du martyre inaugural de Hossein donne lieu à de multiples logiques d'action, souvent divergentes, même dans l'ère moderne. D'un côté, le martyre de Hossein peut induire à l'inaction, comme par le passé. Le croyant est affligé devant le spectacle désolant d'un monde où les hommes de vrai ne peuvent que mourir sous l'épée des gouvernants injustes et ne trouvent espérance que dans l'attente de la Fin des temps. Mais le martyre de Hossein peut tout aussi bien encourager une attitude de combat jusqu'à la mort à partir de la sécularisation du chiisme. Ainsi, Mahdi ne viendra que si les croyants eux-mêmes, par leurs actes, en préparent l'avènement. Il faut combattre soi-même le mal afin que le douzième imam puisse venir et prendre le flambeau de la lutte contre l'injustice[10].

Si les sunnites vouent, en général, un grand respect à la famille du Prophète et ses descendants jusqu'au douzième imam, l'attitude des chiites est tenue par eux comme excessive, quelquefois impie, voire hérétique (*shirk*). Selon eux, ces derniers placent les imams à égalité avec le Prophète et lui donnent ainsi qu'à sa famille une signification qui en fait des êtres de nature différente du commun des mortels. Pour preuve, ils font remarquer l'attitude des chiites dans leur pèlerinage sur la tombe des imams : ils y effectuent le *tavâf*, la circumambulation que les sunnites réservent à Dieu, lors du pèlerinage de La Mecque. C'est pourquoi la prise de La Mecque par les wahabites (Ibn Séoud) dans les années vingt donna lieu à la destruction des *zari'* (grillage doré ou argenté et ajouré) autour des tombes des membres de la famille du Prophète qui permettaient aux chiites d'y pratiquer leurs rituels et d'y faire des vœux.

Le martyre de Hossein n'a pas cette dimension fondatrice dans le sunnisme, même s'il y reste présent et permet de nombreuses interprétations[11]. Chez les chiites, comme dans une moindre mesure chez les sunnites, le martyre de Hossein alimente des débats savants. Pourquoi a-t-il accepté de mourir ? Quelles étaient ses motivations ? Avait-il la « science infuse » (*elm e ladonni*) qui permet aux Immaculés de prédire leur destin ? Voulait-il s'approprier le pouvoir et fonder un nouvel ordre politique, ou bien cherchait-il simplement à dénoncer le régime injuste et dépravé de Yazid ? Dans quelle mesure enfin son martyre avait-il une dimension mystique ? N'exprimait-il pas ainsi son désir d'atteindre Allah en s'annihilant littéralement en Lui par le martyre (*fanâ fil lâh*) ? Ces questions agitent l'Iran, l'Irak, le Liban, sociétés à majorité chiite. Quoique d'intérêt historique et religieux, ces débats filtrent ensuite dans la société et selon les conditions socio-économiques et politiques et la conjoncture internationale, on pourra privilégier la version activiste du martyre. Ces différents points de vue gardent une indéniable actualité.

Le martyre de Hossein y devient essentiel pour justifier l'engagement des jeunes dans cette voie, ce qui donne à cet événement une grande portée symbolique. Par exemple, dans la Révolution islamique en Iran, la réinterprétation de l'Achoura (le jour de la mort du troisième imam) par Shariati, mais aussi, dans une moindre mesure par d'autres (comme le clerc Motahhari et l'ayatollah Khomeyni) a joué un rôle important dans la mobilisation des jeunes des grands centres urbains[12]. Les sociétés sunnites font épisodiquement référence au martyre mais il n'y revêt pas la même signification fondatrice que chez les chiites. Ceci n'a en rien empêché les adeptes du martyre dans ces sociétés (territoires palestiniens, Algérie, Égypte, Afghanistan…) de s'exposer au martyre des groupes sociaux islamiques.

Le martyre est devenu un enjeu central dans la lutte des jeunes cachemiris contre l'armée indienne ou du Casbah d'Alger contre le pouvoir militaire dans ce pays. Dans les sociétés musulmanes sunnites comme chez les Palestiniens, on discute sur le fait de savoir si les « bombes vivantes » ont une attitude conforme à l'islam ou non. Pour les uns, il s'agit d'un suicide déguisé interdit par l'islam qui attribue à Dieu seul le privilège de donner ou de prendre la vie (sauf dans le cas des châtiments islamiques codifiés par le *fiqh*, droit islamique). Pour les autres, ce sont des martyrs dans la mesure où ils défendent l'islam contre un ennemi infiniment plus puissant qui ne leur laisse point d'autre choix.

Interprétations du martyre de Hossein

Selon Mortedha Alam al Hodâ (mort en 436 de l'Hégire, au XIIIe siècle), l'imam Hossein croyait à une victoire sur Yazid et la plupart des habitants de Koufé avaient pactisé (*bey'a*) avec son représentant, Moslem ibn Aqil. Pour combattre l'infidélité des habitants, l'imam Hossein, à l'image de son frère Hassan qui avait reconnu le calife omeyyade Mo'âvieh, décida d'adopter une attitude identique à l'égard de son fils Yazid. Ce dernier refusa. Il voulut le mettre à mort. Hossein fut contraint de se défendre. La lutte inégale entre les deux parties aboutit à son martyre.

Ibn Khaldoun (mort en 1406), considéré en Occident comme un grand sociologue avant la lettre, fonde son interprétation de l'échec de l'imam Hossein sur l'existence de l'*asabiya* dans le camp de Yazid. Ce lien qui maintient la cohésion du groupe, quoique affaibli chez les partisans de ce calife, n'en était pas moins présent, lors même qu'il n'était qu'à l'état embryonnaire chez les partisans de Hossein. Il en résulta l'échec de Hossein dans son combat contre un Yazid qui pouvait compter sur le sentiment d'appartenance et de soutien de ses groupes de parenté et de sa clientèle. Selon Ibn Khaldoun, la stratégie de l'imam Hossein était dès le départ vouée à l'échec pour n'avoir pas tenu compte de la solidarité du groupe sur lequel s'appuyait son adversaire. Trois facteurs sont essentiels à ses yeux pour assurer le succès d'un chef dans un mouvement de contestation. Hossein possédait la valeur personnelle du chef. Il bénéficiait de la puissance d'une illustre famille, étant le fils d'Ali et de Fatemeh, fille du Prophète. Mais il était dépourvu d'un facteur essentiel du succès, à savoir la *chowka*, qui désigne à la fois le prestige et le charisme. Faute de pouvoir inspirer confiance à ses troupes, il a échoué.

Selon Towfiq Abou Alam[13], Hossein s'est sciemment sacrifié ainsi que sa famille pour ébranler les fondations du califat des Omeyyades qui, sans son meurtre, n'aurait pu être mis en péril. Le martyre de Hossein a rendu possible, par la suite, le renversement des Omeyyades et la prise du pouvoir par les Abbassides, de la famille du Prophète.

Dans l'interprétation de Djalal ed Dine Homâï[14], le martyre de Hossein répandit dans le monde islamique le message de l'injustice et de la dépravation de Yazid. En acceptant le martyre, le troisième imam aurait sauvé l'islam de la déviation que le calife omeyyade Mo'aviyé et son fils Yazid lui avaient fait subir. Contrairement à Nadjaf Abâdi pour qui Hossein voulait instaurer un nouveau pouvoir, Homâï pense que son mouvement était destiné à dénoncer la corruption et la dépravation des Omeyyades et non à s'approprier lui-même le pouvoir. Homâï fait appel en même temps à la dimension mystique de Hossein : en tant que grand mystique (*sâlek e azim*), celui-ci avait suivi toutes les étapes du chemin menant à Dieu et avait atteint le degré suprême de la perfection spirituelle qu'est la disparition et la perte de soi dans Allah (*fanâ fil lâh*), c'est-à-dire le martyre.

Selon Khâled Mohammad Khâled[15], un religieux sunnite, l'imam Hossein n'aurait pas agi par sensiblerie, ni pour se sacrifier. Son but essentiel était la sauvegarde de la religion d'Allah. Il a choisi le martyre selon la raison et a opté pour le sacrifice suprême afin de prouver aux autres la nécessité de sauver l'islam. La dimension paradigmatique de la mort d'Hossein devait servir de modèle aux musulmans. C'est pourquoi l'anniversaire de sa mort doit être l'occasion de manifester leur joie et non leur deuil, tout comme la grande fête religieuse du Sacrifice.

Le clerc chiite Motahhari[16] s'inscrit contre cette ligne de pensée. L'islam, d'après lui, ne doit pas s'apitoyer face à un cadavre. Le cas du martyr est tout autre. Celui-ci engendre en effet une épopée et les larmes expriment la participation à son entreprise. Or le rire et la joie révèlent davantage ce qui relève de soi («entrée en soi»). Les larmes manifestent en revanche la sortie hors de soi, l'oubli de soi et l'identification avec le Bien-aimé (*mahboub*, Allah, dans la mystique musulmane). Pleurer revient à accueillir Dieu alors que la joie et le rire sont comme une forme lascive (*chahvat*) et introvertie d'existence où prime la préoccupation de soi-même. C'est la raison pour laquelle le musulman doit réserver ses larmes au martyr. Les larmes versées sur le martyre du troisième imam sont recommandées par les ulémas; elles encouragent en permanence le mouvement dont Hossein a été le protagoniste dans le cœur des musulmans.

Pour Seyd Ali Farahi[17], le mouvement de Hossein, qui culmine le jour d'Achourâ, a un caractère réformateur (*nehzat e eslâhi*) qui vise à produire des changements et des réformes dans le gouvernement et la pensée religieuse de son temps. Sans le martyre de Hossein, son mouvement n'aurait pas eu l'impact dont il a bénéficié après sa mort. Le martyre a donc été le meilleur moyen pour assurer à son mouvement sa permanence dans le temps; au-delà de la quête de pouvoir, il visait l'éveil des musulmans dans la durée.

Seyd Mohsen Amin[18] pense, quant à lui, que l'attitude de Hossein était profondément rationnelle. Qu'il réussisse dans son mouvement, ou qu'il y échoue, qu'il en sorte victorieux ou qu'il y laisse sa vie, la conséquence aurait été la même : le discrédit de Yazid. Tout comme ses compagnons, l'imam savait d'avance ce qui l'attendait.

Pour Seyd Hossein Mohammad Dja'fari Hendi[19], l'imam Hossein savait pertinemment que les musulmans de son temps, quoique assez proches de l'époque du Prophète, s'étaient éloignés pour une grande part de leur culture islamique. Il fallait qu'un événement important se produise afin de ranimer l'islam et refouler les vieux réflexes de la *jahiliya* (l'époque de l'idolâtrie d'avant l'islam). Hossein s'est sacrifié dans ce but.

L'Égyptien Te Hossein (mort en 1973) rejette l'idée de la prise effective du pouvoir comme motif essentiel du mouvement du troisième imam chiite. Hossein se serait soulevé pour refuser la *bey'a* (reconnaissance de la légitimité) de Yazid. Cette dissension atteint son apogée avec le meurtre de Hossein. Par conséquent, non seulement les problèmes spirituels étaient à l'origine du refus de *bey'a* par Hossein envers Yazid, mais aussi des problèmes familiaux et tribaux liés à une plus longue histoire remontant aux commencements mêmes de l'islam.

Le sunnite cheikh Abdallah Alayeli (mort en 1996[20]) voit dans la révolte de Hossein la protestation contre le pouvoir de Yazid qui avait mis sens dessus dessous la religion et l'État islamiques. Pour Hossein, les possibilités effectives de renverser Yazid étaient faibles. Sa révolte a encouragé la protestation contre un pouvoir illégitime. L'écho de ce mouvement a été immense et a abouti à ébranler la dynastie des Omeyyades.

Du point de vue de l'imam Khomeyni[21] enfin, le mouvement du Prince des Martyrs trouve ses raisons dans la perte progressive de la justice et l'apparition d'un régime dénué d'équité sociale, le retour à une morale de la *djahiliya*, la transformation du gouvernement et du califat en un pouvoir dynastique et enfin la tolérance, voire l'encouragement, de tout ce qui était interdit par l'islam en matière des mœurs (*monkérât*).

Dans l'ensemble, les interprétations du martyre de Hossein varient autour de quelques thématiques bien définies : Hossein savait-il qu'il allait perdre la guerre au début de son mouvement ou non ? Son insurrection avait-elle pour but de prendre le pouvoir et fonder un authentique État religieux ou bien cherchait-il à attirer l'attention des fidèles sur les déviations de l'islam sous les Omeyyades et, en particulier le dernier d'entre eux, Yazid ?

Ces questions, débattues depuis le martyre de Hossein parmi les ulémas chiites mais aussi sunnites, évoluent selon le contexte politique et les préoccupations dominantes de la société. Ainsi, au début de la Révolution islamique en Iran, l'exemple de Hossein était brandi pour en appeler à un régime islamique conforme à *Vélayat Faqih* : là où Hossein avait échoué, Khomeyni avait réussi. Aujourd'hui, avec les nouveaux intellectuels qui remettent en cause la théocratie islamique, le mouvement de Hossein est en revanche interprété comme témoignant de son refus de se soumettre aux diktats d'un calife despotique cherchant l'adhésion de l'imam à son projet de société (sa *bey'a*, son assentiment et soumission).

L'exemple paradigmatique de Hossein se transforme chez les exégètes au fur et à mesure que les sociétés musulmanes, en particulier chiites, changent. Il n'existe pas une seule et unique interprétation autorisée de son martyre et l'accent peut tour à tour être mis sur sa mort salvatrice – il a sauvé la communauté chiite par son sacrifice –, l'universalité de son message, destiné non aux chiites, mais à tous les musulmans et, par-delà, à l'humanité (c'est ainsi que Shariati interprète cette mort et la situe au cœur de l'histoire de la lutte d'Abel contre Caïn, du Bien contre le Mal). Il peut aussi être perçu comme le refus de perdre son autonomie individuelle face à un pouvoir despotique visant à imposer un pacte d'allégeance, la *bey'a* (comme le montrent les interprétations actuelles en Iran). Chaque groupe social, ulémas ou intellectuels musulmans au sens large du terme, tente de légitimer ses revendications en brandissant l'exemple d'un Hossein dont le martyre est « revisité » et reconstruit chaque fois selon les exigences du temps.

Les Assassins

Les formes modernes de sacrifice de soi trouvent des précédents historiques, notamment chez un groupe d'Ismaéliens qui acceptaient de mourir pour la cause sacrée, définie par leur chef religieux (*dâ'î*). En effet, l'une des formes les plus accomplies du martyre (même si l'expression « martyr » en est absente) se trouve dans l'ordre ismaélien connu en Occident sous le nom d'Assassins. Celui-ci s'est développé en Iran (mais aussi, en Syrie), entre le XIe et XIIIe siècle. Il s'agit d'un sous-groupe de l'ismaélisme, ce chiisme à sept imams qui se distingue du chiisme duodécimain, à douze imams. Il est à l'origine de cet ordre redouté, fondé par Hasan Sabbah au début du XIe siècle, dans un Iran dominé par l'Empire seldjoukide. L'ordre s'est étendu en Iran par l'acquisition de châteaux forts surtout à l'ouest et au nord du pays et il se singularisa par l'adhésion d'adeptes prêts à mourir pour la cause sacrée de l'islam ismaélien, incarnée par Hassan Sabbah. L'assassinat des dignitaires de l'Empire seldjoukide et des dirigeants religieux sunnites avait pour but de restaurer le règne d'un islam affranchi de l'orthodoxie religieuse sunnite, ouvrant la voie à la Fin des temps et à la Résurrection. Les adeptes acceptaient de mourir pour la Cause et en mettant à mort les personnes désignées, se savaient aussi condamnés[22]. Faire mourir l'ennemi de l'islam défini par le *dâ'i* et périr soi-même : il s'agit d'une forme de martyre. Ce qui impressionnait particulièrement les détenteurs seldjoukides du pouvoir en Iran, mais aussi les croisés en Syrie, était le dévouement indéfectible des disciples à la personne de Hassan Sabah, le *dâ'i* assistant de l'imam occulté, lui-même de la famille du Prophète, et, ensuite, à ses successeurs. Mourir au service de l'Ordre était une félicité et les membres de la secte s'enrôlaient comme serviteurs auprès des personnes désignées pour mourir. Pendant tout le temps nécessaire, ils se dévouaient à eux jusqu'à ce qu'ils reçoivent l'ordre de les exécuter au poignard. L'adepte se donnait lui-même la mort ou était mis à mort après l'accomplissement de sa tâche. La secte était fondée sur un millénarisme qui promettait la Fin des temps par l'instauration d'un pouvoir ouvrant la voie à la Résurrection.

Les châteaux forts ismaéliens furent pendant plus de deux siècles imprenables et leurs adeptes, qui se trouvaient dans les zones rurales mais aussi parmi les classes lettrées des villes, résistèrent aux assauts des Seldjoukides et ne furent anéantis par les armées mongoles qu'au XIIIe siècle. Le groupe se caractérisait par l'abnégation totale des disciples au service de l'ordre religieux et la personne du chef politico-religieux, ainsi que par une discipline stricte et la capacité de dissimulation de leur vraie identité par le recours au *ketmân* ou *taqqiyé* chiites, dissimulation religieusement justifiée de l'identité, pour mettre leur plan à exécution.

Ces traits se retrouvent dans les groupes activistes modernes. L'exemple des Assassins ismaéliens montre en quoi nombre de caractéristiques que l'on a tendance à attribuer à la modernité sont, de fait, présentes dans les formes sectaires de l'islam. Cependant, une caractéristique majeure sépare les formes radicales d'action dans les sectes musulmanes prémodernes[23] et celles des martyrs musulmans modernes[24]. Dans le premier cas, c'est souvent à partir d'une conviction millénariste (la proximité de la Résurrection, pour les Ismaéliens de Hassan Sabbah) et une représentation positive du rôle que l'on remplit, que l'on accepte de mourir et de faire périr l'adversaire. Le disciple ismaélien qui mettait à mort tel dignitaire seldjoukide pensait participer à la réalisation de l'idéal de la nouvelle cité dans un monde renouvelé. Par contre, le martyr moderne, qu'il soit iranien, palestinien ou appartenant à un réseau transnational comme Al Qaeda, agit par dépit contre un monde où il se voit dénier l'accès à une vie « digne ». Autant le martyr sectaire de l'islam à l'âge prémoderne est persuadé d'agir pour l'avènement d'un monde renouvelé, en rupture avec l'ancien, autant le martyr musulman moderne agit pour détruire un monde où il n'a pas sa place en tant que citoyen d'une nation ou d'une communauté islamique, sans nourrir, dans la plupart des cas, un quelconque idéal chiliastique[25].

La difficile sécularisation du religieux

Dans les sociétés musulmanes traditionnelles, l'insurrection contre le pouvoir trouvait souvent sa légitimation en référence à la religion. Se constituaient alors des formes sectaires et non orthodoxes de religiosité[26]. Dans la diversité des sectes, une catégorie revêtait une importance particulière : celle qui insistait sur une vision eschatologique incarnée par un Messie appelé Mahdi. Ou bien celui-ci existait en chair et en os en la personne du chef politico-religieux ou bien son avènement était renvoyé à la Fin des temps. Si les mouvements réussissaient, ils donnaient naissance à des pouvoirs qui imitaient plus ou moins ceux qu'ils avaient combattus (comme les Mamelouk en Égypte) en procédant à un changement d'élites dirigeantes et, quelquefois, à la mise en place de nouvelles formes d'orthodoxie. S'ils échouaient, ils donnaient naissance à des religiosités déviantes et à des groupes qui les pratiquaient en les dissimulant (la dissimulation, le *ketmân* ou la *taghiyé* chiites). Il en restait souvent des traces dans la mémoire collective qui pouvait être réactivée ou réactualisée dans d'autres mouvements contre les princes perçus comme injustes.

Ces types de contestation et de mutation socio-politiques ont trouvé leur formulation théorique chez Ibn Khaldoun qui percevait ce phénomène comme une transformation de l'*açabiya*, principe de cohésion du groupe qui constituait le ciment de sa cohérence et son identité. Un groupe qui parvenait à mettre en œuvre une forte *açabiya* prenait le pouvoir. Avec le temps, celle-ci s'usait. Un nouveau groupe apparaissait alors, avec une *açabiya* vigoureuse, contestant celle des détenteurs du pouvoir et cherchant à les renverser pour s'y substituer. Ce cycle caractérise le pouvoir. Le changement d'*açabiya* s'accompagnait souvent de formes sectaires de religiosité que dénonçaient les classes dominantes. C'est ainsi que le chiisme et ses variantes comme les multiples formes d'ismaïlisme ont pu contester le sunnisme orthodoxe, religion des dominants, avant de le devenir eux-mêmes et d'épouser les mêmes formes de pouvoir (les Mamelouks en Égypte, les Séférides en Iran…).

La contestation pouvait opérer aussi sans la constitution des groupes sectaires, en envahissant les non-musulmans. C'est le cas des Monghols qui ont envahi l'Iran au XIIIe siècle.

Le retour à un islam « non frelaté », « authentique », et souvent puritain s'effectuait par le rejet du régime en place comme dépravé et éloigné de la religion d'Allah, les nouveaux zélateurs prônant la stricte conformité au Coran. C'est ainsi que le wahhabisme a pu s'instaurer en Arabie au XVIIIe siècle. Celui-ci ou ses formes associées ont été l'un des derniers avatars de la transformation politico-religieuse au sein des sociétés traditionnelles musulmanes, non encore influencées par la modernité.

Les mouvements modernes, même lorsqu'ils se réfèrent à une version rigoriste de l'islam, ne peuvent être réduits à un changement d'*açabiya*. Ils portent en eux une transformation profonde eu égard à la représentation de la communauté (*umma*), comme de la personne en voie d'individuation et d'autonomisation par rapport à la communauté, même lorsqu'elle se dit explicitement au service de cette dernière et prête à s'y sacrifier. Une profonde transformation de l'*umma* brise le cycle des changements d'*açabiya* tel qu'il perdurait jusqu'à l'aube de la modernité. Désormais, une nouvelle dialectique s'instaure entre la personne et la communauté. La sécularisation du religieux devient l'une des composantes majeures de ces mouvements qui sont traversés par de nouvelles lignes de tension et font apparaître des revendications et des exigences différentes de celles des mouvements islamiques traditionnels.

Dans leurs formes non modernisées marquées par l'*açabiya*, ces mouvements présupposaient la non-sécularisation du religieux. Or, les mouvements islamistes du

XXe siècle se caractérisent par une étape importante dans sa sécularisation, dans des conditions souvent vécues par leurs adeptes comme dramatiques. L'individuation se fait par la transformation des affects, du rapport au corps et sa sexualité, à la vie, à la mort, à la peur, à l'ennemi, à la guerre sainte, au monde. Elle se réalise aussi à travers la contestation socio-politique des régimes qui ont confisqué les ressources et ont bloqué le développement social. Elle se fait tout autant en relation à l'idéal d'une communauté mythifiée et unifiée, pour panser les plaies d'une modernisation qui brise les cohérences culturelles et sociales sans leur substituer de nouvelles sociabilités crédibles aux yeux de larges pans de la société. Ces transformations profondes du sacré et du profane, de la personne et de la communauté se manifestent avec une particulière acuité à travers des notions comme le martyre et le *djihad*. Même si ces expressions dénotent une continuité sémantique avec le passé, elles n'en portent pas moins un contenu nouveau. Dans ce martyre, le sacrifice est vécu comme un acte, certes dicté par Allah, mais assumé par l'individu qui tente d'y apposer son empreinte. Il s'agit d'un Soi souvent en désarroi, qui a renoncé à vivre et éprouve de ce fait son existence comme dépourvue de signification dans ce monde. Il y a une dimension suicidaire dans le martyre moderne. Mais contrairement au suicide anomique qui est rupture avec la vie sans lien quelconque avec le sacré, le dépit contre le monde s'exprime en mobilisant celui-ci et en désignant un ennemi que l'on tente d'éliminer en se faisant tuer.

L'acte de rupture avec ce monde se donne comme profondément lié à une vocation, à une aspiration qui font du religieux, du politique et du monde des entités en étroite relation les unes avec les autres, résultat de la sécularisation du religieux[27].

Par ailleurs, le nouveau martyre rompt avec une vision élitiste et aristocratique du religieux. Si chaque homme peut accéder au martyre, jeune ou vieux, pauvre ou riche, éduqué ou non, c'est qu'il existe devant la mort sacrée une égalité qu'on revendique, par la suite, dans le champ social et politique.

La sécularisation du religieux se manifeste par l'adoption d'un trait moderne, à savoir le recours à la quantification pour bâtir un argumentaire et donner sens à une logique d'action religieuse. Dans les entretiens avec certains détenus islamistes, à la question de savoir comment ils justifiaient plus de trois mille morts innocents dans les deux tours du World Trade Center dans les attentats du 11 septembre 2001, la réponse a été invariablement faite en termes de chiffres. On rétorquait : comment peut-on justifier la mort de centaines de milliers d'enfants et de vieillards irakiens, cette population civile qui a trouvé la mort à la suite de l'interdiction américaine de vente du pétrole par l'Irak, ce qui a entraîné une pénurie des produits alimentaires de première nécessité ? À l'ensemble chiffré de morts innocents, on opposait celui, au centuple, d'autres morts qui n'avaient rien à voir avec le conflit. « Ils n'ont pas pleuré nos morts innocents, nous n'allons pas pleurer les leurs ! » a-t-on rétorqué. La lutte palestinienne et le nombre beaucoup plus élevé de morts du côté palestinien qu'israélien justifient, dans la même perspective, la légitimité d'une cause contre une autre.

L'imaginaire moderne se nourrit de chiffres pour se donner une contenance et se doter d'un instrument de pondération et d'analyse. Dans les phénomènes humanitaires, on entend souvent les acteurs invoquer la possibilité de sauver des centaines de vies d'enfants et d'innocents en un jour lors même qu'en France ou en Occident, on ne peut en sauver que quelques-unes. La logique du dévouement à la cause se trouve ainsi transcrite en chiffres et en nombres qui offrent un principe de légitimation de l'action. Le même phénomène se rencontre chez les islamistes, cette fois, en termes de nombre de morts causés par l'un comme par l'autre camp. La légitimité du combat et de la perte des innocents se mesure au nombre de morts causés de part et d'autre. L'acte du *djihad* trouve dans ce type d'argumentaire une signification directement liée à un registre moderne s'inspirant d'une légitimité statistique et d'une appréciation objectiviste pour donner sens à son action.

Réinterprétation du martyre et du djihad

Dans les mouvements islamistes, le *djihad* est étroitement associé à la notion de *jahiliya*, l'Ignorance, période d'avant l'islam marquée par l'idolâtrie et qui peut réapparaître à chaque fois qu'on s'éloigne de la vraie religion. La *jahiliya* caractérise alors l'époque actuelle où l'adoration des idoles s'est substituée à celle d'Allah. Lorsque l'Ignorance et l'Idolâtrie étendent leur pouvoir sur les musulmans, il est nécessaire de faire appel à la guerre sainte, le *djihad*, pour y mettre fin. Les pouvoirs qui s'exercent dans les sociétés de la *jahiliya* sont ceux de l'Impiété (*kufr*) auxquels il faut opposer la vraie foi islamique dans une guerre sainte où le croyant doit faire le don de sa vie en tant que martyr d'Allah.

Deux penseurs ont eu une grande influence dans la réinterprétation et la modernisation du *jahiliya* et du *djihad*, dans le monde sunnite : le Pakistanais Mawdudi et l'Égyptien Qutb. Pour le premier, le nationalisme est une impiété (*kufr*) et l'islam traditionnel qui prône le respect des cinq piliers de la foi – à savoir, la profession de foi islamique *chahâda*, la prière *salât*, le jeûne du Ramadan, le pèlerinage à La Mecque pour ceux qui en ont les moyens et l'aumône islamique *zakat* – les a stipulés pour initier au *djihad*, lutte contre les usurpateurs du pouvoir (*hâkimiyya*) d'Allah. Cette lutte devient une nécessité fondamentale, la guerre sainte étant dotée d'une position hiérarchique dominante par rapport aux principes fondamentaux de l'islam. Il s'agit d'une relecture de la religion d'Allah et sa politisation à la lumière d'une nouvelle mentalité politico-religieuse.

Pour légitimer cette représentation activiste du religieux, les penseurs islamistes se réfèrent souvent à la période médinoise du Prophète où celui-ci exerçait en même temps le pouvoir politique et religieux. Là où la tradition islamique dissociait, *de facto*, le pouvoir et le religieux, *dowla* et *din*, Mawdudi[28] les relie étroitement en se réclamant de l'âge d'or islamique, cette période que la tradition déclarait close parce que relevant de l'*aurea aetas* et de ce fait, inaccessible au commun des mortels. Pour ce faire, il introduit la double notion de souveraineté (*hakimiya*) et d'adoration (*obudiyya*) qui n'existait pas, sous cette forme, dans le droit canon islamique *(fiqh)* classique.

Selon cette vision, Allah seul bénéficie de la souveraineté, les hommes n'étant que ses créatures. Le gouvernant authentique dirige le pays en conformité à ce qu'Allah a révélé. Une souveraineté détenue par le peuple, la nation ou un parti quelconque relève de l'idolâtrie, et est contraire à l'islam[29]. Certes, cette tradition radicale existait dans l'islam bien avant Mawdudi, mais elle était largement minoritaire. On la rencontre en partie chez Ibn Taymiya plus d'un demi-millénaire avant Mawdudi ou encore, chez Ibn Kathir (*faqih* du XIVe siècle), mais cette version n'en était pas moins minoritaire face à cette autre tradition qui prônait la séparation entre la *chari'a* et l'État, notamment chez Ibn Khaldoun, à partir de la dissociation entre l'âge d'or de la période médinoise du Prophète et les époques suivantes[30].

Qutb, influencé par Mawdudi, inspire fortement les Frères musulmans en Égypte. Il présente une radicalisation de la pensée islamique en jetant les bases d'un pouvoir révolutionnaire au nom d'Allah. Il oppose la souveraineté politique exclusive (*hâkimiyya*) de Dieu au pouvoir illégitime, fondé sur l'Impiété (*kufr*) et l'Ignorance (*jahiliya*). Ce type de pouvoir s'inspire d'une modernité qui se décline selon le nationalisme, le socialisme ou toute forme de modernisme ; ses traits majeurs sont la mixité entre hommes et femmes, l'individualisme exacerbé et le goût de l'argent. Reconnaître la souveraineté exclusive de Dieu revient à se reconnaître comme une créature d'Allah et s'y soumettre. Sinon, on refuse la toute-puissance d'Allah puisqu'on associe au pouvoir de Dieu celui d'une créature autonome. Légiférer autrement qu'en se soumettant à Dieu revient à s'en arroger les attributs, toute législation islamique devant se faire en conformité aux commandements divins.

Dans tous les domaines de la vie collective doit régner le pouvoir divin : reconnaître la souveraineté de Dieu signifie le refus de séparation entre la religion comme pratique rituelle et le pouvoir politique au niveau de l'État. Là où la tradition majoritaire dissociait la religion de l'État, Qutb les associe étroitement. Il remet en cause la vision majoritaire des ulémas sunnites pour qui le *djihad* devrait avoir d'abord une visée défensive afin de devenir un devoir personnel. Pour lui, le *djihad* doit établir l'autorité d'Allah sur terre, pour diriger les affaires humaines selon les commandements de Dieu, détruire les puissances sataniques et mettre fin à la domination des hommes pour instaurer le règne d'Allah[31]. Pour cette raison, la vision défensive du *djihad* ne correspond pas à la vérité du message coranique. Ce sont les orientalistes et les musulmans inauthentiques qui ont circonscrit le *djihad* islamique à la défense de la terre d'islam. Il n'est pas uniquement défensif, il s'identifie au mouvement même de l'islam qui doit englober la terre entière, l'humanité.

De par sa nature, le *djihad* a vocation universelle et sa fonction surpasse de loin celle que lui assignait le *fiqh* islamique traditionnel qui le cantonnait principalement à la défense de la terre d'islam. Le combat se dirige d'abord contre les classes dominantes dans les sociétés musulmanes, à commencer par l'Égypte nassérienne. Qutb sera pendu par ce dernier en 1966.

La dénonciation de l'Occident hégémonique et de ses fondés de pouvoir intellectuels, les orientalistes, va souvent de pair chez des penseurs radicaux comme Qutb, Mawdudi et Khomeyni, avec la critique radicale des musulmans attiédis, voire « hypocrites » (*munafiq*, ceux qui introduisent la dissension chez les musulmans, selon une expression coranique). Il s'agit de musulmans qui sèment la zizanie dans la communauté et remettent en cause son unité par leur attitude de faiblesse ou de refus d'engagement dans la voie d'Allah. Ces hypocrites refusent de combattre les forces du Mal et finissent souvent par pactiser avec elles, de peur de perdre leurs privilèges ou, simplement, par veulerie. Mawdudi critique ces musulmans qui ne veulent pas être des acteurs à part entière de l'histoire et acceptent la domination occidentale[32]. Le vrai musulman cherche à réaliser sa foi par la guerre et le sacrifice, il refuse de souscrire à un monde qui change en faisant siens les verdicts du Coran qui, eux, ne changent jamais. À la veulerie moderne qui consiste à se conformer au changement du monde et à s'y adapter passivement comme l'ont enseigné les colonisateurs aux musulmans, Mawdudi oppose l'héroïsme du musulman authentique qui cherche à inscrire sa marque sur l'histoire plutôt que d'en subir la loi. L'éloge de l'héroïsme, de l'inflexibilité, de la quête courageuse pour l'instauration de la *shari'a* suppose une capacité combative à l'épreuve des tentations de l'histoire.

Ces trois penseurs cherchent à redonner aux musulmans la confiance en soi. Celle-ci a été perdue sous les assauts de l'impérialisme et le faux prestige d'un Occident qui dépossède le musulman du respect de soi et du dévouement à sa foi. Les équivalents de Qutb et de Mawdudi dans le monde chiite sont Khomeyni en Iran et Musâ Sadr et Fadlallah au Liban. Leurs idées sont proches au sujet du pouvoir, la notion de *Velayat e faqih* (souveraineté du docteur de loi islamique) développée par Khomeyni renvoyant à la subordination du politique au religieux au nom d'Allah. Les origines de cette notion, dans le chiisme, remontent au XIXe siècle, avec des clercs comme Naraqi mort en 1828 et Najafi[33], mort en 1850, c'est-à-dire à la période où le pouvoir Qajar se trouvait de plus en plus réduit à l'impuissance face aux régimes impériaux qu'étaient l'Angleterre et la Russie. C'est à ce moment qu'une fraction minoritaire du clergé a affirmé son ascendant sur le politique, jusque-là dominé par les monarques issus des tribus nomades. On peut évidemment faire remonter beaucoup plus loin la généalogie de cette notion dans l'islam et surtout dans sa version chiite. Certains voient comme les prémisses de *Velayat e faqih* dans la notion du Sultan juste (*soltan e âdel*[34]).

L'innovation de Khomeyni ne réside pas uniquement dans ses qualités de théologien, mais avant tout dans celles de stratège et d'homme politique. Sa construction de l'activisme islamique est fondée sur la dénonciation des « hypocrites » (*monafeghin*) qui, après le renversement du chah, cherchaient à fomenter la discorde parmi les musulmans, au nom d'une version frelatée de l'islam. Il visait essentiellement les *Mojahedine du Peuple*, formant l'extrême gauche islamique, mais aussi ceux qui manquaient d'enthousiasme à l'égard de la Révolution islamique. Les « partisans du compromis » (*sâzech*) sont en réalité des personnes « compromises » par leur allégeance à l'impérialisme (*sâzech-kâr*) que Khomeyni nomme, en utilisant une expression coranique dont il transforme la signification, l'Arrogance mondiale (*estekbâr e djahâni*). Le mot signifie « impérialisme », mais comme celui-ci était revendiqué par la gauche marxiste et athée, il fallait trouver une expression islamique qui puisse en dénoter le sens sans éveiller le soupçon d'emprunt à une gauche dénoncée par Khomeyni. « L'arrogance » signifie l'excès d'orgueil ou les conduites qui y sont associées, notamment celles qui engendrent l'oubli de Dieu par une affirmation trop accentuée de soi. Pour le fondateur de la République islamique, l'Occident est arrogant, parce qu'il asservit les musulmans et prône un système marqué par un sécularisme matérialiste et bestial. Pour lutter contre l'arrogance occidentale, il faut surmonter la peur de l'Occident, fondée sur des mythes dénués de véracité.

De fait, l'une des caractéristiques majeures du discours de Khomeyni réside dans son extrême subjectivisme que l'on retrouve chez nombre de penseurs radicaux modernes. Il met surtout l'accent sur des affects comme la peur, la force de l'âme, le sentiment d'honneur, la volonté de vaincre, l'identité musulmane soustraite au doute et revigorée par le recours à Allah. Pour Khomeyni, nous sommes faibles lorsque nous nous sentons tels. Pour surmonter la peur de notre faiblesse, il faut avoir recours à une prise de décision héroïque. Dès lors, nous pouvons devenir forts, à l'image de Dieu. D'un autre côté, se sentir faible revient à donner à l'ennemi le sentiment de son infériorité. La force s'abreuve à cette intériorité qui décrète, en s'appuyant sur Dieu, sa propre vigueur, par une décision qui n'a nul besoin d'une quelconque extériorité[35]. Cet extrême subjectivisme en appelle au monde extérieur, d'une part, aux musulmans, de l'autre, pour dénoncer les agissements de l'Amérique. Le discours radical oscille de fait entre une bipolarisation où le Bien affronte le Mal et un type d'intersubjectivité à trois pôles, où le monde extérieur est pris à témoin contre les menées de l'ennemi.

Ainsi, Khomeyni fait-il constamment appel au monde dont il veut emporter l'adhésion à sa version de l'histoire, tout en dénonçant le perfide adversaire américain qui dénie au peuple musulman ses droits légitimes. Ce monde extérieur a un statut ambivalent, dans la mesure où le discours islamiste se meut dans un univers manichéen qui ne devrait pas reconnaître cet espace de neutralité promu, par moment, comme référence pour la légitimité du discours.

Une autre dimension du discours radical apparaît dans sa volonté d'interpellation des musulmans en brandissant, conformément à la tradition guerrière du Prophète, la vigueur et les qualités de combat du musulman authentique. Ainsi, dans un discours aux membres du département de l'économie de l'université d'Ispahan[36], Khomeyni exalte-t-il les ressources guerrières de la jeunesse musulmane : « Nous sommes des hommes de combat, nous sommes des hommes de lutte. Notre jeunesse a combattu et lutté contre les chars, les canons et les mitraillettes [de l'armée du chah] ». Enfin, le discours interpelle les ennemis de l'islam (l'Occident personnifié par l'Amérique) qu'il vilipende avec emphase, en lui lançant des défis et en l'humiliant symboliquement par le recours aux notions d'honneur et de vertus guerrières des musulmans. Sur un fond de manichéisme où le Bien et le Mal sont départagés dans un sens soustrait au doute, se dresse une forme de discours où le Soi, les musulmans, l'ennemi et le monde forment la toile de fond. Tout l'art oratoire consiste à réduire cette polarité multiple à une bipolarité où le monde et les musulmans devraient se ranger du côté des partisans du Bien, contre un ennemi occidental en déclin, qui n'en demeure pas moins redoutable pour autant.

Ce qui revigore les musulmans, c'est l'unité religieuse des cœurs au sein d'une communauté unifiée qui se soulève contre les « pouvoirs sataniques » et parvient à les dominer. L'exemple le plus patent a été le cas de l'Iran du chah, avec son armée ultra-moderne équipée par l'Amérique, que le peuple musulman d'Iran a pu vaincre à mains nues, rien que par les poings soulevés et la foi en Allah. Cette révolution est, certes, le prélude à un soulèvement général qui annoncera la Fin des temps et l'avènement de l'Imam occulté (le douzième imam, l'équivalent chiite du Messie). Mais entre-temps, il est nécessaire de marquer son adhésion au camp du Bien par le sacrifice et l'abnégation absolues. Les opprimés (*mostaz'af*, expression coranique à laquelle Khomeyni donne, à la suite de Shariati, une connotation de classe), parviendront à prendre leur revanche sur les oppresseurs (*mostakbar*). Ces deux expressions sont fortement influencées par les idéologies de la gauche marxiste et du tiers-mondisme, les opprimés étant les laissés-pour-compte, les masses prolétarisées, et les oppresseurs, les impérialistes ou les classes dominantes. Dans la lutte entre les arrogants et les opprimés, ces derniers sortiront vainqueurs, par le recours à l'islam qui est la religion qui les défend. Pour cela, il faut que les musulmans acceptent le martyre. Une communauté sacrificielle, unifiée dans sa volonté de croiser le fer avec l'impérialisme mondial, parviendra à instaurer le règne du Bien à partir de l'exemple paradigmatique de la révolution iranienne qui a inauguré une ère nouvelle dans le monde.

Le débat sur ces nouvelles versions de l'islam pose la question de l'islamisme. En France, l'expression remonte au moins au XVIIIe siècle et a été employée par Voltaire dans un sens évidemment différent de sa signification actuelle. Si par islamisme on entend les courants qui cherchent à associer étroitement le politique et le religieux, leur histoire remonte, en quelque sorte, aux premiers siècles de l'islam. Les tendances minoritaires voulaient, à chaque fois, réaliser la société idéale du Prophète, à la fois dirigeant religieux et politique. Si on entend par islamisme un courant politico-religieux qui vise à s'approprier le pouvoir en justifiant un recours éventuel à la violence afin d'instaurer de manière autoritaire un régime selon la *shari'a* (les préceptes religieux plus ou moins codifiés), en modernisant de manière ambiguë l'islam sans l'avouer explicitement et en islamisant de manière tout aussi tacite la modernité en insistant particulièrement sur l'opposition à l'Occident, alors l'islamisme est un phénomène relativement moderne qui date des années trente (Frères musulmans en Égypte) et dont l'apogée se situe dans le dernier tiers du XXe siècle.

L'une des caractéristiques importantes de la plupart des courants islamistes est la centralité qu'ils accordent, dans leur production doctrinale, aux notions de *djihad* et de martyre.

Une autre caractéristique, cette fois sociologique, de ces courants est l'émergence de nouvelles catégories de personnes, souvent issues des institutions universitaires, qui prolifèrent dans les sociétés musulmanes à partir de la seconde moitié du XXe siècle[37]. Parmi les dirigeants de ces mouvements, bon nombre proviennent des milieux scientifiques qui entendent légiférer au sujet de l'islam et remettre en cause l'hégémonie des groupes traditionnels, à leurs yeux trop quiétistes ou corrompus par leur complicité avec des pouvoirs illégitimes.

Mais la contestation de la tradition et de ses rouages institutionnels n'est pas exclusivement le fait de ces nouveaux groupes issus de la modernisation des sociétés musulmanes[38]. Au sein même des institutions religieuses, sunnites ou chiites, on voit l'apparition de nouveaux clercs contestant les interprétations dominantes qui prévalaient en leur sein. L'exemple de l'ayatollah Khomeyni en Iran, qui était un dignitaire religieux fort important (sans être le plus important, avant la révolution), ou encore, en Égypte, les cheikh Abd al Ghaffâr Aziz et Umar Abd Al Rahman, issus de l'université Al Azhar, est symptomatique à cet égard ; ils remettent en cause, chacun à sa façon, les interprétations quiétistes des ulémas de cette institution[39].

De fait, la radicalisation de l'interprétation de l'islam et la volonté de fondre le politique dans le religieux peuvent revêtir deux formes distinctes. Dans un premier cas, on prône le retour à une société islamique respectueuse des normes édictées par le droit canon islamique (*fiqh*) de manière pacifique, en tentant de promouvoir par le bas une éducation islamique, convainquant les uns et les autres du bien-fondé du retour à un islam intégraliste, c'est-à-dire englobant tous les aspects de la vie. Dans ce cas, comme les Frères musulmans en Égypte ou le parti Refah (puis Fezilet) en Turquie, on prône une islamisation par le bas, faisant l'économie d'une appropriation violente du pouvoir politique par le haut tant que la société n'est pas profondément islamisée. Un second cas de figure se présente lorsque l'on entend mettre fin au règne de l'Impiété et du *Tâqut* (idolâtrie) par le recours à la violence, un peu sur le même modèle des gauchistes en Europe ou des révolutionnaires en Amérique latine dans les années soixante-dix.

Les nouvelles générations, éduquées dans des circuits non traditionnels comme les universités technologiques ou scientifiques, jouent souvent un rôle essentiel au sein de ces groupes contestataires. Mais les ulémas interviennent aussi activement, du moins en marge des institutions religieuses.

En Égypte, le cheikh Umar Abd al Rahmân[40], *alim* (savant religieux) aveugle ayant fait ses études à Al Azhar inspire, après la mort de Nasser, l'islamisme radical des deux mouvements Jama'at islamiyya et Djihad. Il part aux États-Unis en 1990 et après la première attaque du World Trade Center en 1993 et est condamné en 1996 à la prison à vie. Sa théorie politique est marquée par certains traits que l'on retrouve dans divers courants islamistes radicaux. Il en est ainsi du manichéisme théologique qui refuse la gradation traditionnelle des gouvernants entre le *dhalim* (tyran), *fâsiq* (pécheur) et *kâfir* (impie). Pour lui, ces distinctions se ramènent à celle du gouvernant juste et musulman d'un côté et impie (*kâfir*) de l'autre. Le règne de ce dernier est celui de l'Ignorance et de l'Idolâtrie, et doit être combattu par les musulmans. Autant les ulémas traditionnels remettaient à Dieu le jugement sur le gouvernant injuste, se dispensant ainsi de le condamner, autant cheikh Abd al Rahmân – comme Khomeyni deux décennies avant lui – au nom d'une conception totalisante du religieux englobant le politique, défend l'idée de la nécessaire condamnation religieuse du gouvernant qui contrevient à l'islam.

Le *takfir* (condamnation pour impiété) relève, dès lors, de la tâche du savant religieux et a partie liée au politique. Dans la tradition islamique, le *takfir* s'appliquait surtout aux mystiques ou aux déviants que les religieux orthodoxes condamnaient. Il avait pour objet les individus ou les groupes au sein de la communauté. La dimension politique était absente ou mineure et souvent occultée. La nouvelle conception du *takfir* en fait une catégorie politique. Cette vision, qui peut trouver sa légitimité en référence à certains courants minoritaires de l'islam médiéval, n'en demeure pas moins une remise en cause de la tradition majoritaire par le changement de statut des savants religieux, en les déclarant aptes à gouverner. C'est notamment le cas de Khomeyni qui prône le gouvernement du Juriste islamique, le *Vélayat e faqih*. La société impie doit être combattue par l'arme de la foi en vue d'instaurer un pouvoir islamique qui applique la *shari'a* et lutte contre l'occidentalisation des mœurs par le recours au principe islamique de l'Imposition du Bien et l'Interdiction du Mal (*amr bil ma'ruf wa nahy an al munkir*).

Le rôle dévolu au *djihad* devient fondamental. Il s'associe à *l'idjtihad* (le fait d'émettre des avis religieux en conformité à l'islam) qu'exerce le savant musulman (*âlim*) et politise son rôle, jadis circonscrit au domaine juridique. Une réinterprétation des lois islamiques combinant des faits traditionnels souvent minoritaires avec des innovations de la conduite de l'acteur humain donne une extension politique à une vision juridique. La première englobe la seconde en se prévalant d'une justification au nom du droit canon islamique (*fiqh*). La frontière entre *dine* (religion), *dunyâ* (monde) et *dowla* (État, politique) s'estompe, l'ensemble donnant naissance à une vision holistique et rigidement unifiée que la tradition, du moins dans sa tendance dominante, ignorait. Dans l'islamisme, le rapport entre la politique et le droit islamique se métamorphose profondément. En effet, la loi islamique traditionnelle (*fiqh*), dans ses tendances orthodoxes, revêtait les caractéristiques suivantes[41] :

– une nature essentiellement technique : ses notions et procédures étaient d'une si grande technicité qu'elle ne présentait des rapports que lointains avec des considérations d'ordre éthique ou dogmatique ;

– une capacité d'innovation importante : la réalité historique de sa pratique a été marquée par une grande latitude dans les opinions sur des points spécifiques (*ikhtilaf*). Cela induisait la mutabilité de cette loi dans les contextes de changement social ;

– la loi islamique n'était pas un code. C'était un répertoire de précédents juridiques et de principes, en relation avec un corpus bien développé de techniques herméneutiques et paralogiques ;

– la loi islamique avait un caractère objectiviste, peu sensible à l'intentionnalité ;

– la loi islamique était, en majeure partie, de nature privée : elle traitait de l'obligation, du contrat, du statut personnel et d'autres aspects de la vie coutumière. Ces domaines relevaient de ce qu'on appelait les *hoqouq al ibâd*, les droits des personnes (créatures). Il existait un ensemble de lois concernant le droit public que l'on mettait sous le registre de *hoqouq allâh* (droits de Dieu). Il s'agissait des obligations traitant des domaines de l'État islamique. Si le musulman se trouvait sur le territoire des Infidèles (non-musulmans), cet ensemble de lois ne s'appliquait pas. Dès lors, celui-ci était *musta'min*, il devait se conduire de manière appropriée, en suivant les lois du pays où il se trouvait.

La modernisation autoritaire des sociétés musulmanes induit une transformation profonde du droit canon (*fiqh*) qui finit par signifier un rapport au politique qui n'existait pas auparavant. On assiste à une politisation du *fiqh* qui est un phénomène récent, eu égard à la fonction et à la nature du droit traditionnel islamique.

Si dans le monde sunnite se produit une mise en valeur du *djihad* hors de proportion par rapport à son poids dans la tradition, dans le monde chiite c'est la surévaluation du martyre, dans un sens nouveau et activiste, qui est d'actualité.

Les interprétations chiites des années soixante, soixante-dix qui ont précédé la Révolution islamique ont tenté de lutter contre l'image doloriste mais surhumaine de Hossein qui se serait consciemment sacrifié pour le salut de la communauté chiite. Celle-ci célèbre chaque année, tout au long du mois de Moharram, le spectacle de sa Passion. La conception traditionnelle attribue des qualités transcendantes et, comme telles inimitables, à Hossein. Il est *ma'soum*, c'est-à-dire incapable de commettre un péché et dès lors, il ne saurait être imité par les hommes. Il doit être vénéré et non pas pris comme modèle de conduite concrète et immanente.

À la différence des conceptions traditionnelles, les nouvelles interprétations (et en particulier, celle de

Shariati) mettent l'accent sur l'humanité de Hossein. Elles visent à rehausser son image en lui accordant une dimension immanente et en en faisant l'acteur de sa propre mort, dans une situation d'indétermination : pouvait-il vaincre l'armée de Yazid par la mobilisation de la ville de Koufeh qui avait fait appel à lui ? On peut citer l'exemple de Sâléhi Nadjaf-Abâdi pour lequel Hossein aurait eu le sentiment d'une victoire possible dans une conjoncture historique où il pensait mobiliser une partie de la société et notamment la ville de Koufeh, contre le calife omeyyade, Yazid. Lorsqu'il se rendit compte de l'impossibilité de sa victoire, il préféra la mort en martyr parce qu'il était sûr qu'en cas de reddition, Ibn Ziyâd, le chef de l'armée de Yazid, allait impitoyablement le mettre à mort. C'est pourquoi il refusa de capituler et lutta héroïquement lors de l'attaque de ce dernier, accédant ainsi au martyre[42]. L'image de Hossein qui se dégage de ce récit est celle d'un être certes surhumain dans son essence, mais dont la science du devenir n'était pas différente de celle du commun des mortels. Il n'avait pas eu la « science infuse » (*elm e ladonni*) à ce sujet mais croyait sincèrement pouvoir sortir victorieux de sa juste guerre contre le calife omeyyade. Ce sont les circonstances qui rendirent la victoire impossible. À une mort dans l'humiliation, il en préféra une autre, glorieuse. Hossein était, sur ce plan, un être humain et sa conduite était d'autant plus digne d'éloge qu'il ne s'est pas laissé humilier. Pour Nadjaf Abâdi, Hossein n'aspirait pas au martyre, contrairement à l'opinion courante. Il voulait s'approprier le pouvoir et sa mort a été la conséquence logique de son échec. Hossein n'avait pas la connaissance absolue. Le facteur déterminant dans la révolte du troisième imam a été sa dimension éminemment humaine. Dans son soulèvement, celui-ci tablait exclusivement sur la raison et l'expérience et en aucun cas sur une connaissance surhumaine.

Cette représentation de Hossein rompt avec sa transcendance dans le chiisme traditionnel. L'humanisation de Hossein le rend susceptible d'être pris pour modèle par le commun des mortels. Désormais, il est imitable, immanent : sa sainteté ne l'empêche pas de participer à la fragilité humaine. Le Prince des Martyrs devient proche des hommes et on peut lui emboîter le pas en l'imitant jusque dans l'acte de sacrifice suprême. Sâléhi Nadjaf Abâdi n'était pas particulièrement connu de la jeunesse iranienne qui participa à la Révolution islamique, il l'était en revanche des milieux intellectuels religieux. Il est mentionné par Shariati dans son interprétation du martyre[43] et a ainsi participé au changement culturel et à la transformation des thématiques religieuses dans un sens qui a rendu possible, voire légitime, l'engagement des nouvelles générations dans la révolution au nom de l'islam.

Morteza Motahhari, également clerc[44], a joué un rôle important dans la mise en relief du martyre chiite en rupture avec la tradition quiétiste. Il commence par décrire les mérites essentiels des martyrs qui bénéficient de la gratitude des autres, pour avoir accepté le sacrifice suprême au service d'Allah. Le martyr crée un milieu favorable aux autres pour qu'ils puissent vivre selon le Bien. Telle une chandelle, il brûle et fait bénéficier de sa lumière autrui qui, sans cela, demeurerait dans l'obscurité. C'est pourquoi, constate-t-il, le corps du martyr est pur et n'a pas besoin d'ablution avant l'enterrement, à la différence des autres morts. Il distingue plusieurs types de mort : la mort naturelle, par maladie, en conséquence d'un crime, le suicide et, enfin, le martyr. Le dernier accepte de s'exposer à la mort uniquement pour réaliser les idéaux sacrés « dans la voie de Dieu » (*fi sabil ellah*), comme le demande le Coran. Pour Motahhari, le martyr a un double fondement : d'une part, il faut que celui qui s'y engage le fasse « dans la voie de Dieu » ; il faut ensuite qu'il soit mis en œuvre selon un état d'esprit « conscientisé » (*âgâhânéh*). Le candidat à la mort sacrée ne doit pas s'y engager pour des raisons liées à son intérêt personnel ou pour des causes où se trouverait impliqué son égoïsme.

C'est en relation au martyre que Motahhari définit, en bon chiite, le *djihad*. À la différence du christianisme, l'islam, constate-t-il, n'est pas une religion dont l'adepte tendrait l'autre joue lorsqu'un impie le giflerait sur une joue. Cette religion combine la foi (*imân*), l'Exode (*hidjrat*) et la guerre sainte (*djihad*). L'Exode peut signifier la sortie de la vie en vue d'atteindre une visée sacrée par le martyre. Dans ce but, le croyant authentique accepte de sacrifier sa vie pour sauver sa foi, au service des autres. Citant un hadith du Prophète, Motahhari affirme que « le Bien se trouve sous l'épée et sous l'ombre de l'épée ». L'islam engendre donc des martyrs pour faire avancer ses nobles idéaux.

On voit chez Motahhari, comme chez Shariati, comment la thématique du martyre peut s'appliquer au commun des mortels en inversant le rôle de l'exemple paradigmatique de Hossein. Dans la tradition chiite, la mort sacrée n'avait de sens que reliée aux figures des saints : Hamzeh l'oncle du Prophète qui périt dans la guerre d'Ohod, Ali le premier imam qui fut assassiné en 661 ainsi que nombre d'autres imams chiites qui périrent sous l'épée des musulmans impies, à la solde des califes « corrompus ». Mais ces figures saintes sont en principe inimitables. On ne peut que se lamenter sur leur sort, non les imiter. Le martyre ne devient imitable pour les masses que tardivement, en particulier avec la Révolution islamique qui lui ouvre un vaste champ d'application, d'abord dans le renversement du régime du chah, ensuite dans la longue guerre contre l'Irak de 1981 à 1988. La thématique du martyre est alors appropriée par les jeunes des couches populaires qui s'y affirment en allant jusqu'au bout de la mort sacrée, non seulement dans les rituels, mais par la mise en acte de leur propre mort. Ce faisant, ils réalisent une version de l'islam qui était largement inconnue de la tradition dominante.

Un autre phénomène récent est l'individualisation du drame du martyr. La tradition faisait de Hossein un être surhumain dont la Passion renvoyait à son caractère transcendant. On s'endeuillait en célébrant sa mort, mais celle-ci était aussi comme fixée d'avance, et de ce fait, participait paradoxalement à sa gloire. Cheikh Abbas Qomi[45] rapporte les propos de cheikh Koleyni (XVIe-XVIIe siècle) qui avait lui-même rapporté les propos du sixième imam chiite Dja'far Sadeq (mort en 765). Selon ce dernier, Hossein n'a jamais tété ni le sein de sa mère ni celui d'aucune autre femme. Le Prophète le prenait dans ses bras, lui mettait un doigt dans la bouche et celui-ci le suçait et se sustentait ainsi de manière miraculeuse pour deux ou trois jours. Par conséquent, la chair de Hossein provient de celle du Prophète. La dimension surhumaine de Hossein dont témoigne la grandeur de son martyre lui réserve une place à part dans le panthéon chiite. Il ne serait pas seulement petit-fils du Prophète, mais aussi, en quelque sorte, son descendant direct, par une chair surhumaine, réceptrice des douleurs d'une humanité en quête de salut. Hossein procède d'une nature autre que celle des mortels.

Au contraire, chez Shariati ou Motahhari on perçoit l'humanisation des affects de Hossein et, par ricochet, ceux qu'éprouvent les martyrs qui vont l'imiter. Pour Motahhari, il y aurait eu à l'origine de l'islam comme une joie d'accéder au martyre et c'est pourquoi les compagnons du Prophète souhaitaient y prendre part. De même, le premier imam Ali, constate-t-il, aspirait ardemment au martyre. On sait l'influence de cet « ardent désir de mourir en martyr » dans la révolution iranienne où de nombreux jeunes décrivent longuement dans leur testament leur appétit inextinguible de mourir[46].

D'un Hossein jadis inaccessible, les nouvelles exégèses font un héros humanisé, susceptible d'être imité par ses disciples, suivi des jeunes qui cherchent à lutter contre l'ennemi. Hossein est un imam qui appelle littéralement ses adeptes à le suivre plutôt qu'à l'admirer et à le pleurer dans son empyrée inaccessible comme quelqu'un de transcendant que l'on ne saurait prendre pour modèle.

Shariati, lui, franchit un pas de plus en faisant de Hossein un révolutionnaire. Il décrit un personnage qui vise, avant tout, à perpétuer la lutte des partisans d'Abel contre ceux de Caïn, du Bien contre le Mal et cela par l'appel à un dévouement sans pareil, une abnégation qui honore tout révolutionnaire. Hossein est « l'héritier d'Adam[47] », celui qui a procédé à un soulèvement et non ce saint lointain et hors du temps que célèbre la tradition chiite. Il s'inscrit dans l'histoire et son épopée est à l'image de celles des héros qui ont combattu le Mal. Ce qui lui confère une dimension de sainteté, c'est l'étendue de son dévouement et non une filiation prophétique qui le placerait en dehors de l'humanité, dans un panthéon hors d'atteinte des plus jeunes. Les aspirants au martyre sont légion dans les nouvelles villes du Moyen-Orient et du Maghreb. Ils sont en quête de dignité et impatients de vivre une aventure héroïque qui les fasse sortir de l'insignifiance où les confine une existence morne et dépourvue de gloire. Le martyre leur donne accès à la dignité et au respect qui leur manquent terriblement dans la vie, chiites ou sunnites peu importe, au sein des villes comme Téhéran, Le Caire ou Alger qui les ignorent au mieux, les méprisent le plus souvent, et les vouent à une blessante infériorité.

La tâche d'humanisation et de modernisation de l'imam Hossein a eu, dans les milieux chiites, une grande portée symbolique. La voie était désormais ouverte pour transcrire l'abnégation révolutionnaire dans un idiome religieux, brandir le drapeau de la protestation rehaussé du prestige d'un Hossein contestataire et insoumis. Les milieux sunnites n'avaient pas grand besoin d'un Hossein affichant le paradigme du martyre. Le passage par les chiites libanais leur a montré le modèle à suivre. Le martyre à grande échelle provenait essentiellement des chiites après la Révolution islamique de l'Iran, mais son adaptation aux milieux sunnites s'est faite en insistant sur le *djihad* comme substitut au paradigme de Hossein. Ce *djihad* avait pour arrière-plan l'humanisation de Hossein comme modèle implicite pour les jeunes martyrs iraniens du Bassidje qui, en masse, s'étaient portés volontaires sur le front de guerre. L'importation par le truchement du Liban de cette vision chiite en milieu palestinien a facilité la prise en charge du martyre chez les jeunes du Hamas qui se réclament non pas du Prince des Martyrs, mais d'autres jeunes qui leur ont ouvert la voie en imitant plus ou moins leurs frères du Liban, eux-mêmes influencés par le Hizballah, à son tour directement marqué par le Bassidje en Iran.

Le martyre chez Shariati

Le rôle essentiel de Khomeyni dans la Révolution islamique de 1979 est indéniable, mais dans le changement idéologique de la société iranienne, surtout auprès des franges urbaines de la jeunesse, Shariati a joué un rôle essentiel. C'est à lui que l'on doit des expressions comme « le chiisme rouge » (*tashayyo e sorkh*, la couleur rouge renvoyant à la tradition chiite des corps ensanglantés de Hossein et de ses disciples autant qu'au gauchisme « rouge ») ou encore, « chiisme, religion de la contestation » (*mazhab e e'terâz*), ou « chiisme d'Ali », combattant et révolutionnaire, opposé au « chiisme séfévide », incarnant la légitimité d'un pouvoir oppresseur comme celui qu'il attribue à la dynastie du même nom ayant régné sur l'Iran du XVIe au XVIIIe siècle.

Shariati mêle constamment deux registres, qu'il lie étroitement. D'une part, prévaut chez lui l'appel direct à l'individu, à la personne responsable. Les notions de « construction de soi révolutionnaire » (*khod sâzi e enqelâbi*) ou « conscientisation » (*âgâhi*) sont primordiales dans sa vision militante de la religion où le rôle de l'individu est essentiel. En second lieu, il lie cet individu à qui il confie la tâche de mener à bien la révolution à un islam qu'il appelle *maktab* et qui se caractérise par l'exigence du sacrifice de soi pour un idéal placé au-dessus de la vie. Cette notion a des affinités électives avec celle d'*aqida* chez Qutb. Pour ce dernier, l'*aqida* est le lien spirituel qui associe les jeunes musulmans et leur confère stabilité et unité dans une société changeante et entachée d'idolâtrie. En reliant au sacré ces nouveaux acteurs émergeant sur la scène sociale, l'*aqida* leur donne la capacité de s'assumer pour lutter en connaissance de cause en faveur de l'islam authentique. À la différence de Shariati, Qutb met l'accent sur un islam sans ancrage dans la lutte des classes. Mais tous deux forgent des notions (ou leur donnent de nouvelles significations) pour faire prendre conscience aux jeunes générations de la nécessité de bâtir à neuf une société islamique. Pour cela, le sacrifice de soi en tant que martyr est nécessaire.

Chez Shariati, on assiste probablement pour la première fois sur un plan conceptuel à la dissociation consciente entre guerre sainte et martyre, *djihad* et *chahâdat*. Dans la tradition sunnite et dans le chiisme savant de la plupart des *marja'e taqlid* – pôles d'imitation religieuse que les adeptes choisissent pour les suivre sur des questions religieuses –, il y a subordination du martyre au *djihad*. C'est pour mener à bien la guerre sainte que le musulman peut aller jusqu'à la mort « dans la voie de Dieu », c'est-à-dire le martyre. Or Shariati introduit deux types de martyrs : d'une part, celui qui, à l'instar de Hamzeh, l'oncle du Prophète, combat l'ennemi dans la guerre d'Ohod et meurt sur le champ de bataille ; de l'autre, l'imam Hossein : « Hamzeh qui fut tué dans la guerre d'Ohod eut le surnom du Prince des Martyrs (*seyyed ol chohadâ*), et le chiisme, après *ashura* (le jour de la mise à mort de l'imam Hossein) appela l'imam Hossein de ce nom... Tous deux sont des seyyeds (descendants ou membres de la famille du Prophète) martyrs : Hamzeh dans le champ des martyrs du *djihad*, Hossein parmi les martyrs du martyre[48]. »

Hamzeh est un héros, c'est un *moudjahid* (celui qui fait le *djihad*). En cela, il est différent de Hossein : « Hamzeh est un héros *moudjahid* [qui a fait le *djihad*] qui s'est engagé pour vaincre et faire échec à l'ennemi ; il a échoué et a trouvé la mort en martyr. Mais c'est un martyre individuel... Par contre, Hossein est d'un autre genre. Il n'est pas venu briser l'ennemi par la force de l'épée en vue d'atteindre la victoire... Alors qu'il aurait pu rester tranquillement chez lui et demeurer en vie, il s'est soulevé et est allé à la rencontre de la mort en toute lucidité. À ce moment-là, il a choisi de mourir et d'être annihilé et a assumé tout ce danger pour se trouver en pleine scène devant les yeux du monde entier... Hamzeh et les autres *moudjahid* étaient venus pour la victoire, risquant de mourir, leur but étant de vaincre l'ennemi. Mais le martyre de l'imam Hossein visait la dénégation de soi dans une voie sacrée qui était elle-même menacée de déperdition. Ici, guerre sainte (*djihad*) et martyre (*chahâdat*) se séparent complètement l'un de l'autre[49]. »

La différence entre Hamzeh et Hossein est que l'un ne voulait pas mourir mais vaincre l'ennemi, tandis que le second savait pertinemment qu'il allait perdre le combat et périr. Shariati confère à cette mort consciente une signification religieuse incomparablement supérieure à la première qui est celle que la tradition identifie à la mort pour le *djihad*. Dans un cas, la mort est un pis-aller, conséquence fortuite d'une victoire qui ne s'est pas réalisée pleinement ; dans le second, c'est une mort préméditée, d'autant plus significative que la perspective de victoire immédiate est exclue et que le martyr en a une conscience aiguë. Shariati poursuit : « La philosophie du soulèvement du *moudjahid* (celui qui fait le *djihad*) n'est pas identique à celle du martyr[50]. » « Le martyre au sens strict du terme, affirme Shariati, est un commandement après le *djihad* et le martyr entre en scène lorsque le *moudjahid* (celui qui a fait le *djihad*) a échoué[51]. »

La dissociation entre le combattant du *djihad*, qui fonde la légitimité de sa lutte sur une vision optimiste d'une victoire possible dans le combat contre l'ennemi, et le martyr, conscient de sa mort certaine pour une cause désespérée qui exclut une victoire militaire *hic et nunc*, est lourde de conséquences. Dans l'anthropologie du chiisme traditionnel, le dolorisme et les rituels du long mois de Moharram célébrant le martyre de Hossein étaient fondés sur la sensibilité religieuse d'une minorité persécutée par le sunnisme majoritaire où la cause de Hossein était identifiée à celle des chiites, malmenés et réprimés dans leur foi. Hossein incarnait la cause désespérée des persécutés « *mazloum* », auxquels une injustice et une répression sans relâche causaient une douleur infinie. Ceux-ci, à l'instar de Hossein, vivaient un sort tragique dont la cause se confondait avec celle du Bien dans le monde : il ne peut être restauré qu'à la Fin des temps, hors du monde, pas ici-bas. La distinction de Shariati se fonde sur cette conscience douloureuse développée par le chiisme, mais elle en inverse le vecteur sens : au lieu que la mort de Hossein soit imputable à un ordre du monde injuste mais immuable, elle est la conséquence de sa propre décision de périr pour faire entendre, tout au long de l'histoire, la voix des opprimés et la justesse de leur cause. C'est pourquoi le martyr est, dit-il, « le cœur de l'histoire » (*chahid qalb e târikh ast*). Par cette mutation, le dolorisme quiétiste se transforme en activisme tragique. Le constat d'un monde où le musulman ne saurait réagir que par l'étalage ritualiste de sa douleur dans des cérémonies liées à la mort poignante de Hossein change en celui d'un martyr souverain qui a lui-même choisi sa mort en connaissance de cause et qui, de ce fait, donne une leçon d'abnégation et de dépassement de soi aux autres musulmans. Ceux-ci peuvent atteindre la dignité dans la mort si elle leur est déniée dans la vie, dans une lutte qui rejette la passivité et le quiétisme et promeut un individu avide de s'affirmer pour une noble cause qu'il a lui-même choisie, et qu'il sait irréalisable dans sa vie.

Shariati intègre cette vision du martyre dans une conception où l'individu rejoint le social par une eschatologie révolutionnaire. L'homme est un être fait de boue et d'âme divine, dit-il, il est un mélange de Diable et de Dieu, habité par une double propension, vers le Bien comme vers le Mal. La religion a pour but de faire en sorte que la moitié divine de l'homme ait le dessus sur sa moitié diabolique mais « le martyre est un acte par lequel un homme, tout d'un coup, sous une forme révolutionnaire, jette son être vil (sa moitié diabolique) dans le feu de l'amour et de la foi et devient ainsi entièrement divin. C'est pourquoi le martyr ne doit pas être lavé selon le rituel islamique (*qosl*) et au Jugement dernier (*qiâmat*) il n'a pas à rendre compte de ses actes car l'homme pécheur et fautif – son mode d'être d'avant le martyre – s'est sacrifié avant sa mort et à présent il "est en présence"... Le martyre est une invitation à toutes les époques et à toutes les générations : "Si tu peux, mets à mort et si tu ne peux pas, meurs[52]" ! »

La quintessence du martyre se trouve, pour Shariati, dans cette dernière phrase. Si l'on peut, on fait mourir l'ennemi (c'est le cas de celui qui fait le *djihad*) ; si l'on ne peut pas, si le but poursuivi est inatteignable il faut accepter sa mort dans un acte où le combattant ne renonce pas à la violence contre l'adversaire, mais tout en le sachant plus fort, passe outre sa faiblesse et en se sacrifiant, fait entendre aux autres, aux générations futures, la justesse de sa cause.

Ce message, ce sont les martyrs palestiniens, sunnites, qui l'ont le mieux entendu, peut-être en partie par le biais du Hizballah libanais où Shariati est connu à travers une réappropriation du martyre dans une situation vécue comme intolérable : une armée israélienne incomparablement supérieure rend toute perspective de «victoire» illusoire. Dès lors, l'affirmation de soi ne peut se réaliser que par la mort du sujet qui tue par sa propre mise à mort les membres du groupe adverse.

La conception shariatiste du martyre prend acte du nouvel individu dans le monde islamique. En l'absence d'une perspective de réalisation de soi dans le monde, elle lui offre la possibilité de se réaliser dans la mort, tout en restant fidèle à cette représentation islamique de la violence réciproque : non dans l'acceptation de la violence de l'autre et le refus d'y répondre (la version chrétienne, ou l'exemple bouddhiste du sacrifice de soi par le feu), mais dans l'héroïsme d'un acte de suppression de soi qui entraîne aussi la mort de l'autre que l'on sait pourtant plus fort et donc, sur le moment, invincible. Le nouveau martyre exprime dans l'idiome d'un islam radicalisé le désespoir d'un individu en gestation, qui garde son lien au sacré tout en essayant de s'affirmer dans un monde fermé à ses aspirations.

Dans ses versions modernisées et radicales, le martyre exprime cette situation limite : avènement difficile d'un processus d'individuation, échec des formes laïques de modernisation qui ont accru l'aspiration à l'autonomie sans lui apporter une satisfaction effective, et choix de la mort violente devant le constat d'impossible réalisation de soi, accompagnée de la mise à mort de ceux que le martyr identifie comme les causes de son malheur. L'acte martyriste oscille entre le suicide, la mise à mort d'autrui, la démission et l'affirmation de soi. Il y a en même temps volonté de s'affirmer et devant l'impossibilité vécue de cette affirmation de soi, le dépassement du malaise dans l'annihilation de soi ainsi que de ceux qui sont perçus comme s'opposant à l'accomplissement de soi. Il y a à la fois affirmation de soi et démission de soi, volonté de combattre et celle de mourir, aspiration à se réaliser et se défaire de soi. Cet acte se voit accorder un statut sacré, ce qui donne la garantie d'une fin bienheureuse là où l'existence, ici-bas, est profondément malheureuse. Shariati devient le porte-parole de cette nouvelle jeunesse qui met si aisément sa vie dans la balance, tentant désespérément de « faire mourir ou sinon, mourir ». Il donne le sentiment d'exister comme individu, inversé dans une mort devenue urgente, pour soi comme pour les autres, que l'on emporte avec soi dans une rage sacralisée.

Sous cet angle de vue, le martyre offre une solution par la mort au dilemme qu'exprime bien Shariati en l'imputant à l'imam Hossein : « Hossein se trouve à présent [avant sa déclaration de refus de *bey'a,* d'allégeance, vis-à-vis du calife Omeyyade Yazid] : il ne peut pas demeurer silencieux parce qu'il a la responsabilité de lutter contre l'injustice et l'oppression [*zolm*] ; mais d'un autre côté, il ne peut pas non plus lutter [en vue de vaincre] parce qu'il n'a pas la force de le faire face à un pouvoir puissant[53]. »

Shariati pose la question de la responsabilité comme l'acceptation par l'homme de sa vocation, dans un décisionnisme qui le place au-dessus de sa position de force ou de faiblesse. On est responsable, non pas dans le sens communautaire d'une responsabilité vécue comme une donnée immuable et intangible, mais comme un appel à soi, à l'individu qui s'héroïse en s'assumant dans cette nouvelle identité, distincte de celle du passé communautaire : « Il [Hossein] est seul, mais même un homme seul est dans cette doctrine [islamique] responsable. Dans cette doctrine même l'homme seul est responsable devant un pouvoir absolu qui définit les destinées car la responsabilité a sa source dans la conscience de soi [*âgâhi*] et la foi et non dans le pouvoir et la capacité! Et qui est plus conscient, plus responsable que Hossein[54] ?»

Shariati fait appel à l'homme conscient (conscientisé) qui détermine lui-même sa logique d'action et refuse de se plier au réalisme plat et quiétiste qui attribue les maux de l'existence à un ordre immuable et injuste, susceptible de changement uniquement à la Fin des temps. L'appel à l'individu se fait en lui enjoignant de s'assumer jusque dans la mort, là où la «doctrine» (*maktab*), *alias* l'islam, l'exige. Mais celui-ci n'est pas du tout celui qu'a légué la tradition contre laquelle s'insurge Shariati. L'affirmation de soi de cet individu se trouve dans une mort voulue, selon des modalités qui en font un héros par le refus d'une injustice politique et sociale qui a de tout temps écrasé les musulmans.

Cette conception – qui fait appel à la responsabilité et à l'islam pour constituer un «individu dans la mort» – est devenue, dans les deux dernières décennies, l'un des traits constants des martyrs musulmans aux quatre coins du monde, au Moyen-Orient (l'Iran, puis le Liban, les territoires palestiniens), l'Afghanistan, le Pakistan (dans la lutte des cachemiris), puis en Europe et aux États-Unis (les islamistes du GIA en France, les membres d'Al Qaeda un peu partout en Europe et aux États-Unis)... Cet individu a du mal à se constituer dans la réalité, il éprouve beaucoup de peine à s'accomplir dans une situation politico-sociale vécue comme désespérée (le cas palestinien). Il fait, dès lors, appel à cette double responsabilité dont parle Shariati. Impuissant à vaincre un pouvoir incomparablement plus puissant, il place le sacré au-dessus de cette impuissance, et, en vue de se réaliser selon les injonctions de cette vue qu'il sacralise, va jusqu'au sacrifice de sa vie, tout en emportant dans la mort tous ceux qu'il peut annihiler.

Le sacré, dans ce cas précis, n'est pas tant un idéal islamique théologiquement défini que la volonté de participer au monde, d'être reconnu dans sa dignité qu'on transcrit souvent en l'inversant maladroitement dans un idiome islamique mortifère. Shariati lui-même était dénoncé par les clercs comme ayant une conception éloignée de l'islam et n'a jamais été approuvé par les plus engagés d'entre eux en Iran comme Khomeyni. Beaucoup l'ont même publiquement dénoncé. Il était devenu le porte-parole de cette nouvelle jeunesse dont une grande partie, sortie des liens communautaires qui s'étaient désagrégés sous les assauts de la modernisation autoritaire du chah, aspirait à recouvrer son individualité, à s'affirmer et à se construire selon de nouvelles modalités. Or, la situation politique, économique et culturelle ne lui permettait pas de le faire. La Révolution islamique en Iran a été, sous cet angle, le lieu de cet affranchissement conjugué au futur, par cette jeunesse[55].

Son échec à répondre à ces aspirations ainsi que la longue guerre déclenchée par l'Irak, la fuite des cerveaux, les difficultés économiques, et le sentiment qu'avait cette nouvelle jeunesse d'une révolution menaçant de se défaire par le complot des puissances maléfiques et en particulier les États-Unis, tous ces facteurs induisirent une attitude politico-religieuse que l'on pourrait qualifier de « religiosité mortifère » : puisque la vie est impossible conformément aux aspirations que l'on caressait au début de la révolution, autant mourir tout en emportant, dans sa mort, les ennemis. C'est à cette double impossibilité-réalisation de soi et le combat contre un ennemi perçu comme infiniment plus puissant (dans le cas iranien, l'Occident maléfique) – que le martyr répond par son acte radical. Dans le cas palestinien, la double impossibilité se conjugue différemment : le déni de constitution de soi dans la nation en raison de la répression israélienne et la présence des colons, ainsi que la corruption et le népotisme de l'Autorité palestinienne. Il se trouve devant l'impossible constitution de soi en individu au sein d'une nation souveraine. La « bombe vivante » vise moins à détruire Israël (dont le jeune Palestinien est convaincu de sa supériorité incontestable sur le plan militaire et technologique) qu'à faire périr des Israéliens et faire ainsi entendre sa voix dans un univers où il se voit refuser le statut d'individu, à la différence des Israéliens et des Américains.

Shariati a été, à son corps défendant, le théoricien de l'impossibilité d'être des nouvelles générations modernisées, habitées par le rêve de participation au monde et qui, devant des structures politiques despotiques et corrompues (l'Iran du chah ou l'Autorité palestinienne) et une domination globale qu'ils ressentent comme profondément impie parce que injuste (dans le cas iranien les États-Unis, dans le cas palestinien Israël et, en arrière-plan, les États-Unis) embrassent le martyre sous une forme nouvelle, une sorte de néo-martyre, mais qu'elles tentent de légitimer en le parant du prestige de la religion. Celle-ci, dans la plupart des cas, n'est qu'un prête-nom même si le chiisme a plus de facilité, sur le plan théologique, à justifier le passage à la mort en martyr que le sunnisme. Cette absence d'armature théologique n'a pas pour autant empêché les jeunes du Hamas ou du Djihad en Palestine, ceux du GIA en Algérie ou encore, les Talibans en Afghanistan, d'y avoir recours.

Le martyr comme individu dans la mort

Même si affectivement et théologiquement, les fondements du martyre s'inspirant du modèle de Hossein ne sont pas aussi développés dans le sunnisme, trois phénomènes contribuent à son expansion. D'un côté, avec le développement des traductions du persan en arabe et l'accessibilité croissante de l'œuvre des théologiens et des écrivains chiites comme Shariati, Motahhari et Khomeyni dont les travaux sont désormais disponibles en arabe et dans d'autres langues islamiques ; dans le même ordre d'idées, ce sont des chiites arabes (libanais, pakistanais et autres) qui glosent sur ce thème et leurs productions intellectuelles sont alors directement accessibles au monde arabe et plus généralement, musulman : des intellectuels comme Mawdudi et Qutb qui ont mis en exergue le *djihad* et la mort dans cette voie sont soit largement traduits (Mawdudi, de l'ordou en d'autres langues comme l'arabe, mais aussi l'anglais) ou directement lus (comme Qutb, traduits en anglais, persan, ordou et d'autres idiomes islamiques). Les communautés chiites servent aussi de relais dans la transmission de cette idée du martyre aux sunnites. Au Liban, les chiites du Sud ont fait connaître cette notion aux Palestiniens. La communauté chiite irakienne, de langue arabe, a joué un rôle tant dans l'opposition au régime de Saddam Hussein que dans la transmission de la notion de martyre. Les chiites pakistanais ont eu un rôle de relais dans la lutte contre le régime soviétique pendant l'occupation de l'Afghanistan. Un autre fait est au moins aussi important : le développement des médias modernes, et en particulier la télévision. Les téléspectateurs ont pu voir, dans la guerre entre l'Irak et l'Iran, les interventions du Bassidje tandis que le spectacle des invasions israéliennes du Liban ainsi que la situation des Palestiniens pendant la Première et la Seconde Intifada ont exercé un effet d'entraînement sur les autres. Le « nettoyage ethnique » des Yougoslaves en Bosnie dans la première moitié des années quatre-vingt-dix a marqué les musulmans d'Europe dont les téléspectateurs constituent, en l'occurrence, une quasi-communauté télévisuelle. Certains jeunes de banlieues françaises se sont engagés dans la lutte contre les Serbes à partir de ce qu'ils voyaient à la télévision.

Enfin – on le verra plus loin –, le martyre donne la possibilité aux personnes modernes mais qui se trouvent dans l'impossibilité de se réaliser selon leurs vœux, la capacité redoutable de s'affirmer dans la mort. Le martyre a cette aptitude redoutable *de rendre possible l'individuation dans la mort,* en l'absence d'une individualité effective s'accompagnant de l'autonomie politique, économique et culturelle. Toutes ces aspirations et désirs de modernité qui habitent les nouvelles générations déstructurées, non protégées par les communautés traditionnelles et abandonnées à une modernité purement onirique, trouvent dans le martyrisme l'occasion de se constituer en individu avec la promesse d'avoir, *post mortem*, ce qui leur est dénié dans la vie, à savoir une existence paradisiaque. Là où la tradition faisait du martyre un phénomène exceptionnel et surtout doloriste destiné à apitoyer les croyants et ressouder ainsi symboliquement les liens communautaires, une modernité vécue sans espérance de réalisation de soi engendre un type de martyre aisément accessible à tout jeune qui le désire. La mort sacrée rend possible l'accès à la dignité par le sacrifice, alors que dans la vie courante prévaut l'insignifiance, voire l'indignité ; elle donne ainsi sens et dignité (*ezza*) à ceux qui en sont dépossédés.

Deux types d'individuation par la mort peuvent être envisagés à travers le passage au martyre. D'abord un type que l'on pourrait qualifier d'optimiste : on s'expose au danger de la mort, mais quelle qu'en soit l'issue, on épouse une vue positive de soi. La mort est un pis-aller, on n'entend pas mourir pour autant et si l'on peut, on tente d'y échapper. On peut trouver le modèle de ce type optimiste de martyre au début de la révolution iranienne, ou encore, dans la Première Intifada. Les jeunes n'aspiraient pas à mourir, mais à lutter contre un ennemi qu'ils pensaient pouvoir vaincre (le régime du chah) ou, à tout le moins, contester dans sa tentative d'hégémonie absolue (l'armée israélienne). Certains des jeunes lanceurs de pierres de la Première Intifada étaient prêts à encourir le risque de périr dans l'affrontement avec Tsahal, mais l'écrasante majorité d'entre eux n'y allait pas en vue de mourir. Ils assumaient le risque d'une éventuelle mort dans le face-à-face avec les soldats israéliens.

À cette version optimiste du martyre fait pendant une autre, profondément pessimiste. C'est un martyr qui ne se soucie plus de la vie ici-bas. Plus exactement, il veut mourir et avec lui, faire mourir le maximum de ceux qu'il considère relever du camp adverse. Tout en étant en droite ligne du premier, ce type de martyre en est anthropologiquement distinct et profondément différent dans ses affects. C'est le cas, notamment, d'une partie de la jeunesse iranienne, quelques années après la Révolution, face à la guerre meurtrière avec l'Irak, qui percevait dans la société des signes tangibles de lassitude vis-à-vis d'une Révolution islamique qu'ils entendaient incarner corps et âme. Cette partie de la jeunesse révolutionnaire qui se laisse enrôler sous les drapeaux du Bassidje iranien (qu'on peut appeler « martyropathe » pour la distinguer des martyrs de la première période de la Révolution islamique[56]) n'a plus pour souci majeur de vivre. Elle aspire profondément à se faire anéantir et à détruire une partie importante des forces de l'ennemi en disparaissant elle-même.

D'une éventualité dont on assumait le risque, la mort devient désormais « un ardent désir », une « soif inextinguible » (propos des martyrs iraniens dans leur testament), le besoin d'abreuver, par sa mort, l'arbre de l'islam qui a besoin de son sang pour rester en vie. On est face à une configuration anthropologique complexe où entrent en jeu des éléments incompatibles. Ceci rend les martyrs instables : ils ont besoin d'une institution (en Iran le Bassidje, dans les territoires palestiniens, le Hamas ou le Djihad), pour accomplir leur tâche et passer de vie à trépas. D'une part, chez eux perce le désir de s'affirmer comme individu, dans sa dignité, dans sa capacité de s'assumer, dans sa volonté de se réaliser. De l'autre, une inversion de cette aspiration individuelle se manifeste dans un mélange de désespoir et de dépit. On ne croit plus à la perspective d'accomplissement de soi dans l'avenir et on est profondément blessé par un adversaire sur qui se focalise la haine. Entre un dépit qui finit par englober l'existence dans sa totalité et un désespoir qui ne laisse plus aucun espace pour la projection des espérances dans le futur, le jeune oscille et a du mal à se stabiliser. Cet affect peut se transcrire dans un registre nouveau où le désir de vivre se transforme en aspiration à mourir.

Dans le martyre traditionnel chrétien, il existe un arrière-plan qui sauve d'une inversion radicale. Mais dans les cas iranien et palestinien, pour ne citer qu'eux, c'est un désir irrépressible de modernité conjugué à une impossibilité vécue comme absolue qui inverse le vecteur de vie en celui de mort. À cela, il faut ajouter la construction d'une communauté fantomatique dans la mort (dans le désir même de mourir) à partir de la multiplication des cas de ce genre. On assiste à une forme de contagion, entretenue par l'accroissement même du nombre des adeptes à la mort sacrée qui joue comme un facteur supplémentaire. Dorénavant, les candidats au martyre savent que « de l'autre côté », leurs frères morts les attendent, qui ont franchi le pas. La contagion joue anthropologiquement dans deux sens : d'une part, du côté des vivants qui constituent comme une « communauté de témoins » de leur mort glorieuse ; de l'autre, du côté des morts en martyrs, qui forment une « communauté glorieuse », une « communauté des élus » qui les attend pour les accueillir à bras ouverts et les encourage encore plus vivement à franchir le pas et à dépasser la crainte de mourir.

Le martyre témoigne d'un sentiment religieux ; mais la mort qui le sous-tend exprime très nettement des modes sociaux d'action qui sont codés ou cherchent à se doter d'un code en vue d'une légitimité sacrée. Le code renvoie à la tradition, à la mémoire collective, à ce qui relie les membres d'une société entre eux, mais aussi à des formes de domination (par le clergé, le bazar, des groupes ou des partis politiques...). Le martyre tel qu'il s'exprime dans le registre actuel des sociétés musulmanes signifie autant une prise en charge du code que sa transformation, voire sa subversion, de l'intérieur, sous couvert de conformité à la tradition, par de nouvelles procédures de codification. Il y a comme une métamorphose radicale de la signification du martyre qui se donne à voir dans les nouvelles formes de mort sacrée.

Le code traditionnel déniait l'individu et imposait des normes communautaires par une pratique axée sur la célébration de la mort des grands martyrs de l'islam. Il avait une triple dimension ; en premier lieu, le culte rendu aux « saints » de l'islam qui instille chez les membres de l'*umma* l'unité sociale par le recours à la mort sacré ; en second lieu, la mort par procuration, en vue de sauver la communauté musulmane ; enfin, cette mort sacrée avait pour fonction de servir de modèle idéal et inaccessible au commun des mortels dont une infime minorité pourrait y prétendre, dans des conditions exceptionnelles. À présent, c'est sur le corps d'une jeunesse avide de s'affirmer qu'il s'inscrit. La dimension doloriste et inaccessible est en régression et c'est l'assomption de cette mort et la volonté de suivre les grands martyrs de l'islam qui caractérisent les nouvelles générations issues de la modernisation souvent régressive et autoritaire des sociétés musulmanes. Mais le changement social individualise doublement les nouveaux acteurs. D'une part, en détruisant les communautés concrètes où s'inscrivaient les anciennes générations et qui instillaient la conformité aux normes et le refus d'individuation. De l'autre, en inculquant à ces groupes émigrés en ville de nouvelles aspirations, par le biais de la télévision ou par les livres. Ceux-ci propagent, souvent en le mythifiant, le mode de vie occidental. Il s'agit soit de construire une nation ou un monde ou, enfin, une totalité nouvelle et c'est dans cettte articulation que le martyre devient possible. S'il n'y avait qu'une aspiration déçue à recouvrer l'individualité à l'exclusion de tout autre enjeu social, il n'y aurait pas de martyre, tout au plus un suicide. Là où se manifeste la prétention de mourir pour une cause sacrée qui dépasse les désirs personnels au sein d'une totalité imaginaire, nationale ou mondiale, alors le martyre est possible[57]. Mais pour cela il faut une tradition au sein de laquelle il puisse se légitimer, au besoin en en bouleversant les significations.

Par ailleurs, la spécificité de l'islam est de rendre légitime la mort sacrée au service de la communauté, l'*umma*, insérée dans la trame d'une guerre qui bénéficie de la légitimité religieuse, le *djihad*. C'est dans l'articulation entre cette individualité à laquelle on aspire et la communauté imaginaire ou réelle au sein de laquelle on s'inscrit, que le martyre revêt de nouvelles acceptions.

L'individualisation paradoxale du discours religieux

À partir du début du XXe siècle se produit, et se poursuit en s'intensifiant dans le monde islamique, un phénomène paradoxal qui s'exprime par une individualisation du discours religieux en parallèle avec sa rigidité croissante. De nouveaux intellectuels et *alim* émergent qui tentent de construire un type de discours s'adressant non pas à la communauté, mais à des individus qu'ils cherchent à « réislamiser » ou à convaincre du bien-fondé de l'islam. Le ton du discours devient alors moderne, s'adresse à des êtres en chair et en os et non à des groupes restreints d'adeptes religieux façonnés par la tradition religieuse et qu'il n'était pas nécessaire de convaincre de la légitimité de l'islam. La modernisation des sociétés musulmanes s'effectue avec la formation de nouvelles classes moyennes, la pénétration des us et coutumes occidentales répandus par les groupes diasporiques et surtout, l'avènement d'un imaginaire nouveau dans la jeunesse. Celui-ci est fait de soif de consommer et de se réaliser à l'image de ce que les médias décrivent comme un « Occident onirique » où opulence, liberté sexuelle et politique iraient de pair. Ces mutations induisent la crise des communautés traditionnelles, voire leur désarticulation.

Les discours islamistes en prennent acte. Ils proposent de construire une *néo-umma* dont les frontières ne sauraient être celles qu'assignait le passé aux anciennes communautés. Cela peut revêtir deux formes distinctes. Soit en référence à une *umma* dépassant les frontières nationales et s'adressant à un monde façonné par de nouvelles distributions de population, de pouvoir et de croyances ; c'est le cas d'Al Qaeda qui se constitue en partie en Occident et se fonde sur une partie des musulmans qui y vivent depuis une ou deux décennies. Soit en référence à une société spécifique, au sein de frontières nationales déterminées, pour y mener une transformation radicale – et c'est le cas de la Révolution islamique en Iran, des deux Intifadas dans les territoires palestiniens ou du FIS en Algérie. Souvent le message ne distingue pas entre ces deux cas de figure, la référence à l'islam se voulant universelle et par-delà les pays et les contrées. Mais, *de facto*, le mouvement mis en branle à partir de ces idéologies épouse l'une des deux formes, de manière prépondérante, s'adressant à une nation spécifique ou à une *néo-umma* à définir. La vocation des idéologies islamistes est de prôner une *néo-umma*, mais celle-ci se réalise soit dans un cadre national par un mouvement spécifique – auquel cas celle-ci doit se plier aux pesanteurs et aux spécificités d'une société particulière – soit dans un cadre transnational où vit une diaspora islamique. Il s'agit d'unifier le monde de l'islam à l'échelle planétaire. Mais dans tous les cas de figure, ce qui demeure constant, c'est la référence à l'individu.

L'exemple de Qutb est édifiant. Ses commentaires du Coran[58] rompent avec l'exégèse traditionnelle de *tafsir* (interprétation littérale) et *ta'wil* (interprétation allégorique), faisant souvent référence à des auteurs modernes et évitant le type de construction des interprétations traditionnelles, peu compréhensibles pour un lecteur moderne. C'est son interprétation du Coran qu'il vise à transmettre au lecteur et ce, sans en occulter la dimension individuelle. Les auteurs traditionnels, même s'ils avaient un point de vue personnel, tentaient de le noyer dans une série de références visant à légitimer l'éventuelle nouveauté de leur conception en la « traditionalisant », c'est-à-dire, en prétendant que ce point de vue n'était pas si neuf ou si original mais qu'il correspondait à celui d'une authentique tradition qu'ils ne faisaient qu'expliciter. Le ton même était souvent impersonnel, l'ouvrage s'adressant à des confrères versés eux-mêmes dans l'exégèse coranique et rompus à cet exercice d'érudition. Or, celle-ci est perçue comme stérile et en tout état de cause incompréhensible par la grande majorité des lecteurs modernes, les jeunes musulmans inclus. Qutb donne *son* interprétation du texte sacré sans la dissimuler. Ce sont des auteurs modernes comme Mawdudi, Nadawi, Aqqad et Awda qu'il cite, sous une forme qui tranche avec le style traditionnel aux yeux des nouvelles générations qui ont suivi une éducation moderne, non celle des *medersa* ou des écoles théologiques traditionnelles, mais des universités. Son mode d'approche de la foi se personnalise, fait appel à l'intuition beaucoup plus qu'à l'érudition au sens traditionnel du terme.

Cette antithèse habite tout autant quelqu'un comme Shariati. Qutb est sunnite, Shariati est chiite ; l'un et l'autre veulent restaurer une société islamique qui, malgré ses différences, demeure identique sur un plan précis : il ne s'agit pas de la communauté traditionnelle d'où l'individu serait absent, tout simplement parce qu'il n'existerait que sous la forme mystique, à l'écart du monde, « hors du monde », comme dirait Louis Dumont[59]. Il s'agit, en l'occurrence, de faire une place à un individu en voie de constitution dans le monde islamique, suite à la déstructuration des communautés traditionnelles en conséquence d'une urbanisation sauvage, des formes nouvelles de socialisation, de l'introduction de l'économie marchande et des États autoritaires et modernisateurs. Cet individu fait problème. En un sens, il est l'enjeu des nouvelles sociétés en gestation dont les États ne répondent à ses aspirations que par un autoritarisme exacerbé. Les nouvelles idéologies islamiques se trouvent dans une position ambivalente : d'une part, elles font une place à cet individu, mais d'un autre côté, le subordonnent à la constitution d'une *néo-umma* qui signifie, *in fine*, son rejet en le plaçant dans une position mineure.

Le rapport entre l'*umma* musulmane et l'individu est au cœur des écrits politique de Qutb. Il traite ce thème en le mettant en relation avec la nature du pouvoir et de l'État islamiques et entend réconcilier les droits et les exigences de l'individu avec cette *néo-umma* qu'il appelle de ses vœux. Quelquefois, il met l'accent sur l'individu, d'autres fois, sur la communauté[60]. Il pense que cet individu islamique à naître au sein d'une communauté musulmane sera capable d'un « individualisme qui portera ses fruits » parce que l'*umma* empêchera son enfermement dans l'égoïsme qui l'attend dans les sociétés libérales. Cette *néo-umma* est le règne de l'harmonie et de l'unité, à l'encontre des sociétés occidentales. En son sein, des individus islamiques verront leurs droits respectés comme par enchantement. C'est par le recours à la mystique révolutionnaire que Qutb résout le problème du rapport entre individu et société en le refoulant dans une communauté utopique au sein d'un État œuvrant à la réalisation de l'islam.

Un problème hante Qutb tout comme Shariati : la présence d'un Occident impérialiste et arrogant qui pervertit les sociétés musulmanes de l'intérieur et les domine de l'extérieur, dénaturant l'islam, brisant les communautés musulmanes et faisant de ses membres des êtres diminués qui ont perdu le respect de soi en renonçant à leur identité islamique. Son analyse de l'Occident est éclairante. L'absence de toute éthique qu'il place au cœur du système occidental lui fait rechercher une communauté dotée de sens qu'il découvre dans l'islam. Face à un Occident vide et éclaté, dépourvu de cohérence morale et d'unité spirituelle, il propose la communauté islamique à construire. Ce constat tranche avec une autre conception de la vacuité, celle-là positive, que l'on trouve au sujet de la démocratie occidentale chez un penseur comme Claude Lefort[61]. Le vide qui est au centre de la scène politique en démocratie occidentale est pour lui l'expression de la positivité même de ce système qui sacralise un centre que personne ne saurait occuper, et dont le caractère non substantiel est le garant même du règne du *demos*. Qutb voudrait une société où le politique et le social seraient substantiellement déterminés. Le vide occidental lui fait peur, le met mal à l'aise, lui paraît une invention maléfique où le progrès matériel et technique va de pair avec une nature diabolique susceptible de pervertir les pays musulmans après la destruction morale des sociétés occidentales. Leur monstruosité s'accroît au prorata de leur immoralité.

La société musulmane actuelle est, dans la perspective de Qutb, celle de l'Ignorance et de l'Idolâtrie. C'est un type de société où l'islam a été mis à l'écart. S'il y a opposition entre raison et foi, individu et communauté, État et société, c'est parce qu'on s'est éloigné de cette totalité harmonieuse promise par l'islam où l'on surmontait les dichotomies de la *jahiliya* par le recours aux lois divines. Celles-ci devraient être mises en œuvre par le *djihad*, guerre sainte, tant au niveau individuel (et dès lors, c'est une guerre intérieure, aboutissant à l'illumination mystique) qu'extérieur (mouvement révolutionnaire visant à instaurer un ordre divin qu'opposent les pouvoirs de la *jahiliya* nationaliste, communiste ou capitaliste). Intérieur et extérieur se rejoignent dans l'application de la *shari'a* en une belle unité du monde et de soi, du pouvoir et de société, sous une forme non discursive et pratique, par un islam bien compris et dûment appliqué. Ce détour mystique où révolution et illumination intérieure vont de pair se retrouve chez des penseurs aussi différents que Qutb, Shariati et Khomeyni. Pour Qutb, cet islam, par définition, concilie les antagonismes. Ces derniers n'auraient de sens que dans des sociétés ayant répudié l'islam ou dans les sociétés occidentales sans âme et perverties par le matérialisme.

Chez Khomeyni, le même constat peut être avancé. Comme Qutb, il a une dimension mystique et comme lui, il cherche à construire un nouvel ordre islamique où les nouvelles oppositions liées à l'émergence des forces nouvelles sur la scène sociale soient intégrées dans une communauté revigorée. Il a été moins en contact avec l'Occident que Qutb qui a fait des séjours prolongés aux États-Unis. Mais son mysticisme intérieur, semblable à celui de Qutb, surmonte les oppositions de manière non discursive, purement utopique. Il a réussi là où Qutb a échoué, dans la constitution d'un État islamique. Le dilemme dont Qutb avait eu conscience au début, celui de la conciliation entre la liberté de l'individu et les exigences de la vie collective dominée par l'islam, ne trouve cependant chez lui qu'une solution bancale : certes, c'est le peuple qui élit, mais c'est le Guide élu par une assemblée restreinte de personnes compétentes en matière d'islam qui a le pouvoir suprême dans le *Velayat e faqih*. Là où les solutions de Qutb postulaient l'unité entre le peuple et l'État *via* une *shari'a* volontariste, celle préconisée par Khomeyni vole en éclats après sa mort. Désormais, le peuple vote, sa voix peut même être prise en compte dans la désignation du président de la République et du Parlement, mais la vraie autorité est ailleurs, chez le Guide qui, lui, n'est pas désigné directement par le peuple. Le système n'a pu échapper au dilemme de la représentativité que par le recours magique à l'islam. La belle unité rêvée par Qutb et postulée par Khomeyni n'a pas surmonté l'épreuve de la réalité. En Iran, là où règne la légitimité populaire (Parlement et Président), il n'y a pas de pouvoir et là où est le vrai pouvoir (le Guide et les structures qui l'entourent), il n'y a plus de légitimité populaire.

Chez Shariati, le souci de l'individu se conjugue d'abord dans un discours enflammé. Il interpelle cet individu, lui adresse directement la parole (la grande majorité de ses écrits sont les transcriptions de ses conférences), le met en demeure d'assumer la lourde charge d'une individualité qui doit aller jusqu'au sacrifice de soi au service de l'islam[62]. Cet individu doit se construire de telle sorte qu'il puisse mener à bien une Révolution islamique. Il appelle cela la « construction révolutionnaire de soi » (*khod sâzi e enqelâbi*). Celle-ci culmine dans la conscientisation (*âgâhi*). Désormais, l'individu prend sa vie entre ses mains et accepte, le cas échéant, de la sacrifier souverainement pour une cause islamique qu'il s'est lui-même donnée, même si l'islam lui a, de tout temps, préexisté (voir le texe d'Ali Rabnema, *An Islamic Utopian. A Political Biography of Ali Shariati,* I.B, London, New York, 1998).

Désormais, seule la décision héroïque de se réaliser dans la mort par le sacrifice librement consenti à une cause révolutionnaire dénommée islam est dotée d'une signification sacrée. Le martyre réalise l'individu en l'insérant dans l'histoire tel son «cœur palpitant». En se construisant de manière révolutionnaire, on hâte l'avènement de cette Fin des temps qui verra la fin de l'injustice et de la spoliation. L'individu se trouve ainsi mis au service d'une eschatologie révolutionnaire qui lui dénie, *in fine*, toute signification autonome. Il est reconnu et flatté au début pour être sacrifié, au terme, sur l'autel d'une histoire de salut collectif.

L'individu défini par les islamistes est fasciné par celui auquel il s'oppose : l'homme occidental. Il est comme happé par cette opposition, blessé par l'écrasante supériorité de l'*homo occidentalis*, tant sur le plan économique et matériel que psychique. Le ver est dans le fruit : l'Occident n'est plus uniquement présent en tant que puissance dominante, il s'est désormais incrusté dans l'imaginaire des sociétés musulmanes par la constitution d'une cinquième colonne, les occidentalisés, mais plus profondément encore, par l'émergence de nouvelles couches sociales qui déclinent leur identité à l'aune d'une modernité où l'islam joue un rôle de plus en plus marginal. Les valeurs occidentales ne sont plus celles d'un adversaire incomparablement plus puissant sur le plan militaire, dans des relations extérieures telles que les déterminait l'impérialisme classique. On est désormais dans un cas de figure différent. Il s'agit d'un Occident qui pervertit de l'intérieur les sociétés musulmanes où leur jeunesse cherche à se réaliser selon son modèle impie et son imaginaire dépravé. Chez Shariati, celui-ci s'identifie à l'impérialisme, à la domination technique et militaire qui abrutit culturellement les musulmans (*estehmâr*, réduction à la situation de l'âne, l'expression rime avec *estèmâr*, impérialisme et colonialisme).

Après la Seconde Guerre mondiale et tout particulièrement dans le dernier tiers du XXe siècle, la volonté de se doter d'une identité islamique face à une modernité multiforme qui happe le nouvel individu par des besoins de consommation et la libération de tous ses désirs (notamment sexuels) se dessine nettement chez les intellectuels musulmans, clercs et laïques confondus. Certains comme Shariati proposent la lutte contre la domination occidentale selon un modèle s'apparentant aux luttes communistes classiques, au sein d'une vision de l'histoire définie en termes de lutte de classes. D'autres, comme Khomeyni ou Qutb, prônent l'application de la *shari'a* par la prise du pouvoir politique et par l'instauration de l'islam d'État. D'autres enfin, comme Mawdudi, préconisent une éducation des sociétés musulmanes afin que le futur ordre politique n'ait pas à imposer ses diktats en référence à une religion mal comprise de la société. Il faut que la société elle-même s'islamise, bien avant que l'État n'applique l'islam.

Dans tous ces cas de figure, l'islam se définit par son opposition d'une part aux sociétés musulmanes actuelles et, de l'autre, à l'Occident et à ses normes perverties qui dépravent les musulmans en les asservissant à un matérialisme et un hédonisme immoraux. Il faudra une nouvelle génération d'intellectuels pour que la définition de l'individu ne soit pas dominée par l'opposition à l'Occident et qu'il puisse réclamer son appartenance à la modernité au sein d'un islam apaisé et d'un rapport plus tempéré avec le monde extérieur. C'est ce que l'on observe à présent avec des intellectuels comme Mojtahed Shabestari et Abdolkarim Soroush en Iran.

La martyropathie

Le martyrisme, sous ses deux formes, que ce soit celui qui est induit par l'impossible construction de soi au sein d'une nation islamique ou la volonté de constituer une communauté islamique transnationale, se donne pour adversaire l'Occident ou des figures particulières de celui-ci (l'Irak était perçu comme le laquais de l'Amérique par les révolutionnaires iraniens, le pouvoir militaire algérien est identifié comme soumis à la France par les membres du Front islamique du Salut). Cette haine s'apparente au ressentiment que décrit Nietzsche[63] et que reprend à son compte Max Scheler[64]. Dans le ressentiment, il existe deux éléments. D'une part, le fait du travestissement : ce qui se donne pour amour est en réalité de la haine, ce qui se donne pour de la magnanimité est en fait de la veulerie. D'autre part, il y a de la réflexivité là où il devrait y avoir de la spontanéité. Il est « normal » de vivre sa vie et ensuite, de se positionner par rapport aux autres. Si dès le début, on se laisse déterminer par le regard de l'autre, on ne vit plus dans la spontanéité. Cette dimension fondamentale ne rejette pas l'influence du monde extérieur, ne signifie pas que tout doit être dicté par soi et qu'autrui ou la société n'exerceraient pas d'influence. Elle désigne le lieu même des affects : si l'amour est « réflexivisé » par des affects autres que ceux qui relèvent du sentiment amoureux, il est perverti. De même pour l'intersubjectivité. Celle-ci ne doit pas être subordonnée à d'autres visées[65]. Dans l'islamisme radical, le rapport à autrui, en particulier à l'Occidental, est dominé par une haine qui destitue autrui et le diabolise en déniant les mécanismes d'une intersubjectivité neutre et sans ressentiment. Ce phénomène n'est évidemment pas circonscrit à l'islamisme et se retrouve dans diverses formes de radicalisme qui dénaturent l'intersubjectivité en la subordonnant à un credo sacré et en la surinvestissant par un manichéisme où celui qui s'écarte de la norme assume le rôle maléfique[66].

Dans le ressentiment, il existe une seconde dimension que l'on pourrait qualifier d'irrationnelle. La haine d'un groupe que l'on désigne à la vindicte (la haine de l'Occidental chez l'islamiste radical ou du juif chez l'antisémite, ou du musulman, chez les groupes radicaux juifs ou hindous par exemple) est telle qu'elle obnubile littéralement ceux qui en sont habités et les rend inaptes à avoir une stratégie autre que mortifère : il peut s'agir de tuer l'autre à tout prix ou de se faire tuer ou les deux à la fois.

Dans le cas d'islamisme radical, les adeptes sont tellement habités par le rejet du monde occidental que leur lutte ne fait qu'en confirmer la supériorité, et leur logique devient mortifère, la mort devenant le lieu de réalisation de soi comme d'autrui. Il ne s'agit pas, en l'occurrence, d'accepter la mort comme une éventualité pour la réalisation d'un idéal (ce que font nombre d'individus habités par des idéaux « nobles » comme le patriotisme ou la lutte contre les tenants du mal absolu qu'ont été les régimes nazis ou le communisme stalinien). Il s'agit, dans le cas d'obnubilation par la mort, d'un état d'esprit qui voit dans celle-ci comme une incarnation voluptueuse de l'idéal, un idéal qui aurait une valeur en soi et dont l'accomplissement comblerait de joie ses tenants. Entre le fait de se sacrifier pour soutenir un idéal de l'humanité et l'acte de s'immoler et de mettre à mort d'autres hommes par goût de la mort, il y a une distance parfois ténue.

Quand le pas est franchi, lorsque la mort n'est plus subordonnée à un autre but en tant que moyen pour sa réalisation, lorsque l'idéal lui-même devient mortifère et est teinté par la fascination pour la mort et l'annihilation, dès lors, on peut parler d'une perversion liée au ressentiment. Le but final est alors d'emporter soi-même comme autrui (« l'ennemi ») dans la mort selon une métamorphose de la subjectivité qui transforme la vie en mort. Cette phase est souvent atteinte dans les formes radicales de religiosité et n'épargne pratiquement aucune religion. Mais elle peut tout aussi bien se rencontrer dans les formes extrêmes de nationalisme ou d'idéologie séculière. Dans l'islamisme radical, chez certains disciples, cette vision mortifère perçoit la vie comme un état d'infériorité par rapport à la félicité qui se réalise dans l'annihilation de soi et d'autrui, ou martyre. Ce type de martyre est marqué au fer rouge du ressentiment et n'a pas pour contenu anthropologique le même état d'esprit que celui de l'adepte qui entend lutter à mort contre son ennemi, en acceptant l'éventualité de sa mort dans un combat à l'issue incertaine.

Dans la martyropathie, que ce soit au niveau des affects ou de la logique d'action, il s'agit d'un type de conduite qui instaure la mort comme finalité et non la vie. Bien sûr, ce type d'action peut se justifier en référence à un idéal « noble ». Le martyre, tout comme l'héroïsme, signifie qu'on sacrifie la vie à un idéal placé au-dessus d'elle. En cela, le martyre n'est pas plus irrationnel que d'autres types de dévouement et du point de vue de ses acteurs, il y a une affirmation légitime de leurs revendications qui ne saurait être qualifiée de pathologique. La martyropathie se produit quand s'opère l'inversion due à un ressentiment amplifié. On ne veut plus tant réaliser l'idéal mais se défaire de la vie en anéantissant l'adversaire dans une vision apocalyptique visant à en finir avec la vie. Tant qu'on est dans une logique du martyre, la mort de soi et de l'ennemi est subordonnée à la réalisation d'un but qui mettrait fin à l'injustice, instaurerait l'équité et renouerait avec une vie bienheureuse pour le monde entier (ou la société). Il n'y a pas de fascination de la mort, de volupté mortifère, de quête de la félicité dans et par la mort. La martyropathie débute là où se produit cette mutation de sens : une logique mortifère se substitue à celle qui préside à la lutte pour la vie au service d'un idéal bafoué.

Lorsque la martyropathie renvoie à une individualité déniée qui ne parvient pas à s'accomplir au sein d'une collectivité nationale comme dans les cas palestinien, algérien, iranien, mais aussi, tchétchène, le sujet martyropathe voit la cause de l'échec de l'entreprise dans le manquement de l'entourage à l'idéal d'abnégation. Dans le cas palestinien, c'est l'Autorité palestinienne qui est ainsi identifiée, comme les dissensions au sein des différents groupes, ceux de l'extérieur (« les Tunisiens ») et ceux de l'intérieur. On peut, certes, évoquer une complicité occidentale ou américaine (qui peut être en partie vraie) dans les échecs que l'on ressent. Toujours est-il que les ennemis sont identifiables. La martyropathie consiste à absolutiser les griefs, à donner à l'ennemi une place prépondérante et incriminer soi et autrui sous une forme indûment exagérée. Le désespoir fait alors basculer la vie dans la mort et l'inversion fait basculer la plénitude du côté de la mort. Le sentiment religieux devient mortifère et s'imprègne de cette vue sombre qui fait de la mort l'idéal dont le sujet goûte à l'avance la voluptueuse fascination.

Dans le cas de la *néo-umma* mythique et transnationale, l'inversion réside dans l'amplification de la virtualité inscrite au cœur même du projet. Il y a alors une plus grande propension des adeptes pour atteindre la martyropathie dans la mesure où, dès le départ, l'idéal que l'on assigne au mouvement est par définition inaccessible. Alors que la martyropathie revêt une signification tragique chez les adeptes du groupe national – le soi ne peut se réaliser, l'individu se voit opposer une fin de non-recevoir –, dans le second cas, c'est l'absence de tragique qui est notoire. On assiste à une impersonnalité dans la mort, donnée ou reçue. On change non seulement d'échelle dans la mort, mais aussi de vécu. La métaphore informatique n'est pas déplacée en l'occurrence, d'autant plus que nombre d'adeptes de cette *umma* transnationale pratiquent les nouvelles technologies de communication. Comme sur un écran d'ordinateur qui se vide de son contenu sous l'action d'un virus informatique, la mort est vécue comme une situation dépourvue d'affect spécifique. La mort, c'est la dissolution de soi dans cette *néo-umma* marquée par la vacuité. Elle est en quelque sorte inscrite en filigrane, comme une potentialité (comme l'écran vide), dans le projet initial qui n'a pas de contenu spécifique et dès lors, de toutes les façons, ne saurait se réaliser comme tel. Il est, par ailleurs, sans contenu spécifique parce qu'il relève d'une logique de réseau où tout s'épuise dans l'interaction électronique et formelle (sans contenu culturel ni social) entre les membres du groupe, dépourvu d'orientation ou de culture incarnée.

Chez Al Qaeda, le sentiment d'appartenance s'associe à l'islam selon une version globalisante qui diffère de celui du martyre national. C'est le mouvement de constitution d'une Internationale islamique que l'on cherche à ériger à l'échelle universelle, sans qu'il existe, pour cela, une société islamique susceptible de s'y prêter. On a *des* sociétés musulmanes dans le monde réel, pas *une* société islamique. Cette *néo-umma* purement mythique est sous-tendue par un adversaire tout aussi mythique, un Occident mythifié, construction largement inventée par les adeptes islamistes. Tout le problème est de savoir s'il s'agit, en l'occurrence, d'une guerre des civilisations[67] au sein d'un monde marqué par la fin des idéologies[68] ou d'un phénomène d'une autre nature.

Même s'ils sont arabes pour la plupart, les membres d'Al Qaeda appartiennent à diverses communautés. Ils vivent dans un univers multiculturel, participent à une pluralité de cultures sans appartenir à aucune d'elles, savent se mobiliser contre l'ennemi mais ne sauraient s'assigner une vue cohérente et un projet qui ne se définisse pas exclusivement dans l'opposition à un principe du Mal absolutisé. C'est pourquoi, l'inversion dans une logique mortifère s'effectue avec beaucoup plus d'aisance. Elle est la conséquence logique de la haine contre l'ennemi sans que l'identité soit portée par une « affirmation de soi » positive. Pour cette raison, on ne saurait dire qu'il s'agit de la lutte entre deux civilisations, l'une islamique, l'autre occidentale. Ici, c'est la lutte des « occidentalisés » contre un Occident mythique, par l'emprunt d'une technologie de pointe à l'Occident, et l'immersion des adeptes dans des milieux culturels occidentaux vis-à-vis desquels ils ont développé une attitude ambivalente susceptible de devenir antagonique. L'islam est, en l'occurrence, pour la plupart un prête-nom, un support à leur haine de l'Occident dictée par la fréquentation des médias occidentaux ou de ceux qui s'inscrivent dans une logique de production de l'actualité inspirée de l'Occident (comme Al Djazira).

Dans ce cas précis, il n'y a pas de lutte entre l'islam et l'Occident, entre deux civilisations, mais un antagonisme promu par des groupes largement occidentalisés. Ils existent dans toutes les sociétés multiculturelles et se définissent, comme dans certaines sectes radicales, en opposition à un Occident mythifié et diabolisé. Ni le contenu culturel, ni la logique d'action, ni enfin la mentalité des protagonistes du réseau ne relèvent d'une civilisation autonome et d'un mode d'être atavique qui serait en opposition irréductible à l'Occident. Il s'agit, beaucoup plus, d'une scissiparité au sein même du monde moderne dont l'Occident est, qu'on le veuille ou non, la figure de proue. Les formes sectaires d'antagonisme dans le monde contemporain en sont la preuve formelle. C'est un pan de notre modernité qui n'a plus de centre de gravité et où les formes de l'individualité se construisent de manière « identitaire », qui est à l'origine de ces oppositions. On y prône des idéaux opposés. Qu'on ajoute à cela une communauté autour des médias (surtout la télévision) et une réalité qui devient virtuelle dans un monde de plus en plus complexe et, enfin, des injustices flagrantes (vécues et amplifiées par la télévision), et l'on obtient ces formes agonistiques de construction de *néo-umma* à l'échelle de la planète. Dans le cas islamique, deux phénomènes en amplifient la portée : l'absence de solution au problème palestinien, devenu l'abcès de fixation au sein du monde musulman, avec son lot d'humiliations et de destructions que la télévision rend omniprésentes aux diasporas islamiques partout dans le monde et presque en direct ; de l'autre côté, le sentiment offensé d'une arabo-islamité où l'Occident intervient pour des raisons stratégiques, comme le séjour d'un contingent militaire américain en Arabie saoudite après la guerre du Golfe en 1991.

La mort et la peur de mourir

On ne peut être martyr que si on surmonte la peur de mourir. Pour cela, certaines organisations prennent en charge les candidats et les préparent à la mort sacrée. Elles leur proposent des modes de suggestion, d'endoctrinement, d'encadrement. Dans ses formes traditionnelles, comme on l'a vu, le martyre a une dimension fondamentalement rituelle. On prend le deuil du martyre des saints, on exalte leurs vertus guerrières et leur capacité d'endurer des peines et des souffrances infinies pour sauver la communauté des croyants de la déviation ou de la corruption (célébration de la mort de Hossein ou remémoration de celle de Hamza, l'oncle du Prophète). La mort est celle des personnages saints (des compagnons ou les membres ou les descendants de la famille du Prophète) et non celle des personnes ordinaires. Le deuil des martyrs est l'affaire de la Communauté entière et ne concerne pas des individus en particulier. Leur rôle consiste à remémorer le martyre de ces êtres d'exception auxquels la dévotion populaire attribue une dimension surhumaine. La hiérarchie supérieure des ulémas et des clercs est réticente, voire opposée, à ce statut surhumain conféré aux saints et aux martyrs mais la dévotion populaire la revendique comme telle. C'est pourquoi, dans ces sociétés, on ne succombe au martyre qu'exceptionnellement.

Le martyr collectif, ou mis en acte de manière systématique sans qu'il s'inscrive dans une logique sectaire et hérétique, est un phénomène moderne. C'est à partir du XIXe siècle et la modernisation des sociétés musulmanes que la notion du martyre personnel lié au *djihad* prend de l'importance. Mais c'est surtout après les tentatives de modernisations manquées des régimes accédant à l'indépendance nationale ou la crise de constitution des sociétés en voie d'indépendance ou d'autonomie (les cas palestinien, kurde, tchétchène...) que cette notion, liée au *djihad*, revêt une nouvelle signification. De marginal et purement cérémoniel, le martyre devient central et marque de son empreinte les sociétés musulmanes en crise. Le rapport à la mort sacrée se transforme de trois manières. D'abord, il s'individualise, se pose en termes concrets et non sous une forme abstraite, dans un empyrée inaccessible au commun des mortels. Ensuite, il se sécularise, se politise, revêt une signification *actuelle*, en relation avec une nouvelle représentation du religieux qui se distingue de celle qui concernait un passé immémorial. Le martyre individualisé correspond à une sécularisation du religieux qui se décline en relation avec ce monde et ses préoccupations et non en fonction d'un monde transcendant et inaccessible qui restituerait la justice uniquement à la Fin des temps. Dans cette conception, la mort n'est plus celle que l'on vivrait par simple ritualisation et remémoration, mais une mise en acte concrète de sa propre disparition, par un individu qui la prend en charge comme telle. D'où l'angoisse de mourir, la peur d'y succomber, qu'il faut surmonter en s'élevant spirituellement au-dessus de la vie, en prenant en main son propre sort dans un acte irréversible.

Les martyrs eux-mêmes, dans leur testament, au cours de leurs interviews, attestent d'une dissymétrie entre eux et leurs adversaires. Ils n'ont pas peur de mourir alors que l'ennemi, lui, le craint terriblement. Jusque dans la mort prévaut ce sentiment d'affrontement, de défi lancé à l'autre, de supériorité que l'on préserve dans le passage à l'acte. Comme les martyrs opèrent au sein de structures en place (le Hamas et le Djihad dans les territoires palestiniens, le Bassidje en Iran, Al Qaeda dans le cas des attentats perpétrés contre les États-Unis), l'une de leurs tâches essentielles consiste à faire surmonter aux adeptes la peur de mourir par le recours aux prières, à la lecture du Coran, à la prise en charge du candidat par un clerc spécialement désigné à cet effet ou encore, à la fréquentation d'autres adeptes en attente du martyre avec qui ils formeront une « *umma* restreinte dans la mort », en attente de la mort certes, mais comme ayant déjà quitté la vie. La mort implique aussi une purification, un acte de repentance. Les martyrs demandent à leur famille de leur pardonner les offenses qu'ils auraient pu leur causer, prendre en charge leurs dettes, ne pas commettre des actes qui puissent ternir leur image auprès de Dieu[69].

La crainte de mourir est désamorcée par le recours à une vision religieuse qui veut que le moment de disparition de chacun soit fixé d'avance par Allah. Que ce soit chez Abd al-Salam Faraj, auteur du *Devoir négligé*[70], qui affirme que chacun vit une existence éphémère ici-bas et périra le moment venu, ou les martyrs iraniens qui répètent *ad nauseam* le poème qui décrète la prédestination de chacun par la détermination, par Dieu, de l'instant de sa mort[71], les martyrs combattent la crainte de mourir par cette représentation d'une mort dont le moment serait fixé d'avance. Le martyre ne survient que si la mort devait avoir lieu obligatoirement à ce moment précis, que l'on opte pour la mort sacrée ou non. Dès lors, le martyr décrète qu'il vaut mieux embrasser la mort sacrée que celle, veule et inepte, subie dans son lit.

Le combat contre la peur de mourir fait appel à plusieurs autres registres symboliques du monde islamique et méditerranéen, notamment le sens de l'honneur. Pour préserver l'honneur musulman bafoué par les incursions de l'impérialisme américain (le cas iranien), russe (tchétchène) ou israélien (palestinien), il faut lutter à mort contre ses tenants et, dès lors, celui-ci devient un leitmotiv dans le *djihad* contre l'ennemi. Dans leur testament, les martyrs n'ont de cesse de s'y référer pour justifier leur engagement à mort, autant pour légitimer leur choix devant leurs parents qui sont souvent réticents, que pour se donner une contenance et corroborer à leurs propres yeux la justesse de leur choix. En mourant jeunes, les martyrs brisent l'un des piliers de la société fondée sur l'entraide entre les générations, surtout en l'absence d'un État-providence qui, comme en Occident, prendrait en charge les problèmes des anciens. En mettant en avant le sentiment de l'honneur, ils essaient de parer symboliquement à ce manquement au devoir d'assistance des fils envers leurs parents.

Non seulement le martyr dévalorise sa propre existence, mais il le fait aussi pour celle de ses proches. Le problème est de savoir si la mise à mort d'innocents est autorisée par l'islam. Or, pour Mahfoud Assouli (Abu'l Munthir), l'un des dirigeants algériens du GIA, il existe trois catégories d'Algériens, ceux qui luttent contre l'islam, ceux qui font le *djihad* pour la religion d'Allah et, enfin, ceux qui soutiennent l'islam par la démocratie et les élections. Ces derniers, déclare-t-il, sont des imposteurs et doivent périr au même titre que les premiers. Dans une vision qui revendique la lutte pour Dieu et la mort pour sa cause comme une récompense en soi et entend imposer sa représentation de l'ennemi à l'humanité entière, ceux qui se soustraient à la lutte sont des traîtres et leur mort est religieusement licite, qu'ils soient musulmans ou non. Cela va à l'encontre de la tradition islamique qui entendait épargner vieillards, femmes et enfants et interdisait, dans sa tendance majoritaire, la mort des musulmans non impliqués dans le combat. Pour certains, même les musulmans figurant sur le front de guerre ne devaient être exécutés.

Un rapport mystique se développe aussi au sujet du désir. Le seul désir digne de ce nom est celui de mourir dans la voie de Dieu, pour Sa cause, mais aussi par amour de Lui. La seule fascination *sensu eminenti* est celle qui prend pour point de mire Allah et non les choses matérielles de la vie. La cristallisation du désir sur Dieu détache des liens dans ce monde, jusque dans les relations familiales les plus proches. Que ce soit dans le cas d'Al Qaeda ou des martyrs palestiniens, pour des raisons de sécurité, les parents ignorent souvent la décision de leur fils de mourir. À cela s'ajoute le fait que le martyr doit s'éloigner de tout ce qui rappelle son attachement à ce monde et la famille n'y fait pas exception. L'organisation crée un tête-à-tête entre le futur martyr et ses membres qui ne doit souffrir aucune interférence. Le huis-clos avec la mort est essentiel et la sociabilité doit s'y ancrer. Même lorsque cela est matériellement impossible comme aux États-Unis, durant les préparatifs de l'attentat du 11 septembre 2001, on peut rédiger une sorte de testament ou de vade-mecum qui créera subjectivement ce huis-clos, face à une *umma* imaginaire qui légitime la mort voulue comme acte sacré. Il en est ainsi du testament putatif de Mohamed Atta où il est constamment question du rappel des sourates du Coran et du caractère sacré de cette mort et de la nécessité de s'en imprégner avant le passage à l'acte[72]. La propreté morale doit s'associer à la propreté physique par des ablutions (*qusl*) qui purifient l'adepte en le préparant à son face-à-face avec Dieu dans l'autre monde. La sécularisation du religieux est radicale : le martyre consacre la relation étroite avec ce monde et la nature profondément politique du sacré. Les deux domaines, l'ici-bas et l'au-delà, ne sont plus dissociés par la transcendance absolue du Sacré. Celui-ci se sécularise et marque le politique et le social de son empreinte.

La mort est une catégorie centrale du martyre moderne, pas uniquement parce qu'il signifie la disparition du sujet qui s'y adonne mais aussi par la nature des enjeux qui s'y trouvent impliqués. Certes, de tout temps, dans les soulèvements islamiques des groupuscules contre le pouvoir en place, on se référait à la justice et on accusait le pouvoir d'être injuste. Un hadith, traditionnellement cité, affirme : « Le pouvoir perdure malgré l'impiété mais ne perdure pas malgré l'injustice » (*al mulk yabqâ ma al kufr wa lâ yabqâ ma al zulm*). Mais les notions de justice et d'injustice se définissaient selon la vision traditionnelle qui postulait un rapport entre le prince et le peuple qui était celui du pâtre vis-à-vis de son troupeau, rapport fondé sur la reconnaissance de la suprématie du premier en échange de la protection accordée au second. Cette relation excluait le politique, elle rejetait toute participation du peuple au pouvoir et en contrepartie, exigeait que le détenteur du pouvoir protège ses sujets vis-à-vis des puissants du royaume.

Fait nouveau, à présent, la mort en martyr n'a pas pour but de déloger uniquement le gouverneur injuste pour lui en substituer un autre, sur le modèle du berger dirigeant son troupeau. Il s'agit d'un nouveau type de sujet en gestation, marqué par un principe d'individuation qui fait de la mort un enjeu politique d'un nouveau genre : en filigrane, est posé un rapport inédit au politique, à la culture et à la société. Ce rapport peut être de nature non démocratique, voire antidémocratique, la mort renvoie désormais à une volonté d'affirmation de soi et non à l'exigence d'un nouveau gouvernant selon le modèle traditionnel. Le martyre est la manifestation d'un désir d'être soi, désir constamment frustré, dénié, rejeté par une situation vécue comme inexorablement oppressive. De même, il renvoie à la volonté de constituer une nouvelle communauté, au contenu différent de celle qui existe et qui n'est pas conforme à «l'islam authentique».

Cette nouvelle *umma*, jusque dans sa démesure, est tout autant en rupture avec la tradition, même si elle occulte sa nouveauté en référence à un passé mythifié. En effet, même quand elle se donne pour la reproduction de ce passé immémorial, il s'agit d'un passé profondément remanié qui tranche avec l'histoire réelle des sociétés musulmanes. Le passé idéalisé justifie la légitimité et la respectabilité d'une nouvelle aspiration, celle de se trouver dans un monde de fraternité renouvelée là où la réalité quotidienne renvoie à l'égoïsme individuel et à l'impossible unité des cœurs. La communauté que l'adepte appelle de ses vœux est la sacralisation du désir de se trouver dans une société fraternelle, à l'encontre d'un monde où la déstructuration des anciennes communautés a donné naissance à celui de l'égoïsme, sans que le Soi puisse se réaliser effectivement, objectivement, réellement.

Deux types de mort peuvent s'envisager. Dans les cas palestinien, algérien et iranien, le martyre exprime la réalisation de soi dans la mort, à défaut de son accomplissement au service de la nation. Celle-ci n'a pas pu se construire selon les aspirations du martyr. Cette nation était porteuse d'un projet destiné à donner sens aux vœux du nouvel individu.

Dans le cas d'Al Qaeda, la mort est le signe d'une déréliction de nature différente. C'est le sentiment de dépossession de soi chez ceux qui vivent «virtuellement» le désespoir des autres et qui se donnent par procuration le rôle de redresseur des torts, moins pour restaurer le monde dans ses équilibres perdus, pour engendrer une humanité nouvelle ou créer une nouvelle nation que pour étendre le sens de leur combat au monde entier. On assiste à une «mondialisation» de la mort sacrée en l'occurrence qui a un contenu anthropologique et sociologique différent de celui des martyrs qui cherchent à se réaliser au sein d'une nation déniée, selon leurs vœux. La mort, dans ce cas précis, réarticule de manière originale la relation entre soi et la totalité. Ce sont surtout des êtres en mal d'identité qui s'adonnent à cette forme «mondialisée» de martyre : des jeunes stigmatisés des pays européens (comme la France ou l'Angleterre), des convertis en mal de reconnaissance, des immigrés qui ont le sentiment de l'immoralité profonde de l'Occident après y avoir vécu.

Le martyre, quelle qu'en soit la nature, renvoie toujours à une volonté de mourir qui se décline selon les mêmes questions concrètes : comment surmonter l'angoisse de la mort, comment programmer celle-ci, comment mener à bien une opération qui aboutit à la suppression de soi? À cela s'ajoutent d'autres types de question : comment administrer la mort à l'ennemi, comment procéder de sang-froid à l'élimination de ceux qui ne sont pas directement en guerre et ne sont pas à même de se défendre? En d'autres termes, comment mettre à mort l'autre, sans en ressentir de la culpabilité ou sans être affecté par la transgression d'un tabou fondamental, celui de donner la mort?

Pour combattre la peur de mourir qui peut assaillir l'adepte, en dehors des formes d'autosuggestion déjà citées, il est fréquent d'invoquer le paradis. L'insistance porte alors sur une autre vie, celle-ci éternelle, dans un monde qui est infiniment meilleur que celui dans lequel séjourne l'adepte. Son acte est d'un tel mérite auprès d'Allah qu'Il efface tous ses péchés et l'élève au rang des élus. Dans et par son acte, le martyr parvient à dépasser son insignifiance dans ce monde et à embrasser la félicité dans l'autre, comme prix et récompense de son acte sacré.

Reste à l'aider à surmonter le tabou de la mise à mort d'autres hommes dans une situation où ceux-ci sont perçus, par les uns et les autres, comme indirectement coupables ou non entièrement responsables de la situation du martyr. Deux moyens sont mis en œuvre : d'une part, des avis théologiques par les autorités religieuses qui déclarent licite la mise à mort des personnes qui participent de près ou de loin à un ordre politique qui réprime les musulmans. Ces avis religieusement motivés (*fatwa*) déclarent du même coup licite la mise à mort des musulmans qui contribuent à l'asservissement de leurs frères en religion.

Un autre moyen pour combattre le tabou de la mise à mort consiste à entraîner mentalement l'adepte à des meurtres ou massacres qui sont décrits comme des rituels religieux, au cours desquels des « ennemis » sont assassinés. Il en est ainsi des cassettes vidéo, disponibles en Angleterre – elles l'étaient en France avant 1995 –, où on voit des combattants musulmans mener des combats sanglants contre des ennemis qu'ils mettent à mort. L'une d'elles, enregistrée par le groupe radical algérien Prédication et Combat, s'intitule « L'Algérie ». Elle était disponible à Londres au début de 2002, au prix de 10 livres[73]. La vidéo débute avec l'injonction divine : « Combattez-les jusqu'à ce que la sentence de Dieu soit exécutée sur la terre. » Le commentaire suit : « Nos ennemis luttent au nom du Satan, vous luttez au nom de

Dieu. » Les *moudjahid* dressent un guet-apens contre l'armée algérienne. Un convoi militaire s'approche d'une route et on voit une explosion qui anéantit le camion et les soldats qu'il transportait. Les militants s'approchent du lieu de l'explosion et la caméra montre le carnage. Les corps ensanglantés des jeunes conscrits algériens sont montrés, l'un décapité, l'autre réduit à un amas de chair déchiquetée. Soudain, une clameur s'élève par l'un des guérilleros : l'un des soldats est encore en vie. Le combattant dégaine un couteau et égorge le gisant sur-le-champ. La caméra montre à cinq reprises le sang jaillissant de la carotide de l'homme égorgé. On répète cet acte avec les autres soldats morts. Une autre vidéocassette appelée « Le Miroir du *djihad* » montre les Talibans en Afghanistan en train de décapiter au couteau les soldats de l'Alliance du Nord. Une autre, filmée en Bosnie, combat l'athéisme par le *djihad*. Ces cassettes visent, d'une part, à déshumaniser l'ennemi, fût-il musulman (les soldats algériens massacrés sont des conscrits musulmans qui se trouvent enrôlés souvent de force), et en second lieu, à servir de leçon d'apprentissage pour l'exercice du meurtre. La mise à mort est exposée comme l'acte sacré d'égorger (un mouton) que l'on étend à l'ennemi de l'islam. L'ennemi est comme une bête dont le sacrifice serait sacré. L'emploi de l'arme blanche est destiné, d'une part, à renforcer cette idée et, de l'autre, à renouer avec la mémoire des faits d'armes des héros de l'islam.

II

La communauté nationale impossible

On peut distinguer deux types de martyre liés à une communauté nationale impossible. Dans le cas palestinien, la crise de constitution de la nation (Première Intifada) et le sentiment de son impossibilité (Seconde Intifada) sont à l'origine du martyre. Dans le cas iranien, la nation existe bel et bien mais elle est menacée par la guerre avec l'Irak. Cette guerre est vécue comme une menée impérialiste pour briser la nouvelle nation musulmane. Le martyre est la conséquence d'un constat : l'impossibilité d'ériger une nation iranienne conforme au modèle vertueux et héroïque de l'islamisme politique. Le martyr iranien inaugure, sous une forme massive, la prise en charge de la mort sacrée à une échelle jusque-là inconnue : des centaines de milliers de jeunes s'y adonnent.

Le martyr iranien

Le phénomène révolutionnaire iranien date de la fin des années soixante-dix et des années quatre-vingt.

Durant cette période – s'échelonnant *grosso modo* de l'année 1978 à la mort de l'ayatollah Khomeyni en juin 1989 – se développe, avec une intensité jamais atteinte dans l'histoire iranienne en général et celle de l'islam en particulier, le phénomène du martyre. Que ce soit dans la lutte contre le chah ou dans la guerre contre l'Irak qui est l'une des plus longues de la seconde moitié du XXe siècle (1980-1988) et qui laisse plus d'un demi-million de morts et de blessés des deux côtés [1], le martyre est omniprésent, d'abord comme phénomène culturel mais aussi politique et social chez les jeunes Iraniens dont la plupart sont des « déshérités » *(mostaz'afin)*, issus des couches inférieures ou moyennes-inférieures, urbanisés depuis une ou deux générations. Cet islam politique est d'abord perçu comme une spécificité iranienne et chiite. Les phénomènes de radicalisation chiite au Sud-Liban où certains groupes se lancent dans des attentats suicidaires contre l'armée d'occupation israélienne corroborent cette idée. Il faudra attendre les années quatre-vingt-dix et le développement des organisations comme le Hamas et le Djihad en Palestine et des courants radicaux issus de la désintégration du FIS en Algérie (GIA, etc.) pour que se dissipe cette vision du martyre lié indissolublement au chiisme.

La révolution en dérive

La révolution iranienne débute dans la liesse populaire, au nom d'idéaux sociaux et politiques, autant que religieux. Son slogan principal est « Liberté, Indépendance, République islamique ». Mais l'euphorie ne dure pas très longtemps. Elle ne résiste pas à la dégradation de la situation économique, la dissension au sein des nouvelles élites qui se disputent le pouvoir, et la guerre avec l'Irak qui durera plus de huit ans (1980-1988).

Cet état de fait est en contradiction flagrante avec les espérances soulevées à l'aube de la révolution où était promis à chacun un « droit au pétrole » spolié par le régime du chah.

L'état de la société, à peine un an après la révolution, est en totale contradiction par rapport aux rêves caressés au début du mouvement révolutionnaire. L'économie, relativement indemne la première année, ralentit progressivement, puis, avec la guerre lancée par l'Irak principalement dans les zones pétrolifères de l'Iran (Khouzistan) et les incertitudes politiques liées à la radicalisation du mouvement révolutionnaire, régresse visiblement. En même temps, en contradiction avec l'idéal de justice que promettait la révolution, se trouve jetée la base d'une économie hyperspéculative où s'enrichissent rapidement des groupes parasites, alors que l'inflation et le chômage laminent le niveau de vie des couches moyennes et inférieures[2].

La nationalisation de pans entiers de l'industrie et l'expropriation des industriels en fuite, l'incurie postrévolutionnaire et l'émigration d'une partie importante des classes moyennes où se recrutait le personnel technique et scientifique, jettent la société dans une situation dramatique. Une atmosphère morose doublée du sentiment d'avoir été trahi – pour les uns par la contre-révolution, pour les autres, par les tenants du régime révolutionnaire – règne dans une société traumatisée par les échecs successifs du mouvement révolutionnaire. Échec social avec l'approfondissement de la pauvreté et, surtout, l'élargissement du fossé entre pauvres et riches, entre les nouvelles élites en voie de constitution et les laissés-pour-compte ; échec d'une économie spéculative transférant les ressources vers des activités non productives. La guerre rend encore plus difficile la situation, exposant les jeunes à la mort et mettant en danger les zones pétrolifères d'où l'État tire le plus clair de ses ressources.

À peine deux ans après la révolution de 1979, en pleine guerre, la société se trouve jetée dans une lutte meurtrière tandis que le nouveau pouvoir islamique réprime les opposants et tente de se légitimer en invoquant l'urgence de la guerre et la nécessité de s'unir contre l'agresseur irakien anti-islamique.

Sur fond d'une révolution en dérive, d'une guerre meurtrière, d'une situation sociale de plus en plus tendue et d'une économie en régression, le modèle bassidji[3] trouve tout son sens. Il exprime le sentiment que l'on est proche de la Fin des temps et traduit le désarroi présent. Pour une catégorie de jeunes, la vie n'a plus d'attrait ni de sens. C'est dans une mort « digne », présage d'un futur *post mortem* irénique, que le sens se conquiert, et non dans une vie par définition « indigne ». Dès lors, la tâche « islamique » par excellence consiste à tout faire pour mourir en martyr et préparer les autres, de gré ou de force, à embrasser la mort. Certes, c'est une infime minorité, qui pense de la sorte dans la jeunesse révolutionnaire. Mais cette minorité n'est pas n'importe laquelle, elle est le fer de lance de la révolution. Elle aspire à se battre contre ses ennemis et à expulser l'adversaire irakien hors du territoire national ; mais elle est aussi manipulée par l'État qui trouve en elle un principe de légitimation. Pour cette raison, elle est mise en valeur par tous les moyens dont dispose le pouvoir, à savoir les médias écrits et la télévision qui consacre de longues heures aux « récits du front de guerre ». Propagande et héroïsation font de ces jeunes en quête de la mort sacrée les « stars » d'une modernité absente. L'État postrévolutionnaire puise dans la glorification des martyrs morts sur le front de guerre ou des « martyrs vivants » (*chahid é zéndéh*) – c'est-à-dire les blessés graves ou les survivants des massacres perpétrés par l'armée irakienne comme lors des bombardements chimiques – une légitimité répressive. Il l'utilise contre l'opposition qui conteste son mode d'action ou simplement lui rappelle les promesses de la révolution en matière de justice sociale et de liberté.

Le chiisme et sa prise en charge par la révolution

Le chiisme comme idéologie mobilisatrice de la révolution iranienne n'est pas la simple reproduction du chiisme traditionnel. De multiples transformations se sont opérées en son sein qui en font une arme de combat aux mains de nombreuses couches de la population. La sécularisation a débuté vers la fin du XIXe siècle pour se radicaliser à partir des années soixante-dix, notamment en la personne de Shariati qui devient l'idéologue chef du mouvement révolutionnaire[4]. Ses expressions – comme « autoconstruction révolutionnaire » *(khodsâzié enghélâbi),* le chiisme rouge *(tachayyo'é sorkh),* chiisme d'Ali *(tachayyo'é alavi)...* – sont devenues monnaie courante dans la révolution iranienne. La sécularisation du chiisme[5] transforme radicalement le rôle du croyant. Naguère, il était plutôt quiétiste et ritualiste, se consolant de l'injustice du monde par une attitude doloriste en investissant ses espérances dans le Messie (le douzième imam occulté). Le musulman épousait une attitude souvent passive en se projetant mentalement dans une Fin des temps qui laissait aux régimes oppressifs et injustes le loisir de dominer le peuple ici-bas. À présent, le croyant authentique transforme l'attente passive en attente active, le chiisme inauthentique des classes dominantes, le « chiisme séfévide » (*tachayyo'é safavi*), en un chiisme authentiquement révolutionnaire, « le chiisme d'Ali », celui du premier imam chiite (*tachayyo'é alavi*). Il y parvient en lançant la lutte révolutionnaire contre les oppresseurs. Pour Shariati, cette attitude conforme à la vocation originaire du chiisme hâte la venue de l'Imam occulté[6]. Pour la première fois, la jeunesse iranienne en voie de modernisation se perçoit comme le sujet de l'histoire plutôt que le réceptacle passif et éploré d'un monde injuste. Cette politisation du sacré demeurera, jusqu'au bout, l'une des caractéristiques essentielles des martyrs de la révolution, les « Bassidji ». Après la révolution et le début de la guerre avec l'Irak, les ressorts de l'idéologie chiite vont être mis à contribution pour donner une justification au martyre des jeunes sur le front et surtout, pour redorer un pouvoir qui, tout au long de la guerre, n'a pu qu'organiser le déclin socio-économique de la société iranienne.

Comme on l'a vu, dans le chiisme, le martyre joue un rôle beaucoup plus important que dans le sunnisme. L'histoire de la vie des imams chiites est marquée par leur martyre réel ou supposé, la quasi-totalité de ces personnages saints ayant succombé, réellement ou dans l'imaginaire des croyants, aux sévices du pouvoir sunnite. Certains interprètes modernes du chiisme mettent l'accent sur son soi-disant aspect révolutionnaire du fait de son caractère eschatologique[7]. Mais en réalité, depuis son instauration en Iran comme religion d'État sous la dynastie des Séfévides à partir du XVIe siècle, le chiisme a eu une dimension quiétiste prédominante. L'attente du Mahdi (autre surnom du douzième imam occulté) discréditait tout pouvoir temporel (c'était un pouvoir usurpé puisqu'il n'était pas celui du douzième imam). Mais puisque tout pouvoir temporel était discrédité, il se trouvait affranchi du souci de légitimité. Le croyant attendait la Fin des temps et acquiesçait souvent à un régime politique autocratique, sans réagir frontalement[8], donnant une grande latitude aux divers pouvoirs qui ont su habilement exploiter le dolorisme chiite, au besoin en l'organisant et en y contribuant matériellement[9]. Un *modus vivendi* s'établissait entre les autorités religieuses et les régimes politiques qui, sauf en période de troubles ou d'instabilité (changement de dynasties, compétition pour le pouvoir de plusieurs prétendants...), laissaient une grande latitude à l'État[10]. Avec l'emprise croissante des puissances étrangères en Iran (la Grande-Bretagne au sud et la Russie tsariste au nord du pays) à partir du début du XIXe siècle, une rénovation progressive prend place au sein de l'idéologie religieuse. Le clergé, une partie du bazar et des couches urbaines tentent de donner un sens concret à « l'illégitimité du pouvoir » en sécularisant la religion. Tout au long du XXe siècle, le chiisme devient l'un des trois pôles majeurs par lesquels se constitue le rapport au politique, les deux autres étant le nationalisme, de plus en plus important à partir des années trente, et le marxisme dont l'influence sur les intellectuels iraniens sera extrêmement forte jusqu'à la Révolution islamique.

La vague islamiste déferle sur la société iranienne après une période d'intense modernisation socio-économique et de fermeture du champ politique par le chah qui exclut les nouvelles couches sociales issues de la modernisation. Le mouvement d'opposition au chah a perdu, à partir du début des années soixante-dix, son caractère démocratique, du moins dans ses composantes essentielles, à cause de la répression dont les tenants du pluralisme politique ont été les victimes, aux côtés des gauchistes et des islamistes[11]. Par ailleurs, l'opposition islamique s'est radicalisée après la répression des années soixante et notamment celle du mouvement de révolte de 1963 qui eut pour conséquence l'exil de Khomeyni en Irak. Le régime du chah avait réussi à supprimer toute opposition démocratique, les formes extrêmes seules étant désormais susceptibles de se mobiliser au nom d'une idéologie de substitution au nationalisme qu'avait discrédité le régime impérial.

À la veille de la révolution, l'Iran se trouve dans une situation paradoxale. D'un côté, le pays a connu une période de croissance élevée [12], une véritable modernisation étendue à de nouvelles couches urbaines, surtout de classes moyennes, les ouvrant à l'Occident. De l'autre, la fermeture du système politique, après la réforme agraire des années soixante, bloque l'accès de ces nouveaux groupes à la scène politique. De là naîtra un mouvement de contestation qui s'alimentera aussi à la crise du régime impérial. Celui-ci est marqué par la maladie du chah, l'élection de Jimmy Carter à la présidence des États-Unis qu'accompagnent l'essor de l'idéologie des droits de l'homme et le discrédit d'un système politique fondé de plus en plus sur les appareils de répression à la tête desquels, la Savak. Le mouvement révolutionnaire est le résultat de l'alliance momentanée des couches traditionnelles du bazar, de la fraction du clergé radicalisée sous l'égide de Khomeyni [13], des intellectuels de gauche et d'extrême gauche et des nouvelles classes urbaines en voie de modernisation frustrés par le régime du chah [14]. De cette coalition incohérente naîtra le mouvement unanimiste de la révolution iranienne où les populations urbaines se dressent contre le pouvoir impérial. Cet unanimisme est porteur d'une vision floue où coexistent les mots d'ordre les plus contradictoires, à savoir justice, liberté, égalité et islam. Les groupes qui s'emparent du pouvoir au moment du renversement du régime impérial sont hétérogènes : des personnalités comme

Bazargan[15], Premier ministre du gouvernement provisoire durant les neuf premiers mois qui suivirent le renversement du chah, côtoient des membres du clergé, des représentants du bazar, des personnes désignées par Khomeyni, une partie de l'intelligentsia en exil qui revint en Iran après la chute du chah (comme Banisadr), d'anciens membres du mouvement nationaliste du temps de Mossadegh, des leaders de mouvements fondamentalistes islamiques (*Fédâïyané Eslâm*, homologues iraniens des Frères musulmans en Égypte), etc.

L'histoire réelle se décline hors du cercle du pouvoir légal. Un premier pôle s'organise autour de Khomeyni, un autre autour de Bazargan, un troisième autour de l'ayatollah Béhechti, d'autres groupes se forment dans les régions et s'imposent en vertu de leur enracinement local... Mis à part le groupe qui soutient Bazargan, les autres, aussi disparates soient-ils, partagent le même credo antidémocratique et la même allégeance à Khomeyni, formant le noyau dur du Hezbollah. La dénomination est d'origine coranique (« Parti de Dieu »), mais l'expression prend rapidement une connotation péjorative chez ceux qui subissent les assauts de ce groupe plus ou moins structuré, financé par l'État en tant que mouvement paramilitaire destiné à intimider, voire liquider, les opposants en instaurant un islam puritain qui se réclame de Khomeyni et de sa prétention à islamiser radicalement l'Iran. Ce mouvement se dote d'une réalité institutionnelle sous le nom de Parti de la République islamique[16]. Il encadre des jeunes d'origine sociale inférieure, ceux issus des paysans en exil, les membres des organisations locales qui ont assuré pendant la révolution la sécurité au niveau du quartier, de l'usine, de la ville et qu'on nomme *Komité*. Ces derniers ont été progressivement « épurés » (*pâk sâzi*) et intégrés dans l'appareil répressif du nouvel État. L'ensemble de cette population hétérogène est appelé les « déshérités » *(mostaz'afin)*.

Comme tout populisme, celui de Khomeyni tente de se doter d'une identité, d'abord en manipulant l'espérance des uns et des autres, puis désignant un ennemi commun, l'impérialisme américain, qu'on dénomme, selon une terminologie d'origine coranique, l'Arrogance mondiale *(estékbâré djahâni)*. Contre elle se dirigera la hargne des uns et des autres, dans une situation où on a besoin d'un bouc émissaire pour justifier les échecs de la révolution. Les références au sacré islamique nourrissent le sentiment d'appartenance nationale. Inversement, Khomeyni cumule, en sa personne, la dimension politique et religieuse en tant que grand ayatollah, promu, depuis la révolution, premier représentant religieux du pays.

Le Bassidje

Peu de temps après le renversement du chah et l'instauration du régime révolutionnaire, le nouveau pouvoir crée une organisation populaire pour défendre la révolution contre les assauts de ses ennemis. Le Bassidje est né de cette volonté de sauvegarder une révolution encore fragile contre les tenants de la « contre-révolution », surtout les « Tâqoutis », c'est-à-dire les partisans du chah. Le Bassidje, littéralement « Mobilisation[17] », est créé pour mettre la jeunesse populaire au service de la révolution. Au début de la guerre avec l'Irak, l'organisation est intégrée dans l'armée des Pasdaran, autre organisation militaire qui a vu le jour juste après la révolution constituant une armée populaire, indépendante de l'armée traditionnelle dont la hiérarchie supérieure est soupçonnée de sympathie pour le chah[18]. Le

Bassidje est formé de recrues volontaires; fort de quelque quatre cent mille adhérents au plus fort de la guerre, le Bassidji[19] se singularise par son dévouement et son absence de crainte face à la mort.

S'échelonnant sur plus de huit ans, la guerre contre l'Irak remet en cause, sur de nombreux plans, le déroulement même de la révolution et surtout, dans sa phase initiale, l'évolution du mouvement révolutionnaire. Déjà extrêmement faible, la tendance démocratique dirigée par le Mouvement pour la Liberté *(Nehzaté âzâdi)* de Bazargan ne résiste pas à la guerre. Celle-ci entraîne des réflexes unitaires dans la société. Au nom de la défense de la patrie musulmane et de l'islam révolutionnaire, le groupe khomeyniste, connu sous le nom du Hezbollah, peut mieux s'emparer du pouvoir, instrumentalisant la menace d'invasion du pays par l'Irak pour mettre fin aux fragiles revendications à l'autodétermination d'une société fraîchement dégagée de la dictature impériale. C'est sur ce fond de menace d'invasion, au sein d'une révolution elle-même sur le qui-vive, que *l'acteur bassidji* voit le jour, fer de lance du pouvoir révolutionnaire, non seulement dans la guerre contre l'Irak mais aussi dans la lutte contre l'opposition en Iran et ceci, de deux façons : d'une part, par l'intervention directe des Bassidji dans la répression physique des opposants; d'autre part, par la légitimation du régime khomeyniste où des jeunes prêts à sacrifier leur vie pour la préserver apportent la preuve éclatante de la «légitimité» du pouvoir hezbollah à une société sans capacité de défense, épuisée après sa mobilisation pendant la révolution[20].

Le modèle bassidji

Dans le contexte d'une révolution menacée de toutes parts, par la guerre et par la contre-révolution, que ce soit par la droite royaliste ou par l'extrême gauche, apparaît un type de personnage, jeune (de dix-huit à trente ans), voire très jeune (à partir de quatorze, parfois douze ans), capable de se sacrifier au service de la révolution. Ceux qu'on a appelés les « fous de Dieu » et qui identifient, en la personne de Khomeyni, le saint, le savant et le dirigeant politique par excellence, acceptent avec joie le martyre pour sauvegarder une révolution en dérive.

La guerre avec l'Irak et l'invasion d'une partie du Sud-Ouest iranien engendre un sentiment de menace : l'intégrité du territoire iranien comme l'islam promu par la révolution sont en danger. Le sentiment national fusionne avec l'affect religieux : le danger qui menace la Révolution islamique est désormais identique à celui qui met en cause l'intégrité territoriale du pays. Le même phénomène que celui de la Révolution française engendre le même sursaut d'unanimité : la révolution menacée et l'Europe coalisée contre la France révolutionnaire, tout comme l'islam révolutionnaire en danger de mort et l'Iran envahi, ressoudent l'unité nationale contre l'ennemi.

Des organisations révolutionnaires accueillent la jeunesse cherchant à défendre la patrie islamique et la révolution menacée. À côté de l'armée traditionnelle qui prend en charge les conscrits, il y a une jeunesse volontaire, prête au sacrifice, qui rejoint le Bassidje. Il forme le plus gros de ses bataillons[21].

L'étude de la subjectivité de cette jeunesse révolutionnaire montre qu'elle n'est pas homogène et qu'au moins trois types d'acteurs peuvent y être distingués. En premier lieu, ceux qui sont habités par un désarroi profond du fait de l'état critique dans laquelle se trouve la révolution. Celle-ci incarne l'islam. S'opère une transformation radicale de leur point de vue : d'optimiste au début de la révolution, il devient pessimiste et radical. La radicalisation est, d'une certaine manière, la conséquence du sentiment de menace sur l'avenir de la révolution à mesure qu'elle s'enlise et que s'accroît le marasme économique . Un gouffre s'ouvre devant cette jeunesse. Son désarroi rend compte de son adhésion à une religiosité qui ne voit de salut que dans le martyre. Ce groupe radicalisé, les martyropathes[22], est habité par le dépit et le désespoir et oscille constamment entre les deux affects. Il s'oppose à ceux qu'il considère comme les ennemis de la révolution, que ce soit l'armée irakienne, l'opposition intérieure iranienne ou encore, les musulmans qui hésitent à défendre une révolution de plus en plus menacée. Mais, en même temps, il ne croit pas pouvoir sauver la révolution dans la vie – d'où la surenchère dans le martyre.

À côté du martyropathe, il existe deux autres types d'acteurs. D'une part, les adolescents qui se font enrôler dans le Bassidje et l'armée des Pasdaran pour affirmer leur autonomie vis-à-vis de leurs parents et se faire reconnaître en tant qu'adultes. Pour eux la guerre est comme un rite de passage de l'adolescence à l'âge adulte. La dimension ludique de la guerre joue un rôle significatif dans leur adhésion au Bassidje. La manipulation de leur affect religieux par les organisations affiliées au Bassidje au sein des établissements scolaires est un facteur important de leur mobilisation.

Un troisième groupe adhère au Bassidje. Celui-ci joue un rôle important comme tremplin social pour ceux qui prennent part à la guerre afin de bénéficier d'une promotion socio-économique rapide, dans une société en voie d'appauvrissement où l'ascension sociale se révèle de plus en plus difficile[23]. Le Bassidje et l'armée des

Pasdaran offrent aux jeunes des postes de commandement dans cette armée mais aussi dans d'autres organismes d'État ou dans le secteur public qui s'est largement étendu à la suite de la nationalisation des biens des « Taqoutis », l'élite du chah. Ce groupe des « opportunistes » forme la grande majorité des jeunes du Bassidje. Ils rallient Khomeyni autant par conviction que parce qu'il est à la tête de l'État et qu'il leur apportera une promotion sociale.

Financièrement, le Bassidje est pris en charge par l'armée des Pasdaran, mais il bénéficie des « dons » souvent imposés aux divers organismes publics ou privés par le pouvoir et de la manne financière d'organismes tels que la Fondation des martyrs[24]. D'autres institutions aux finances soustraites au contrôle de la Cour des comptes iranienne apportent leur contribution au Bassidje et à l'armée des Pasdaran[25].

Une partie de la jeunesse ne sait pas concilier l'utopie du début de la révolution avec la réalité de plus en plus difficile de la postrévolution. Autant dire qu'un sentiment de dépit désespéré nourrit, dans les premières années de la guerre, cette jeunesse éprise du rêve révolutionnaire et secouée par le devenir effectif de la révolution. Un gouffre la sépare de l'avenir rêvé à l'aube de la révolution.

Au sein de cette organisation, soutenue et financée par l'État, la composition selon la classe d'âge est hétérogène. Ceux qui y adhèrent sont formés en grande majorité de jeunes, mais aussi d'adolescents, et d'une minorité de gens du troisième âge. Les motivations ne sont pas les mêmes. L'origine sociale des adhérents est surtout celle des classes inférieures (et quelquefois moyenne-inférieure) urbaine, la jeunesse scolarisée formant la majorité de ses recrues. Quelquefois, des jeunes de la même famille adhèrent à des groupes différents, voire même antagoniques[26]. L'attitude individuelle devant la révolution et son devenir est fondamentale. La jeunesse rurale adhère au Bassidje, moins par conviction idéologique que par souci de s'ouvrir une voie vers le monde urbain ou par désir de vivre intensément sa jeunesse dans l'abondance, à l'abri des besoins et de l'ennui du monde rural. Les couches urbaines forment la majorité de ceux qui adhèrent au Bassidje pour des motifs idéologiques. En effet, pour être un « révolutionnaire radicalisé et désespéré », il faut avoir été préalablement modernisé et déstructuré. Le jeune révolutionnaire ne peut se culpabiliser que s'il a le sentiment d'avoir un Moi constitué, ce qui signifie la désarticulation de la charpente communautaire, laquelle s'est faite principalement dans les grandes zones urbaines avant la révolution.

Au sein du Bassidje, on assiste à une manipulation systématique des jeunes par l'État. Tout est fait pour les encourager à y adhérer. Le pouvoir n'y envoie pas les forces humaines uniquement pour nourrir le Bassidje en chair à canon, mais aussi pour trouver un principe de légitimation. Il argue du fait qu'un régime pour qui les jeunes sont prêts à mourir ne saurait être illégitime. Certes, les martyropathes choisissent la mort pour défendre le pays islamique, mais leur motivation dominante réside dans le désarroi causé par l'effondrement de l'utopie révolutionnaire qui ne saurait se réaliser dans ce monde et ne peut, dès lors, trouver son accomplissement que dans la mort. Pour eux, il s'agit d'une affaire existentielle. Mais le pouvoir révolutionnaire donne un sens politique à ce désarroi qu'il manipule pour en sortir revigoré. Il l'instrumentalise pour se consolider, face à une société que traumatise et intimide l'engagement extrémiste de ses jeunes. Le désespoir des uns est ainsi manipulé pour réprimer les autres.

Le Bassidje est le creuset où s'effectue, pendant quelques années, la confusion entre le registre de la société et de l'État. Ceci aurait été inconcevable dans la communauté chiite traditionnelle où ce qui est du ressort de l'État était identifié à une logique de la violence et de peur[27]. Par contre, l'adhésion au Bassidje est volontaire dans la majorité des cas. De même, chez le groupe martyropathe, la volonté de mourir est un fait d'évidence qu'exploite le Bassidje, mais qu'il n'invente pas. La mise en œuvre de la martyropathie se fait avec la complicité de l'État et du groupe volontaire qui y trouve l'expression de son aspiration mortifère. Si la « confusion » entre le bas (la société) et le haut (l'État) est désormais possible, c'est parce que la structure communautaire s'est déjà largement désarticulée et qu'à sa place émerge progressivement un individu en voie d'atomisation[28]. On est dans une société en transition vers une nouvelle forme d'organisation sociale où le volontariat des jeunes dans le Bassidje est le signe de l'émergence d'un « quasi-individu[29] ». En même temps, le Bassidje exprime le désarroi d'une partie de la jeunesse révolutionnaire qui ne sait plus distinguer ce qui est du registre de l'État et ce qui relève de la société. Dans cette confusion mentale elle mélange, sous l'effet de l'effervescence révolutionnaire du début qu'entretient artificiellement le Bassidje en son sein, les domaines respectifs du pouvoir et de la société. La confusion est due, en particulier, à la déstructuration de l'ancienne société et à l'émergence chaotique de la nouvelle pendant une révolution qui a privilégié l'utopie sur le réel. La dynamique du Bassidje se nourrit, du moins dans les premières années, de la source vive de cette société révolutionnaire en pleine ébullition. Son mode d'organisation relève de l'État. Mais les martyropathes ne perçoivent pas le Bassidje comme une organisation étatique. Ils l'élisent comme une nouvelle « famille » ; ils « se marient » avec lui ; en son sein ils se sentent frères *(barâdar)* avec les autres martyropathes en quête de mort. Ils voient le Bassidje comme l'image de Khomeyni, sanctifié par sa bénédiction. Celui-ci rend ainsi possible la manipulation des Bassidji par le nouvel ordre répressif.

Pour les jeunes ludiques, le Bassidje est une famille d'élection. Ils rompent avec leur famille naturelle et la rejoignent pour y trouver une nouvelle identité, volontairement construite, dans l'affrontement avec la mort. En cette période de guerre, l'ascension sociale est bloquée et le jeune qui arrive sur le marché du travail n'a d'autre lieu de promotion que le Bassidje. Avide de gravir les échelons sociaux, il trouve en son sein l'atmosphère propice à l'affirmation de soi par ses prouesses guerrières, et surtout, maintes occasions de vivre intensément. En s'y inscrivant, il satisfait en même temps à l'aspiration collective de sauver le pays, la nation islamique et la révolution religieuse, mis en danger par l'invasion irakienne. Ainsi, le sentiment national tel que les autres l'éprouvent et qu'il partage avec eux se combine avec sa volonté d'ascension sociale et sa condition juvénile.

Pour être efficace, le Bassidje se dote d'une organisation qui entend quadriller la société et inciter les jeunes à y adhérer. L'un des instruments puissants de cet encadrement, ce sont les associations islamiques. Celles-ci naissent pendant la révolution. Ce sont des groupes de quartier ou de localité qui s'assignent pour tâche concrète de gérer, au quotidien, les affaires courantes (prévention du vol, maintien de l'ordre, etc.). Après la révolution, ces associations seront progressivement noyautées par l'État et ses divers organismes répressifs[30]. Elles ont alors un rôle essentiel dans l'épuration des éléments « contre-révolutionnaires » de l'administration, jouant un rôle incitateur dans le recrutement des volontaires pour le Bassidje.

L'un des lieux de recrutement privilégiés de ces « associations », ce sont les écoles où elles s'établissent au sein d'une hiérarchie autonome de celle de l'établissement (elles dépendent d'une section spéciale du ministère de l'Éducation nationale) et où elles gagnent l'adhésion de certains lycéens qui deviennent, *de facto*, des interlocuteurs du pouvoir, s'assurant, par cette seule participation, des succès scolaires pas toujours mérités.

Par ailleurs, la propagande idéologique joue un rôle moteur au sein du Bassidje. Un clergé spécial est préposé à cette tâche et joue sur le sentiment d'invulnérabilité des adolescents et sur leur aspiration à l'héroïsme.

Le Bassidje crée un sentiment d'appartenance des jeunes à la révolution *contre* le reste de la société. On y développe la vision de soi de la « caste des purs » contre une société de plus en plus impure : dans la réalité quotidienne, les gens s'éloignent des slogans révolutionnaires dont l'inanité se révèle à mesure que la situation économique s'aggrave. Dans le Bassidje les adolescents de douze à dix-sept ans se voient accorder un statut de quasi-adulte, voire même de « sur-adulte » : on les glorifie de s'être rehaussé, par leur engagement volontaire, au-dessus des adultes, des parents qui refusent, eux, de s'enrôler[31]. Les adolescents ne portent pas d'uniforme différent des autres Bassidji ; ils deviennent les égaux des adultes et les surpassent quelquefois en prestige.

Le Bassidje encadre d'une autre manière encore, celle-là positive, les jeunes non martyropathes qui le rejoignent. Il rémunère ces chômeurs, leur procure la possibilité d'exercer leur créativité au péril de leur vie. Mille subterfuges, des trouvailles sans nombre jalonnent les combats où l'ingéniosité des jeunes Bassidji trouve un immense champ d'application. On se « réalise » dans le maniement des mines. Ce n'est pas le sentiment mortifère qui motive l'adhésion de ce groupe de jeunes, mais le besoin de travailler, et de se valoriser dans le travail. À cela s'ajoute la volonté de sauver la patrie islamique en danger, et pour les laïcs et des membres d'extrême gauche, la patrie ou le peuple. Quant aux gauchistes, ils adhèrent au Bassidje parce qu'ils pensent pouvoir renouer avec la jeunesse populaire et l'endoctriner. Chacun trouve ainsi, dans les premières années de la guerre, des raisons pour lutter contre l'ennemi irakien qui est le fer de lance de l'impérialisme occidental pour les gauchistes, représentant de l'arabisme qui entend conquérir les provinces arabophones iraniennes pour les nationalistes (le Khouzistan envahi par l'armée irakienne est peuplé en partie par des arabophones).

À mesure que s'use l'ardeur des martyrs tout au long de la guerre, des mécanismes compensatoires, incitation matérielle ou coercition, se mettent progressivement en place par l'État, pour encourager les jeunes à regagner le front. Ceux qui y sont restés quelque temps ont un accès rapide aux postes de « renseignements » dans l'administration. Ils remplissent un rôle similaire à celui de la Savak sous le chah. Les Bassidji qui veulent faire des études universitaires, ainsi que les jeunes membres de leur famille, bénéficient d'un accès privilégié à l'université. L'accès aux coopératives des martyrs où les prix pratiqués sont très avantageux par rapport à ceux du marché est réservé aux Bassidji blessés, à leur famille et à celle des martyrs bassidji qui bénéficient encore d'autres avantages matériels[32].

Le Bassidji qui va sur le front et fait la guerre contre l'armée irakienne est toujours un homme, jeune ou beaucoup plus rarement vieux. Il existe, certes, des groupes de jeunes femmes bassidji (les « sœurs » bassidji), mais leur rôle se cantonne aux soins médicaux, à l'aide aux jeunes directement engagés dans les combats, à la répression des femmes « mal voilées » ou encore, à l'intimidation des parents des martyrs qui crient à la manipulation par le pouvoir islamiste. Pendant les cérémonies de leur deuil, sous couvert de célébrer le souvenir des martyrs, ces « sœurs » étouffent en réalité les manifestations de protestation des parents ou des connaissances.

La femme bassidji ne prend pas directement part à la guerre. Cela n'est pas dû au refus de porter le fusil par certaines jeunes filles, mais aux interdictions du pouvoir islamiste qui refuse l'égalité entre hommes et femmes. Les femmes martyres sont celles qui ont succombé à la mort sous les bombardements irakiens ou dans l'exercice de leurs fonctions de soignante à l'hôpital ou pour tout autre raison liée à la guerre.

Les opportunistes et les ludiques

La toile de fond du martyre tout au long de la guerre est le souci de préserver la patrie islamique en danger et de lutter contre l'ennemi irakien, soutenu et aidé par l'impérialisme occidental. Sur ce fond se dégage la multiplicité des figures de martyre. Il y a, comme on l'a vu, le martyropathe qui est fortement minoritaire au sein du Bassidje, mais remplit un rôle symbolique majeur, autant dans la stratégie de légitimation du pouvoir que vis-à-vis des autres Bassidji. Ceux-ci le considèrent comme un être supérieur, renonçant à sa vie et à ses plaisirs pour atteindre la perfection mystique dans la mort sacrée. Les non-martyropathes, rappelons-le, sont formés de deux autres groupes distincts. D'une part, les opportunistes, c'est-à-dire ceux qui cherchent au sein du Bassidje un tremplin pour assurer leur ascension sociale dans une société où les plus pauvres n'ont plus d'autre moyen d'assurer leur promotion sociale ; d'autre part, les ludiques, constitués surtout de jeunes et d'adolescents qui entendent vivre intensément et à l'abri du besoin au sein du Bassidje, mettant en jeu leur vie pour assurer leur passage à l'âge adulte dans l'héroïsme et l'insouciance d'une fête guerrière. Cette dimension ludique manque cruellement dans la vie quotidienne de plus en plus morose. Les ludiques s'accrochent à la guerre pour se divertir et avoir des sensations fortes. Dans les rangs du Bassidje, on devient libre par inversion de la hiérarchie d'âge : les jeunes commandent ou se font remarquer par leur intrépidité, ce qui leur donne un prestige supérieur à celui des aînés ; on fait preuve d'héroïsme en s'exposant à la mort et on surmonte ainsi l'adolescence. On y est bien nourri, on est bien pourvu en vivres et couverts par une société à qui l'État extorque des fonds sous prétexte de bénévolat, pour venir en aide aux jeunes qui le soutiennent activement.

Le martyropathe meurt par désespoir viv-à-vis d'un monde qui est le cimetière des idéaux révolutionnaires alors que le jeune adolescent du Bassidje accepte de mettre en danger ses jours par impétuosité ludique, vivant intensément cette fête sanglante qu'est la guerre. Par ce biais il ressuscite la fête de l'aube de la révolution et transcende la vie morose de l'après-révolution. Son acte est la dénégation de la morosité ambiante dans une société que la joie a quittée depuis que la guerre et la pénurie ont mis en cause les rêves d'abondance. C'est pourquoi le martyr ludique entretient avec la mort une relation totalement différente de celle du martyropathe. Le jeune ludique, en plein champ de bataille, refuse l'institutionnalisation de l'utopie révolutionnaire. Le sacré est pour lui dans l'effervescent, le bouillonnant, le fusionnel, affect qu'il oppose à la logique froide des richissimes commerçants du bazar ou aux calculs mesquins et prosaïques de ses parents qui ne savent pas trop comment « joindre les deux bouts ». Toute stabilisation est synonyme de la remise en cause de l'islam utopique qu'il porte en lui et entraîne, de sa part, la surenchère dans le combat. La mort ne procède pas d'un sombre dépit mais du désir d'extase et d'effervescence, de l'aspiration à remettre en cause la monotonie et l'ennui mortel d'une vie où les déshérités sont encore plus démunis, encore plus vulnérables et par conséquent, incomparablement plus frustrés dans leur désir de consommation que par le passé. Cette mort n'a pas le sombre caractère de la martyropathie. Elle est refus d'institutionnalisation, aspiration à l'effervescence du début de la révolution et non volonté de mourir à tout prix. La manipulation des désirs d'une jeunesse immature, avide de jouissance, donne un poids considérable à l'ordre islamiste dont la légitimité est pourtant bâtie sur une vision néopuritaine des relations sociales et culturelles.

Quant aux opportunistes, ils instrumentalisent l'islam du Hezbollah pour joindre les classes aisées du nouveau régime. Ils forment une nouvelle élite, celle qui, moyennant les nouveaux réseaux révolutionnaires tissés par l'État islamiste, se substitue aux anciennes classes dominantes et, moyennant sa fidélité vénale au régime, s'assure une vie à l'abri du besoin. Les nouvelles institutions qui ont vu le jour pendant ou après la révolution servent de tremplin : la Croisade pour la construction (*djahâd sâzandégi*) qui monopolise les projets du développement rural (plus tard elle se transformera en ministère), la Fondation des Martyrs, un colosse économique ayant ses propres moyens financiers et industriels, l'*Astané Ghods* qui gère les biens de l'imam Réza au nord-est de l'Iran et qui est l'une des institutions les plus dotées de l'Iran[33], les divers comités révolutionnaires (ultérieurement intégrés dans le ministère de l'Intérieur), l'armée des Pasdaran, etc. Ces organisations révolutionnaires deviennent le moyen d'ascension sociale et économique pour une jeunesse avide de consommation et qui trouve, par son affiliation intéressée au Bassidje, et moyennant son exposition au danger, la possibilité de s'introduire dans l'appareil d'État pour bénéficier des mannes pétrolières. Une partie de la population urbaine y assure sa promotion, notamment par le truchement des Comités et de l'armée des Pasdaran, intimidant le quartier, mais dont les membres interviennent le cas échéant pour soutenir leurs amis et leurs connaissances auprès des instances répressives du régime où ils ont leurs entrées. Un nouveau clientélisme se constitue avec l'État par le biais de cette jeunesse qui monnaye sa collaboration au régime en s'assurant, au niveau même du quartier, une forme d'honorabilité, faite de la crainte des autres, mais aussi de leur respect en raison de l'aide non négligeable qu'elle peut leur apporter en cas d'urgence.

L'archéo-islam

L'avènement concret de l'individu dans les sociétés soumises à une modernisation autoritaire s'effectue d'une part par la déstructuration de l'ordre communautaire traditionnel, de l'autre, par l'affirmation de soi d'un être en voie d'atomisation. Celui-ci ressent un sourd malaise où entrent en conflit sa volonté de libération et son sentiment d'appartenance à un groupe qu'il trahit en s'autonomisant. La révolution tente de relier ces deux dimensions en introduisant un troisième terme, à savoir l'utopie révolutionnaire incarnée par Khomeyni. Mais celle-ci ne résiste pas longtemps à l'épreuve du réel. Petit à petit, elle se désagrège. Pour y parer, de jeunes révolutionnaires deviennent martyropathes. Afin de compenser la perte d'emprise de la révolution sur la réalité, ils tentent d'accroître le charisme de Khomeyni. Plus le mouvement révolutionnaire perd son ancrage dans le réel et plus le martyropathe a tendance à doter le Guide de la révolution d'attributs charismatiques conjugués au superlatif. Pour cela, il en fait non seulement la figure de proue au niveau de son individualité et de son sentiment intime d'exister, mais aussi, en relation à la famille et à l'ordre communautaire auxquels il substitue purement et simplement le Guide absolutisé.

Dans le même temps, le charisme de Khomeyni s'accroît du fait de la nature de son message, à savoir, un chiisme mortifère qui sacralise la mort sous le vocable du martyre et dénie la légitimité à la vie ici-bas, dans cette période de guerre et de crise où tout se conjugue, pour ces jeunes en désarroi, sur le mode apocalyptique. Les martyropathes s'enferment dans le Bassidje et se détachent de la société. La rupture des liens sociaux devient à son tour source d'angoisse. Le jeune qui scandait « Liberté, Indépendance, République islamique » au début de la révolution ne sait plus que faire de sa propre liberté ni de l'indépendance. Désormais, il est incapable de se prendre en charge, il abdique son autonomie et vit dans l'angoisse et la mauvaise conscience. Il ressent alors sa liberté comme une transgression des normes « révolutionnaires », expliquant les déboires de la révolution par ses manquements à ses idéaux. Il s'en culpabilise profondément. À peine délié des attaches communautaires, le nouvel individu est en crise, dans ce mouvement révolutionnaire où il a investi son identité, et qui l'emporte en déraillant. Le puritanisme exacerbé des Bassidji est l'expression « moralisée » du sentiment de culpabilité : il a manqué à l'idéal révolutionnaire, ne s'est pas suffisamment investi au service de l'islam et a ainsi entraîné la dérive de la révolution.

De même, si au début de la révolution, les jeunes cherchaient à moderniser l'islam en moralisant la modernité, cette dernière devient désormais synonyme de péché, de stupre et de manquement à l'abnégation révolutionnaire, par son « égoïsme » et la quête du bien-être individuel. D'où la surenchère dans l'archaïsation, par l'adhésion farouche et rancunière à une reformulation de la tradition, elle-même réifiée, déformée et mythifiée dans un sens despotique voire, quelquefois, totalitaire. Apparaît une religiosité que l'on pourrait appeler « l'archéo-islam », invention contre-moderne qui se donne pour l'image authentique de la tradition mais n'est, en définitive, qu'une modernité inversée où la vie devient la mort, la consommation, la consomption de soi, la communauté l'inversion de la modernité pour un individu en crise. On se consomme littéralement dans le martyre qui prend, dans certains cas exacerbés, l'allure d'une homophagie, l'ingestion de sa propre chair. L'archéo-islam est une modernité invertie où la liberté se transforme en une logique d'interdit absolu, l'ouverture culturelle se muant en tentative de se fermer aux autres et ceci de manière exhibitionniste, c'est-à-dire, paradoxalement, en donnant à voir cette clôture et en y découvrant un sentiment de participation inversée (refus) à la modernité. Les interdits édictés par le Hezbollah et appliqués de manière autoritaire dans l'espace public ne sont pas les tabous communautaires traditionnels, mais des manifestations politisées des formes régressives du chiisme, elles-mêmes rigidifiées et maximalisées selon une ligne inflexible d'interprétation rigoriste. Dans ce contexte, la hargne et la rancœur se dirigent vers le monde et le corps en prenant pour prétexte la religion qu'elles plient à leur exigence de répression et de déni de droit à l'individu en gestation.

La catégorie du politique prend elle-même un sens trouble. Pour le martyropathe, ce n'est pas un lien entre des êtres autonomes dans l'espace public (démocratie), ni la gestion de la vie collective en référence aux textes sacrés interprétés par les docteurs de la loi (théocratie islamique institutionnalisée) mais une manière de compenser son malaise. Le martyropathe est un individu en crise qui ne sait plus comment régir son individualité et entend, par le recours à une catégorie répressive du politique, se dessaisir de son être individué et embrasser la mort. Ce quasi-individu, qui croyait trouver dans la révolution l'appui nécessaire pour accéder à la modernité, a perdu la communauté qui l'encadrait jadis ainsi que l'utopie révolutionnaire qui devait s'y substituer. La martyropathie devient l'expression ultime du politique et, en même temps, le moyen légitime par lequel se constitue l'individu dans la mort. On voit se rejoindre un puritanisme exacerbé (expression moralisée de l'interdiction de vivre), l'archéo-islam (le sacré s'investissant dans une religiosité mortifère) et le charisme d'un Khomeyni absolutisé (il est la voix « islamique » qui proclame l'inanité du monde et l'accès au sacré par le martyre).

L'aspiration à la modernité du jeune révolutionnaire peut revêtir principalement deux formes : soit la consommation, comme mode de participation festive à la modernité, soit le développement productif, comme mode de participation prométhéenne à la modernité. Dans cet Iran en guerre où la production industrielle bat de l'aile, ces deux modes de participation se révèlent impossibles. En un sens, ils sont trop prosaïques pour une partie de la jeunesse, avide d'absolu. La révolution se transforme en une quête d'absolu dans une néo-mystique mortifère où tout ce qui tient à la vie se révèle insignifiant, voire insensé. Le sentiment prométhéen de la réalisation de soi, instillé par la modernisation, s'accomplit dans la création mortifère de soi. La conscience révolutionnaire devient le siège de la production de la mort, de la production de soi dans la mort. La consommation, battue en brèche par l'économie de guerre et le chaos social, se fixe à son tour sur le corps. On se consume, faute de consommer, et on transfère le désir de consommation dans un sacré mortifère. Le néo-ascétisme nécrophile en est la conséquence[34].

Quelques traits singularisent le jeune martyropathe qui adhère au Bassidje. Pour commencer, il a un univers mental obsidional où il a l'obsession de l'omniprésence des ennemis, à l'extérieur comme à l'intérieur, ce qui déprécie tout autre considération à ses yeux, y compris les soucis familiaux. Il a une vision de soi marquée par une grande culpabilité[35]. Coupable d'impureté, il vit dans une société encore plus « impure », plus corrompue que lui, ce qui justifie à ses yeux la répression aux fins de la « purifier » en supprimant ceux ou celles qui s'opposent à sa version intolérante de l'islam.

La martyropathie est un mouvement dont la dynamique suppose, du moins dans ses premiers temps, la jonction du bas (la jeunesse révolutionnaire) et du haut (l'État postrévolutionnaire) dans une conjoncture de crise où la menace d'invasion de la patrie islamique par l'armée ennemie coexiste avec le sentiment désespérant de l'effondrement de l'utopie révolutionnaire. Elle prend ses racines dans la société postrévolutionnaire, dans son instabilité foncière ainsi que dans le danger qui pèse sur la nation islamique par l'invasion irakienne.

Le Bassidje porte en lui une détermination essentielle de la nouvelle individualité en gestation : à savoir l'égalitarisme dans son symbolisme, son mode de recrutement, le mode de désignation de ses chefs et, tout aussi bien, sa capacité d'assurer à ses membres l'indifférenciation sociale, dans les premières années de la guerre.

Dans le Bassidje, tout ce qui sépare dans la société postrévolutionnaire est symboliquement nié et voué à l'indistinction, voire à la fusion. Les jeunes y occultent le cloisonnement de la société en riches et pauvres, « oppresseurs » *(mostakbar)* et « déshérités » *(mostaz'af)*, supérieurs et inférieurs, pratiquants et non-pratiquants. La hiérarchie extérieure est abolie, on y pratique une « hiérarchie du cœur », les différences s'y noyant dans un sentiment d'appartenance unitaire et égalitaire : les chefs sont aussi des Bassidji, ils n'exigent pas la distance que les gradés de l'armée traditionnelle maintiennent vis-à-vis des soldats, et n'hésitent pas à être sur les premières lignes de combat. L'effacement de la hiérarchie et de la discipline contribue au sentiment unitaire même si, par ailleurs, la hiérarchie y existe bel et bien, les considérations de « fiabilité » des dirigeants (leur identification à la République islamique) y entrant pour beaucoup après les premiers échelons.

Le rapport à la hiérarchie n'est pas le même selon que l'on est martyropathe, ludique ou opportuniste. Le premier renonce à son identité au profit de l'organisation qui lui confère la plénitude dans la mort, il se livre littéralement à la hiérarchie parce qu'il entend se défaire de son désir de vivre de manière autonome. Le Bassidje satisfait ainsi à l'aspiration des martyropathes à l'hétéronomie. Par contre, chez les ludiques et les opportunistes, ces sont l'effacement de la hiérarchie, l'égalitarisme et le sentiment de fraternité qui sont attrayants. À une société inégalitaire, le jeune oppose l'égalité fraternelle de cette organisation où prévaut une idéologie égalitaire face à la mort. Chez l'ensemble des jeunes, l'éventualité de mourir en martyr donne lieu à un Nous égalitaire et pur (« sans déshonneur »), en rupture par rapport à un Eux (la société postrévolutionnaire) inégalitaire et pervers (impur).

Le trait d'union entre les divers groupes en son sein est la lutte contre l'ennemi qui a envahi l'Iran islamique. Certes, c'est au nom de la religion qu'on mobilise les jeunes. Mais il s'agit d'une religion sous-tendue par la menace d'invasion et d'occupation qui pèse sur le pays islamique, berceau de la révolution au nom d'Allah.

Le Bassidje parvient à jouer sur deux registres, incompatibles dans la réalité. Aux martyropathes il donne le sentiment de la hiérarchie, de l'ordre total et sacré. En revanche, aux jeunes ludiques ou à ceux qui cherchent la rupture avec une vie quotidienne inégalitaire et injuste, il satisfait au besoin de rupture avec la pauvreté et la situation dégradante du déshérité en pourvoyant à une société d'abondance accessible à tous, dépourvue de hiérarchie pour l'accès aux biens et aux services. Il le fait dans un contexte de menace contre la nation islamique qui donne une grande légitimité à son entreprise de défense. Il parvient à concilier cette pluralité de registres en recourant à la figure charismatique de Khomeyni. Celui-ci cautionne sa légitimité par la sanctification de la lutte contre l'ennemi du peuple et du pays musulmans. Pour le jeune martyropathe, le Bassidje n'est pas une organisation comme une autre, mais le lieu de la prise en charge du Moi de chacun de ses membres par Khomeyni, dans une relation personnalisée et intimiste. Le Guide de la révolution facilite sa rencontre avec l'imam du Temps et fait de lui un être à part, digne d'entrer en contact avec le Messie qui lui ouvrira les portes du paradis[36].

Par la manipulation symbolique des jeunes, le Bassidje préserve artificiellement l'ambiance unitaire du début de la révolution par une fusion qui se déroule dans l'irréalité d'une fraternisation à huis clos. Mais s'il y a manipulation des jeunes par l'État, c'est parce que la conjoncture postrévolutionnaire le permet. Cet État n'est ni celui qu'il deviendra quelques années plus tard (une domination sans légitimité) ni celui du début de la révolution (expression de l'unanimité au sein de la société), mais un entre-deux qui dissimule et occulte la rupture de l'unanimité révolutionnaire en unifiant les diverses catégories de la population dans la lutte contre l'ennemi de la nation islamique. Au sein du Bassidje, les jeunes continuent à rêver à l'unanimité des cœurs lors même que dans la société réelle celle-ci a disparu. La guerre donne au Bassidje le moyen de refuser la réalité en recréant l'effervescence du début de la révolution par sa canalisation dans la lutte contre l'ennemi de l'islam. Plutôt mourir que d'avoir à renoncer à une logique de rêves qu'enflammait la révolution et contre laquelle la réalité qui se dresse est désormais perçue comme hostile. Le martyre révolutionnaire contribue à occulter le désespoir face à une réalité cruelle, mais il nourrit en un autre sens le désespoir en lui donnant un contenu sacré.

La religiosité des martyropathes du Bassidje a une dimension morbide qui procède d'une religiosité mortifère. Celle-ci diffère autant du chiisme communautaire traditionnel que de celui de l'aube de la révolution, gonflé par l'espérance utopique de la nouvelle société islamique à construire. Le chiisme mortifère est un phénomène transitoire dans une situation dramatique où l'on assiste à l'écroulement de l'utopie révolutionnaire, à une guerre qui menace la Révolution islamique et le pays lui-même et à la crise d'une société qui croyait renouer avec la justice, l'abondance et la liberté et qui assiste à l'inversion de ces idéaux. On s'attendait à une amélioration des conditions de vie, mais c'est la pénurie et l'enchérissement qui s'instaurent ; on idéalisait la vie dans la paix et la justice, mais c'est la guerre et l'injustice quotidienne ainsi que l'arbitraire d'un pouvoir éclaté qui dominent la scène sociale. Dans cette religiosité qu'incarne une fraction de la jeunesse révolutionnaire, la mort exerce une fascination irrésistible non pas pour l'édification d'une société nouvelle, mais en désespoir de vivre dans un monde déserté par l'espérance.

Dans ce monde, le sujet se sent progressivement comme un étranger et il y exprime son désarroi par un passage à l'acte qu'il sacralise sous le nom du martyre. Cette mort sacrée est pourtant marquée par une différence essentielle par rapport au martyre chiite traditionnel. D'une part, il s'agit de mettre en œuvre *sa* mort, voulue d'avance alors que dans le martyre traditionnel, le combattant de la foi cherche à réaliser l'idéal religieux et qu'il succombe à la mort, involontairement, en se sacrifiant pour cet idéal. En second lieu, ce néomartyre est la réalisation de soi dans la mort d'un individu en gestation, à la différence du martyre traditionnel, vécu comme un événement archétypique et à la limite non reproductible par le commun des mortels[37]. Tout musulman à présent y a accès, le martyre « se démocratisant » dans le même mouvement où le religieux se sécularise.

La martyropathie, forme désespérée d'expression de soi de l'*homo islamicus novus*, est la conséquence de l'introduction du sujet dans une modernité traumatisante où les structures médiatrices qui empêchaient la mise à mort de soi se sont désagrégées. Ceci nous renvoie à la troisième caractéristique de ce type de martyre, à savoir sa dimension suicidaire. C'est en désespoir et par dépit de vivre, dans une situation vécue comme intolérable (le moment de l'échec de l'utopie dans le cas iranien, le moment de la reconnaissance par le jeune Palestinien de l'absence de solution concrète à ses problèmes de vie sous occupation israélienne...), que le jeune a recours à la martyropathie, pour mettre fin à ses jours, par le recours au sacré. Ce faisant, il l'accomplit en occultant la dimension suicidaire de son acte. Il sacralise sa mort en tentant de construire une véritable communauté dans la mort. Ne pouvant vivre une modernité dont il sait pourtant qu'elle existe dans d'autres parties du monde, il se la donne en déniant la légitimité à la vie, en noircissant le monde moderne dont il est exclu et en érigeant l'envers de la modernité dans une nécro-communauté qui n'est pas du tout la communauté islamique traditionnelle. Dans la martyropathie il y a d'une part une véritable fascination pour la mort (elle constitue paradoxalement la seule espérance qui reste au sujet) et de l'autre, l'aspiration individualisée à mourir comme unique mode d'expression d'un Moi qui entend désormais se réaliser pleinement dans la mort, faute de pouvoir le faire dans la vie. Celui-ci a besoin de s'épanouir dans une collectivité qui ne peut être celle des vivants « normaux », mais celle des personnes qui nourrissent une visée mortifère et entendent s'accomplir dans la mort : le Bassidje. Cette « communauté dans la mort » lui donne le sentiment de sa légitimité dans la tâche sacrée qu'il s'assigne comme but : se mettre à mort tout en combattant un ennemi qui a brisé son utopie. Autant l'individu déstructuré, imprégné d'une eschatologie mortifère, est la condition *sine qua non* pour mettre en œuvre cette action ambivalente oscillant entre la réalisation et la déréalisation de soi dans la mort, autant l'existence d'un groupe ou d'un groupuscule qui prennent en charge la sociabilité du jeune est nécessaire pour qu'il ne sombre pas dans une torpeur désespérée et accepte de passer à l'acte. La religiosité mortifère a la capacité de combattre l'ennemi et l'annihiler en se mettant à mort et c'est ce qui la différencie du désespoir anomique. Dans ce désespoir radicalisé, le sujet n'entend pas mourir silencieusement, mais entraîner le monde dans son sillage. Autant il lui est « vital » de mourir, autant il lui faut imprimer sa marque sur un monde hostile à son désir sacré de faire perdurer l'utopie révolutionnaire.

Un autre trait distinctif des martyropathes iraniens est leur profonde instabilité. Ils oscillent entre plusieurs principes contradictoires : d'une part celui du Moi révolutionnaire qui s'affirme dans la défense de l'utopie islamique en combattant ceux qui s'y opposent (la conscience révolutionnaire classique) ; d'autre part, le principe de l'abdication de la vie et la fuite dans le suicide en désespoir de pouvoir se réaliser dans le monde. D'où l'urgence de rompre avec la vie, dernier vestige de « l'impureté ». Cette dimension est profondément mortifère : le jeune martyropathe est attiré par sa propre mort qu'il entend réaliser en entraînant ses confrères dans son sillage et en causant la mort de l'ennemi. Dans cette dimension léthifère se manifeste la « nouveauté » de la mentalité révolutionnaire iranienne : on entend faire mourir tant l'ennemi que soi-même, l'un et l'autre étant équivalents dans la perspective où se placent les Bassidji nécrophiles pour qui la vie n'a plus de sens dans ce monde. Enfin, la mort a pour caractéristique une vertu guerrière : on s'affirme dans cette mort comme supérieur à l'ennemi, dans un monde hostile, face à un adversaire qu'on tente de détruire dans le même acte.

L'ambivalence du martyropathe fait qu'il perçoit la vie dans le monde comme une forme d'impureté et qu'il est convaincu qu'il faut mourir en martyr pour se purifier. Cette attitude est fondée sur l'hétéronomie du Moi révolutionnaire, devenu instable, oscillant entre l'affirmation de soi dans la lutte acharnée contre les « ennemis » et la fuite dans le suicide. L'attachement à la vie est une insulte aux convictions mortifères du martyropathe, ce qui entraîne sa rupture mentale avec la société où le désir de vivre coûte que coûte s'exacerbe dans une ambiance de guerre et de pénurie. Ainsi, en permission pour quelques jours auprès de sa famille, il abrège souvent son séjour et quitte ses parents et amis, voire femme et enfants, pour se rendre sur le front. Le spectacle de la vie dans la cité parmi des gens tenant « lâchement » à la vie – expressions qui abondent dans les testaments – lui répugne profondément.

Le rapport du martyropathe au sacrifice est un élément crucial. Il croit se sacrifier pour l'islam, alors qu'il ne fait qu'abdiquer devant sa profonde instabilité. Le sacrifice du martyr prenait son sens naturel au début de la révolution dans la mesure où ce sentiment d'abnégation était aussi partagé par les autres. Dans la société iranienne en pleine révolution, les jeunes martyrs étaient perçus par l'immense majorité de la population comme se « sacrifiant » pour l'islam. Par contre, à peine deux années après, les Bassidji pensent « se sacrifier » là où les parents et les autres pensent qu'il s'agit d'une attitude incohérente pour soi et répressive pour les autres. Le martyre du jeune Bassidji est monnayé par le pouvoir pour se légitimer sur le plan politique et prolonger une guerre qui devient de plus en plus sanglante et de plus en plus onéreuse, sans réelle avancée sur le terrain, trois ans plus tard. Son sentiment du sacrifice n'est donc pas partagé par les autres et c'est cet « aveuglement » qui lui permet d'agir comme s'il représentait les autres alors que la grande majorité a déjà renoncé à l'utopie révolutionnaire et ne suit plus le pouvoir hezbollah qu'il défend. Le martyropathe est ce révolutionnaire attardé qui agit comme si l'unanimité des cœurs était préservée lors même qu'elle a volé en éclats depuis la deuxième année de la révolution. Il agit soi-disant pour réaliser l'utopie révolutionnaire, en réalité il n'est là que pour sceller l'échec de la révolution en se supprimant dans le dépit et le désespoir[38].

L'« individu-dans-la-mort » qu'incarne le martyropathe est le fait d'une minorité de jeunes dont la religiosité nécrophile revêt pourtant une grande importance tout au long de la guerre : le pouvoir hezbollah en fait le fer de lance pour légitimer son ascendant répressif sur la société et pour s'en prévaloir aux fins de promouvoir un néopuritanisme empreint d'une morale rigoriste. Il n'en demeure pas moins que la grande majorité, tout en ne souscrivant pas à cette vision nécrophile de l'existence, ne lutte pas ouvertement contre un pouvoir qui s'impose par la terreur. La voie qu'elle choisit est celle de la mise en place d'une double identité : d'une part, celle que l'on offre en pâture au régime islamiste, à savoir l'apparente soumission à son idéologie dans l'espace public ; de l'autre, la réalisation de ses aspirations dans un lieu que ne contrôle pas entièrement le pouvoir, à savoir le marché noir. Le régime a beau revendiquer la lutte à mort contre l'impérialisme américain (le Grand Satan), dans le marché noir qui s'étend de plus en plus sur la société, le dollar règne sans partage. L'idéologie officielle est basée sur la sombre abnégation du martyropathe, le marché noir est le lieu d'un égoïsme effréné qui apporte un démenti cinglant au pouvoir et à ses promesses. L'inflation galopante, l'apparition d'accapareurs qui usent d'une économie de guerre et de pénurie pour s'enrichir rapidement avec la complicité des agents du pouvoir en sont les conséquences. On vit de plus en plus dans un univers éclaté, voire schizoïde, où d'un côté, les martyropathes prônent le martyre et y aspirent ; de l'autre, de larges pans de la société s'exercent dans des activités plus ou moins louches et illégales au sein du marché noir. Cette dualité, le martyropathe la vit de manière douloureuse. Il ne supporte pas que les idéaux de la révolution soient bafoués aussi aisément, que le réel puisse démentir, à peine deux ans après la révolution, cet islam utopique qui aurait dû instaurer la justice et la fraternité dans la société. La distance croissante entre ses rêves et la réalité occasionne un désarroi qui débouche sur la mort.

Un puritanisme exacerbé caractérise la révolution iranienne après la prise de pouvoir par le Hezbollah. Certes, toutes les révolutions sont plus ou moins puritaines, mais dans le cas iranien, le puritanisme est poussé à un degré extrême. Celui-ci a partie liée à l'hégémonie du Hezbollah, qui utilise sa représentation rigoriste de la religion comme un moyen de répression et d'intimidation vis-à-vis de la société. Le pouvoir hezbollah impose des normes puritaines à la société et fait de la répression des opposants politiques une prescription de l'islam, créant un espace où tout opposant est nécessairement immoral et tout être immoral, un opposant « politique ». En réalité, le Hezbollah iranien condamne l'hédonisme comme volonté d'autonomie par rapport à sa conception totalitaire du pouvoir.

Le puritanisme postrévolutionnaire a une autre composante, liée au consumérisme introduit par le régime impérial au début des années soixante-dix. Si sous le chah la consommation était vécue dans l'abondance pour les classes moyennes et supérieures ou sous forme de rêve d'abondance pour les classes inférieures, le néopuritanisme postrévolutionnaire est lié à une période de pénurie (la guerre, le déclin de l'économie) où on ne peut plus consommer que du symbolique, faute de réel. La même démesure, la même volonté d'appropriation des choses et la même soif inextinguible habitent le sujet. Cependant, le néopuritanisme hezbollah n'est pas uniquement l'adhésion à la symbolique de la consommation. C'est le refus total de la modernité consumériste par une jeunesse révolutionnaire désespérée qui s'enferme dans le mythe d'une communauté archaïque. Le puritanisme dicte un type de comportement qui veut mettre fin au règne d'une modernité impure parce que consumériste, consumériste parce qu'impure, pour embrasser le pur dans l'interdiction, et le cas échéant, la mort comme suprême interdit de vivre et de ce fait, sacralisée en martyre. La modernité est saisie comme une impureté, comme la transgression d'un islam préalablement puritanisé pour pouvoir servir de bouclier contre celle-ci.

Mais le puritanisme postrévolutionnaire a aussi partie liée avec la crise de la nouvelle société. L'attitude néopuritaine des jeunes qui sévit après la révolution n'est pas la réplique pure et simple du comportement traditionnel en matière d'honneur communautaire *(nâmous)* et d'honnêteté féminine. Jadis, ces conduites étaient intériorisées et la loi coutumière ou la jurisprudence islamique apportaient leur sanction à des normes que respectait la grande majorité des musulmans. À présent, la proximité sexuelle liée aux nouveaux modes d'urbanisation et les bouleversements opérés par le changement social remettent en cause le respect inconditionnel des normes islamiques traditionnelles. Les jeunes sont, dans un mouvement contradictoire et conflictuel, fascinés par les relations (imaginaires ou réelles) avec l'autre sexe, mais en même temps minés par le remords de transgresser les normes islamiques. Avant, la communication existait surtout entre les hommes, les rapports homme/femme étant régis par un code qui excluait, dans sa tendance dominante, l'intimisme et l'amour[39]. Aujourd'hui, dans les relations entre les jeunes, transparaît un sensualisme latent qui a peur de s'exprimer sous son vrai jour et se travestit sous de multiples formes : dans les groupes d'extrême gauche, par des séances d'endoctrinement idéologique, où hommes et femmes nouent des relations réciproques, au contenu cryptosexuel. C'est pourquoi le puritanisme du Hezbollah trouve un terrain plutôt favorable chez de nombreuses couches populaires, récemment modernisées, déracinées dans les années soixante à la suite de la réforme agraire du chah. Le rigorisme exacerbé du Hezbollah trouve ainsi, dans les nouvelles couches populaires en voie de modernisation dans l'espace urbain, un écho plutôt favorable. Au malaise existentiel des martyropathes s'adjoint le sentiment de dépossession de soi chez les paysans exilés de leurs terres dans une ville dépravée qui menace de souiller les filles et déshonorer les hommes[40].

Crise d'autorité dans la famille

La famille traditionnelle est mise à mal par les acteurs successifs de la scène politique iranienne. La modernisation autoritaire de l'ère impériale brise une part de ses réseaux de solidarité par la substitution de l'État à l'ancienne communauté dans de nombreux domaines, comme l'éducation moderne, l'emploi. Après la réforme agraire des années soixante, l'afflux des paysans sans terre vers la ville crée des figures nouvelles de familles en transition entre le village et la ville au sein d'une économie en voie de modernisation et d'industrialisation. La famille subit, ensuite, les contre-coups de la révolution. L'État postrévolutionnaire introduit momentanément un principe d'autorité supérieure, celle de Khomeyni comme « père superlatif » qui empiète sur la fonction du *pater familias* dans tous les domaines où se trouve mise en jeu la défense de l'islam politique. Enfin, les jeunes martyropathes interviennent dans la transformation de la famille en l'abandonnant souvent contre le gré des parents, pour rejoindre le Bassidje. Si l'État révolutionnaire remet en cause, de l'extérieur, l'autorité du père, le martyropathe, lui, sape de l'intérieur ce pilier de l'ordre anthropologique dans la société en privilégiant Khomeyni par rapport au père biologique et en suivant son ordre en rupture avec celui des parents qui voudraient souvent l'empêcher d'aller sur le front. La perte du sens de la famille est l'un des signes patents de la subjectivité martyropathe. Père, mère, amis, frères, le martyropathe finit par les subordonner à sa passion mortifère qui, en s'exacerbant, devient son unique et exclusive obsession.

Sous l'influence grandissante de l'idéologie nécrophile du Bassidje, des prônes des mollas et de l'atmosphère générale qui y règne, le martyropathe se trouve dans l'incapacité de concevoir l'existence hors de son monde clos. Le Bassidje fait office de quasi-secte, ensemble clos, porté par une effervescence qui s'entretient, se reproduit et s'amplifie dans le tête-à-tête des martyropathes qui visent la mort comme ultime phase de leur purification spirituelle. Dès lors, s'estompe l'image du père, de la mère, des parents et des connaissances, dans ce rapport exclusif à une mort dont la réalisation devient l'unique moyen d'ériger un sens. La passion du martyropathe peut l'entraîner à rechercher la suppression physique de la famille, de la sienne comme de celle des autres. Dans un premier temps, son souci majeur est qu'après sa mort, sa famille se comporte non pas comme une famille en deuil, mais « en liesse ». Sa passion pour la mort sacrée s'accusant, il peut demander à ses proches de lui emboîter le pas et d'adhérer au Bassidje. Si la famille, dans sa lignée mâle, y acquiesce, se constitue alors une famille martyropathe. Dans ce cas, ce qu'il exige d'elle, ce n'est pas tant de se comporter en digne famille de martyr après sa disparition, mais de mourir en renonçant au souci de préservation de ses membres. « Individu dans la mort », il peut aller jusqu'à rejeter cette famille qui voudrait préserver sa vie, en le détournant de gré ou de force de sa volonté de mourir. Quoi qu'il en soit, face à ses exigences exorbitantes, l'appui qu'il reçoit de l'État réduit les marges de manœuvre de la famille.

Dans la représentation du martyropathe, le *lieu* du péché n'est pas la famille (on ne se culpabilise nullement d'abandonner vieux parents, quelquefois femme et enfants, en partant sur le front pour une mort quasi certaine), mais l'ordre islamiste à l'égard duquel le martyropathe craint de ne pas s'être suffisamment dévoué, même en lui faisant don de sa vie. Dans son psychisme, l'ordre islamiste se substitue à la famille.

Mise à l'épreuve par la tourmente révolutionnaire, la famille cède quelquefois aux exigences de son fils martyropathe. La lignée mâle, ou une grande partie, part pour le front. Ce type de famille, qu'on appellera « famille martyropathe », est statistiquement marginal mais sociologiquement significatif. C'est une configuration originale dans les familles urbaines, tout au long de la guerre. Elle se différencie de la très grande majorité des familles par trois traits. Au lieu que la famille s'oppose au départ volontaire de ses jeunes fils au front, elle les y encourage vivement, non pas pour des raisons financières ou clientélistes, mais par conviction mortifère. En second lieu, non seulement les jeunes fils partent sur le front, mais le père, voire l'oncle ou le neveu le suivent. Enfin, les femmes elles-mêmes partagent souvent cette conviction mortifère et interviennent pour convaincre fils, frère ou père, d'adhérer au Bassidje et de partir au front.

On peut distinguer plusieurs configurations dans la famille martyropathe. Quelquefois, ce phénomène concerne uniquement le père et certains de ses fils. C'est le premier degré de famille martyropathe. D'autres fois, ce sont trois générations d'hommes (grand-père, père et fils ou grand-oncle, père et neveu ou grand-oncle, père et fils avec toutes les combinaisons possibles), qui rejoignent le Bassidje pour accéder au martyre. Dans certains cas, les femmes poussent les hommes à s'engager dans le Bassidje. Tous les tabous sociaux (le caractère insupportable de la mort du fils et du chef de famille) sont alors surmontés dans un élan mortifère[41]. On reconstitue l'unanimisme révolutionnaire au sein de la famille par le départ collectif de la lignée mâle (père et fils) au front. On se retrouve dans le Bassidje. L'unanimité s'y reconstitue par-delà les clivages des générations, tout le monde échappant à la rupture de l'unanimité révolutionnaire dans une ambiance de fraternité morbide dénonçant le monde et ses turpitudes au nom d'une pureté irréalisable dans la vie.

Dans la famille martyropathe, la séparation mentale de ses membres avec la réalité ambiante est beaucoup plus poussée que lorsque seul le fils, en ralliant le Bassidje, rompt avec la famille qui garde des liens solides avec la vie réelle. En général, la famille maintient un contact avec le réel en préservant la vie en son sein, tout en prenant le deuil de la mort du fils. En revanche, dans la famille martyropathe, le « décollage » ne concerne plus uniquement le fils, mais les hommes de la famille. Dans ce martyre collectif, les parents comblent le fossé des générations pour devenir complices des jeunes dans une mort partagée qu'ils goûtent comme la reconstitution de l'unité familiale à l'abri de la déstructuration traumatisante de la société[42].

De même qu'il y a des familles particulièrement enclines à la martyropathie, de même certaines régions se caractérisent par un nombre élevé de vocations martyropathes. Parmi elles, on peut citer Nadjaf-âbâd dans la province d'Isfahan où de nombreuses familles ont « fait don » de plusieurs martyrs et, quelquefois même, de tous leurs fils à la révolution. Plusieurs explications peuvent être avancées pour rendre compte de ce phénomène qui affecte une ville non loin d'Isfahan, elle-même pôle du développement et d'industrialisation sous le régime du chah. Historiquement, la province d'Isfahan a été le centre officiel de la propagation du chiisme en Iran, après son instauration comme capitale des Séfévides au XVIIe siècle. D'autre part, tout comme nombre de villes iraniennes qui se définissent en opposition symbolique vis-à-vis d'autres agglomérations urbaines voisines, l'antagonisme entre Nadjaf-âbâd et la ville d'Isfahan est notoire. Les habitants d'Isfahan sont suspectés par ceux de Nadjaf-âbâd d'être calculateurs et hypocrites alors que ces derniers se considèrent comme sincères et généreux. La ville de Nadjaf-âbâd tenterait ainsi de prouver sa supériorité morale sur la capitale régionale Isfahan par martyrs interposés. Ce qui, dans la vie quotidienne, était du ressort du symbolique devient, pendant la période de vogue du martyre, un fait réel. Enfin, l'ayatollah Montazéri, dauphin de l'imam Khomeyni avant son limogeage, est originaire d'un village de Nadjaf-âbâd, la participation intense de cette ville et de ses environs au Bassidje donnant un gage de fidélité au régime par le truchement de Montazéri.

Dans les grands centres urbains, le Bassidje est un organisme essentiel pour canaliser le désarroi des jeunes sur une voie mortifère, en opposition à la ville, voire à la société. Khomeyni se sert de l'animosité des jeunes vis-à-vis d'une société inégalitaire et sans âme pour les attirer vers lui. La jeunesse révolutionnaire se venge de cette société, profondément injuste, cynique et « égoïste », en s'affiliant au Bassidje. Par contre, dans les petites villes où la cohésion communautaire n'a pas été profondément entamée, la jeunesse n'éprouve pas de hargne contre la société, elle y adhère encore, la solidarité communautaire n'ayant pas entièrement cédé au déracinement et au sourd antagonisme de classes des grands centres urbains. Le Bassidje joue un rôle important de sociabilisation là où la ville abandonne la jeunesse à son sort, c'est-à-dire, dans ces métropoles où elle n'éprouve aucun sentiment de solidarité avec le reste de la société, où elle se sent exclue en tant que « déshéritée ». Dans ces zones, le Bassidje fait naître un sentiment d'identité en rupture avec la société. Par contre, dans les petites communautés à forte homogénéité culturelle, le Bassidje devient l'extension de la communauté, lui apportant l'onction de l'islam et de l'État et cautionnant ses jeunes dans leur engagement pour la défense de la patrie islamique.

Dans les régions où la modernisation sous le chah a entamé la structure communautaire, l'individu martyropathe émerge, marquant la fin de l'ordre communautaire et l'avènement de «l'individu dans la mort» comme forme sauvage et désordonnée d'un mode de gestion de l'identité. Ici, c'est le sujet lui-même qui prend en charge sa mort, constituant, dans le même mouvement, l'État comme pôle d'identité néo-communautaire. Les grands centres urbains comme Téhéran ou Isfahan semblent être le théâtre de la martyropathie individuelle. Les régions peu modernisées qui ont été à l'abri des transformations introduites par le régime impérial marquent une réserve vis-à-vis de la révolution en général et de la martyropathie en particulier. Tel semble être le cas de Baloutchistan et de Sistan, au sud-est de l'Iran, et de Kerman, au sud. Dans ces régions, les jeunes candidats martyropathes sont bien moins zélés qu'ailleurs[43].

Le nouveau corps et son malaise

Chez les martyropathes, le rapport entre le corps et le sang reproduit le rapport schizoïde entre la société réelle, où la révolution s'est enlisée, et sa subjectivité qui aspire ardemment à la réalisation de l'utopie. Comme elle n'a plus aucune chance de se réaliser dans le monde, autant s'en exiler pour rompre avec celui-ci. La rupture avec le monde procède d'une violence spécifique : au lieu de renoncer à l'utopie islamique, l'adepte renonce à la vie qu'il perçoit comme un obstacle à la réalisation de l'islam. Le rapport entre le corps et le sang suit la même logique. Le sang doit quitter le corps et s'épancher au dehors sur le même modèle que le musulman authentique quittant le monde et séjournant hors de lui par le martyre. Le sang est au corps ce que le Moi est au monde : ils doivent se séparer, consommer leur rupture et se libérer réciproquement de cette mixité impure qui constitue la vie.

Pour le martyropathe, désespéré d'assister à la désagrégation de la révolution, le corps et le sang se comportent selon le modèle de la fission du mouvement révolutionnaire. Tout ce qui était maintenu en état de cohésion et d'unité fusionnelle à l'aube de la révolution se dissocie et se désintègre ; et le rapport entre le corps et le sang, au début incarné, se distend, ses éléments atomisés revêtant un sens désormais mortifère, s'intégrant parfaitement dans la religiosité nécrophile du martyropathe, prise en charge par l'État en la personne de Khomeyni.

Le corps martyropathe iranien est habité par un intense sentiment de péché. Une relation ternaire s'instaure entre le corps, le sang et le péché. Pour que le corps se purifie, il doit se libérer de son sang. De même, pour que le sujet puisse racheter ses péchés, il doit se purifier en se séparant de son corps. Le sang, tant qu'il est dans le corps, l'alourdit, de même que le péché appesantit l'âme du martyropathe. Le salut ne vient que de l'allégement qui est, en réalité, un acte de dissociation : le corps évacue le sang, il s'en dissocie ; ce faisant, il perd de sa pesanteur pécheresse, il se fait pur en s'allégeant. Le fardeau du péché pour le Moi et le fardeau du sang pour le corps sont de même nature : le péché alourdit l'âme, le sang appesantit le corps. La guerre est, en l'occurrence, une occasion pour se délester de ses péchés par la suppression sanglante de son corps. Pourquoi l'échappement du sang hors du corps est-il associé au salut du martyr ? Parce que le sang, tant qu'il circule dans le corps, l'entretient et le revivifie, il est donc principe d'impureté. Mais sitôt qu'il s'échappe du corps, il le met à mort et, dès lors, devient principe de purification. On ne peut se purifier que par la mort, rupture violente avec le monde. Le sang se trouve donc investi de deux sens diamétralement opposés selon qu'il s'associe à la vie ou à la mort. Dans le premier cas, il revêt une signification négative et peccamineuse, dans le second, positive et salvatrice.

La conversion du sang en un principe mortifère s'exprime par l'utilisation des schèmes culturels du chiisme où le sang de Hossein, de sa famille, d'Abbas, demi-frère de Hossein, de ses fils Ali-Akbar et Ali-Asghar versés à Kerbala servent de modèle aux martyropathes. Mais ces schèmes sont en fait détachés du sens cathartique qu'ils revêtaient jadis, puis re-ritualisés et restructurés dans un sens mortifère. Dans un premier temps, le jeune révolutionnaire cherche à faire couler le sang de l'ennemi irakien qui entend envahir son pays islamique et renverser l'ordre révolutionnaire. Mais ce stade est dépassé à mesure que la révolution s'enlise, que l'espérance dans la réalisation de l'utopie s'amenuise et qu'une religiosité mortifère se substitue à celle du début – optimiste – de la révolution. La soif du sang est désormais inextinguible et sans objet spécifique. Elle cherche de manière indifférenciée soi-même ou autrui. Mourir ou faire mourir, tuer ou se faire tuer, attenter à ses jours ou à ceux de son prochain, s'anéantir et anéantir le monde dans le même mouvement apocalyptique, tout finit par s'équivaloir. La réalité se nivelle, l'identité devient hétéronome, facilitant l'endoctrinement et la manipulation de cette jeunesse martyropathe par l'État islamiste.

La vogue du martyre

La vogue du martyre est par ailleurs justiciable d'une analyse en termes de mode : la volonté d'imiter l'autre dans la mort est un trait constant chez les jeunes dans le mouvement révolutionnaire pour s'assurer une identité collective, se démarquer des autres et constituer une nouvelle hiérarchie des cœurs avant d'en référer à une hiérarchie sociale. Le principe d'imitation renvoie à une société culturellement unifiée et homogénéisée où les hiérarchies traditionnelles à base d'identités différentielles et bien définies sont remises en cause. On est face à une société en gestation douloureuse où la nouvelle relation sociale s'exprime par la capacité d'imitation des jeunes dans le martyre, c'est-à-dire là même où se constitue le nouvel « individu dans la mort ».

Dans les sociétés en voie de modernisation, la mode suit une voie originale, se situant à mi-chemin des deux mondes de la tradition et de la postmodernité. Cette dernière s'introduit par le consumérisme des couches supérieures et moyennes et, dans les couches inférieures qui tentent d'imiter les premières, de manière onirique, par les médias.

Les figures de la mode sont sacralisées sous une forme rigide, ni éphémère comme dans les sociétés désenchantées, ni immuable ou perçue comme telle, comme dans les anciennes sociétés dominées par la tradition. Une des figures les plus sacralisées est celle de Khomeyni. Par le passé, il aurait constitué un saint, ou bien le fondateur d'une secte ou d'un schisme. À présent, il se fait la figure du Sacré selon les lignes directrices de la « quasi-sainteté ». Il devient « imam », néologisme dans le sens que revêt l'expression dans son cas précis, renvoyant à une sainteté implicite et ambiguë comme dirigeant hiératique de la révolution. Par le passé, l'expression imam aurait signifié le directeur de prière (*emâm e djama'ât*) ou le dirigeant officiel désigné par l'État à la tête de la principale mosquée de la ville (*emâm djom'é*), le descendant de la famille du Prophète (l'un des douze imams) ou enfin, le descendant d'un imam (*emâm zâdeh*).

On reconnaît en Khomeyni un être qui procède de l'ici-bas et de l'au-delà, les reliant sous une forme qui exclut la transcendance traditionnelle du sacré. Il sécularise la religion en créant une forme exceptionnelle et ambiguë de médiation en tant que quasi-saint. Il s'adresse directement au « peuple », contrairement aux ulémas traditionnels. Son charisme est différent de la *baraka* du saint homme chiite traditionnel[44]. Il est le mélange du saint et de l'homme de la loi, n'étant pas exclusivement un être sacré comme les douze imams, mais procédant d'eux dans un sens ambivalent sur lequel les adeptes refusent de se prononcer explicitement. On peut ainsi le pousser dans un sens comme dans l'autre, se servir de lui comme chef d'État, comme docteur de la loi ou, encore, comme caution d'une révolution à la dérive. Il est constitutif d'un univers en transition vers la modernité et procédant ainsi des catégories mentales où la mode – cette précarisation du sacré – intervient comme dimension essentielle de l'affect juvénile. Il devient principe de leur imitation, la distance étant toutefois incomparablement plus grande entre lui et ses jeunes imitateurs aux yeux de ces derniers, qu'entre les stars de la mode et leurs fans en Occident.

La précarisation du sacré se donne à voir sur le corps juvénile où s'inscrit la « mode » du martyre, après la révolution. L'exacerbation de la guerre et la rupture violente de certains acteurs avec le monde induisent une véritable vogue du martyre. Celle-ci s'inscrit dans une conjoncture spécifique. La révolution a échoué dans l'accomplissement de ses visées utopiques mais les jeunes ne sont pas prêts à s'avouer cet échec ; ils l'occultent et cette rage mi-avouée, mi-occultée donne lieu à la martyropathie. Les martyropathes, eux, continuent de poursuivre l'utopie révolutionnaire d'une société islamique où prévaudraient la justice inflexible et l'unité des cœurs, au mépris d'une réalité où ces idéaux se défont au fil des jours. Ne pouvant les réaliser ici-bas, les martyropathes les accomplissent dans leur mort, dans l'attente de l'au-delà. Ceci donne lieu à un principe d'individuation mortifère qui se généralise au sein d'un mouvement collectif. La vogue du martyre s'amplifie du fait de son imitation par les uns et par les autres. De son côté, le pouvoir fait tout son possible pour le mettre en scène sous forme de cérémonies de deuil et de repentance, encourageant l'imitation par sa dramatisation. La mise à mort de soi en martyr sert de principe d'imitation à de nombreux jeunes qui cherchent à construire leur identité dans un contexte d'effervescence et de perte des anciennes certitudes.

Les couches populaires se dotent d'une « identité déshéritée » qui dégénère avec la désagrégation du mouvement, en une identité hezbollah tyrannique qui trouve dans la répression des déviants et des « occidentalisés » un recours à leur impossible promotion sociale. Ici aussi, le principe d'émulation et d'imitation dans la dénonciation des « contre-révolutionnaires » revêt des allures de mode.

Sur le fond d'échec de la révolution que l'effervescence révolutionnaire rend apocalyptique pour les jeunes, un véritable *habitus* mortifère se fait jour qui donne lieu à un engouement sans bornes, durant quelques années, pour le martyre.

Dans ce contexte, la mode du martyre est un fait collectif où la participation à la mort se fait dans une ambiance d'émulation, d'imitation et de surenchère qui rappelle les phénomènes de mode en général et de mode vestimentaire, en particulier. Deux traits l'en distinguent néanmoins. En premier lieu, il n'est pas directement vestimentaire, mais procède d'une sémiologie où le corps est le support des signes mortifères, et non point l'habit. En second lieu, la société vit une situation dramatique dans la révolution et la guerre et de ce fait, la mode du martyre n'a pas le non-sérieux *voulu* et le simulacre qui la caractérisent dans les sociétés non révolutionnaires et en paix. Bien au contraire, la participation se fait sur un mode « mortellement sérieux », par l'occultation du simulacre.

Un fait différencie l'homme de la femme. L'aspect somatique chez l'homme trouve son pendant dans la dimension vestimentaire chez la femme avec la mode du voile pour champ d'application. La raison en est que le corps de la femme n'est pas admis au martyre : elle peut devenir martyre sur le champ de bataille en soignant les blessés mais elle ne peut pas s'engager dans les brigades du Bassidje pour lutter physiquement contre l'ennemi irakien. Le corps de la femme est spéculaire et celui de l'homme, incarné. Le premier est censé refléter, sur ses couvre-chefs et ses voiles, la rage désespérée et la volonté de lutte des hommes et procède, ainsi, par procuration.

Chez les plus ludiques, la mode revêt une signification spécifique. Ils inaugurent une fête où le jeu de s'exposer à la mort engendre une émulation joyeuse et une légèreté induisant à une surenchère : chacun essaie de surpasser l'autre dans un état d'esprit qui est proche du sérieux simulé et guindé de la mode ordinaire. Le martyre est dans ce cas comme une exaltation du danger et l'affirmation de soi dans son assomption. Le ludique le vit comme un passage à l'extrême dans l'imitation des autres mais aussi, dans le non-sérieux de leur attitude face à la mort. Au désarroi rageur des martyropathes fait pendant la joyeuse insouciance des martyrs ludiques pour qui l'acte héroïque d'affronter la mort sert à renforcer la vigueur de leur jeunesse, dans son sentiment d'immortalité et sa témérité. C'est cette surabondance de la vie qui sert de principe d'imitation aux autres. Le martyre sert à défendre la nation islamique devant l'ennemi mais il sert aussi à inaugurer un jeu où l'épreuve de la mort devient une mode joviale par un temps de guerre et de crise où, de toute façon, la vie ne vaut pas cher. Le jeu avec la mort se confond avec la joie de vivre dans une excitation collectivement partagée, où l'imitation des uns et des autres les pousse à la surenchère, mettant en jeu leur vie comme dans la roulette russe.

De même que les phénomènes de mode ont pour fonction de permettre aux membres d'un groupe de se reconnaître et de se constituer une identité propre, le jeune révolutionnaire dépité et décontenancé, lui, scelle son identité en martyropathe au sein du Bassidje, se dotant d'un statut privilégié par sa mort au service de l'islam. Le martyropathe constitue ainsi une nouvelle élite en inversant son état subalterne de déshérité, refoulé au bas de l'échelle sociale. Il devient un être supérieur, pur, distinct des autres, fer de lance d'une aristocratie guerrière qui trace une ligne de démarcation avec ceux que transit la peur de disparaître par sa volonté de mourir. Il se différencie du reste de la société, vouée à l'impureté en se dotant d'une identité d'élite, en termes de pureté mortifère.

Le phénomène d'imitation joue un rôle prépondérant au sein du Bassidje où la volonté d'emboîter le pas aux martyropathes et de « poursuivre leur chemin » est constamment présente. Comme dans les phénomènes de mode, l'aspect cérémoniel est de prime importance : on redonne à la vie cette dimension symbolique en voie de disparition en ville, chez les jeunes, victimes de la déstructuration. Faute de pouvoir investir son ardeur dans la construction d'un nouveau monde que la guerre et le désordre révolutionnaires rendent impossible, les acteurs investissent le champ de la mort sacrée. Cette jeunesse n'a plus aucune mission terrestre où elle puisse investir son ardeur. Elle le fait alors dans le martyre, seule issue à cette énergie rageuse qui se canalise vers la mort. Si la mode du martyre devient un moyen de se distinguer, c'est parce qu'elle se base sur un désarroi collectif, triste terreau où elle s'éclôt.

Les avatars de la violence

La violence qui se dégage de la martyropathie est indissociable de son inscription dans le Bassidje, même si, par ailleurs, le désarroi postrévolutionnaire préexiste à l'organisation. Le Bassidje canalise la rage des jeunes martyropathes, l'aspiration à la fête des martyrs ludiques et la quête de la promotion sociale des opportunistes vers la violence contre la société, par l'intimidation et la neutralisation de ceux qui voudraient s'opposer à la tournure puritaine et répressive de la révolution.

On peut distinguer trois moments dans le déroulement de la violence. Dans un premier temps, c'est le sentiment de menace contre la révolution par l'ennemi qui prévaut. Celui-ci est omniprésent et multiforme : ce sont les partisans des États-Unis, plus généralement de l'Occident corrompu, les tenants égoïstes du confort et du bien-être (les *mostakbar*, riches et arrogants), les musulmans non révolutionnaires, etc. La liste s'allonge à mesure que l'échec progressif de la révolution doit être imputé à des facteurs externes à la révolution elle-même. Cet ennemi est paradoxal : d'une part, c'est son omnipotence et son ubiquité qui rendent plausible l'échec de l'utopie révolutionnaire; de l'autre, plus cet ennemi se démultiplie et se diversifie et plus le révolutionnaire authentique doit renoncer à ses idéaux pour parer au plus pressé et sauver la révolution. À la limite, le sauvetage de la révolution passe par le renoncement aux idéaux révolutionnaires eux-mêmes. Arrive un moment où, à force de restreindre ses ambitions et de surseoir à la réalisation de l'utopie, la révolution elle-même finit par ne plus avoir de vocation terrestre : toute réalisation concrète est renvoyée aux calendes grecques. Dès lors, la mort devient la preuve de la révolution et de sa permanence. Il n'y a plus que cette preuve de la subjectivité révolutionnaire qui résiste à la désagrégation de l'utopie. La mort est comme le vide laissé par la disparition progressive de tout ce qui donnait sens à la révolution. Elle est le seul projet plausible dans une révolution qui n'a plus de vocation terrestre : le monde est désormais inhabitable pour le jeune martyropathe. La violence contre l'ennemi prend alors pour cible l'acteur révolutionnaire lui-même et le sujet se transforme en martyropathe. Dans ce troisième moment, le Soi et autrui sont coupables. Ceci fonde la légitimité du projet d'annihilation du groupe pour la « purification de soi ». Dans cette conjoncture apocalyptique, tout au long d'une guerre qui se prolonge pendant huit ans, l'acte destructeur contre le monde est la seule planche de salut pour le croyant authentique. La révolution n'a plus de vocation constructive dans le monde. Elle se réalise sous le signe d'une volonté de destruction s'étendant sur soi comme sur autrui. La vie elle-même comme parcelle d'une totalité intramondaine est vouée aux gémonies. Ce qui importe, c'est autant la lutte contre l'ennemi que contre la vie elle-même, forme sournoise d'impureté. La violence qui se focalisait sur l'adversaire et le contre-révolutionnaire prend pour cible le sujet lui-même, ainsi que l'acteur révolutionnaire et son prochain, amis et ennemis confondus.

La désintégration du modèle bassidji

Deux faits majeurs préludent à la désintégration du modèle bassidji. La fin de la guerre a dérobé à la fraction martyropathe la capacité de mourir en martyr et d'entretenir ainsi la confusion entre sa volonté de suicide et sa sacralisation ; la mort de Khomeyni, peu après la fin de la guerre (4 juin 1989), a ôté aux derniers groupes martyropathes la possibilité de s'appuyer sur un chef charismatique pour occulter, par leur mort, la faillite tragique de la révolution.

La longue durée de la guerre a donné à l'ardeur martyropathe tout le loisir de s'exercer, de se répandre par mimétisme et de s'épuiser progressivement au contact d'une réalité inhospitalière à l'utopie. Petit à petit le réel reprend le dessus et la révolution s'émousse au contact de l'économie parallèle, du marché noir, bref de la vie quotidienne où l'abnégation révolutionnaire s'attiédit inexorablement, et de l'usure de la nouvelle élite qui se révèle aussi vénale et aussi peu « proche du peuple » que celle du temps du chah. Au début, la jeunesse s'insurgeait contre le réalisme terre-à-terre de ses parents au nom de la préservation de l'islam révolutionnaire, en rejoignant le Bassidje. Peu à peu l'enthousiasme de la mort sacrée se transforme en un détachement cynique qui s'exerce dans la vie quotidienne, lieu par excellence de l'apprentissage de la dualité vis-à-vis du nouveau pouvoir. À son idéologie légitimante de sacrifice et d'abnégation s'oppose désormais l'égoïsme forcené de « l'individu ensauvagé » qui ne connaît de légitimes que ses intérêts bruts et qui instrumentalise les mots d'ordre révolutionnaires, de plus en plus vidés de leur substance, au service de ses intérêts « bassement matériels ». Ainsi en est-il de la demi-barbe révolutionnaire, ce visage mal rasé dont les jeunes Hezbollahs s'affublaient dans les premières années pour se démarquer autant de la barbe piétiste traditionnelle, longue et drue, que du visage glabre de l'occidentalisé. Désormais, on l'affiche pour se donner un air de dévotion, tout en pratiquant des formes illégales de spéculation sur un certain nombre de denrées (dollar, or, viande surgelée, produits électroménagers, etc.). De même, ceux qui sortent du Bassidje monnayent leur ancienne appartenance à cette organisation pour trouver des sinécures, en se spécialisant dans l'approvisionnement et la distribution des denrées dans une société de pénurie où la différence entre les prix officiels et les prix du marché libre permettent des gains importants. Un entrepreneur soutenu par le Bassidje ou par l'une des nombreuses organisations révolutionnaires se trouve nettement avantagé par rapport à ses concurrents. De plus en plus, ceux qui y parviennent monnayent leur appartenance au Bassidje, à l'armée des Pasdaran, à la Croisade pour la Construction en termes économiques, faussant ainsi les lois du marché et créant, *de facto*, un double marché qui défavorise les initiatives privées. Ce néo-clientélisme où l'État postrévolutionnaire est instrumentalisé engendre sur le long terme une frustration de la part de la grande majorité de la jeunesse bassidji qui n'a pu profiter de son abnégation dans le sens de son enrichissement. Marginalisée, réduite à l'exclusion économique, cette jeunesse, abandonnée en majorité à son sort par le Bassidje à la fin de la guerre, forme la base d'un mécontentement qui s'exprime, au fil des années, par des mouvements de révolte spontanée et sporadique que le pouvoir parvient à mater sans difficulté[45]. Ce faisant, sa légitimité s'use auprès de ceux-là mêmes qui ont été le fer de lance de la révolution et dont une partie rejoint les groupes plus ou moins radicaux du Hezbollah par rapport aux « réalistes » qui se réclament de l'ouverture timide de l'Iran vers le monde extérieur.

Nombre de ceux qui avaient combattu au sein du Bassidje ou de l'armée des Pasdaran rejoignent l'État, que ce soit dans l'administration, dans les structures industrielles ou dans le secteur privé. Peu d'idéaux révolutionnaires ont résisté à l'usure du temps : la liberté (une forme de liberté sous surveillance, pourvue de certaines marges de manœuvre, se constitue progressivement après la mort de Khomeyni chez les intellectuels « postislamistes », en Iran même), l'indépendance économique (l'Iran est toujours très largement tributaire du pétrole à tous les niveaux de son économie), la pureté islamique (l'espace privé est le lieu de transgression de tous les interdits que l'on respecte dans l'espace public non sans de graves entorses, dès que la vigilance du pouvoir se relâche momentanément), la vocation mondialiste de la Révolution islamique à s'exporter (sauf au Liban où s'est constituée une milice hezbollah pro-iranienne, partout ailleurs le résultat a été négatif). Des mots d'ordre révolutionnaires, il ne reste plus que la répression des femmes qui servent de bouc émissaire et des formes ostentatoires, de plus en plus vidées de sens, de manifestations et de défilés, organisés par la nouvelle clientèle du pouvoir.

Conclusion

La révolution, la guerre et l'effondrement de l'utopie islamique sont à l'origine des diverses figures du martyre en Iran. La première génération révolutionnaire a assisté, dépitée, impuissante et frustrée, à la régression de l'économie, à la fuite des cerveaux, aux destructions de la guerre et à l'avènement d'une nouvelle élite vénale, incarnant l'opposé des vertus d'abnégation et de dévouement révolutionnaires. La mort de Khomeyni a scellé le sort des acteurs capables de mourir pour la révolution. Une nouvelle génération apparaît sur la scène qui n'est plus fascinée par le martyre. Moins de vingt ans après la révolution, un clerc réformateur, Mohammad Khatami, est élu à la présidence de la République en 1997. Il représente ces deux générations, celle de la révolution blasée par deux décennies d'idéologie désormais dépourvue de base réelle et celle des enfants de la révolution qui n'y a pas participé mais n'en subit pas moins les conséquences négatives sur les plans économique et social.

Le souci majeur de cette nouvelle génération est la liberté individuelle face au harcèlement et à la répression constante des organismes de maintien des mœurs islamiques (les milices du Bassidje, de Monkérât...), la liberté de la parole face à une hiérarchie confisquant la liberté au nom de la conformité à la révolution et la promotion sociale dans une conjoncture où l'économie manque de dynamisme et croule sous le poids des passe-droits et de l'étatisme.

Dans cette conjoncture, le martyre est, au mieux, un thème marginal dans la société. On l'ignore. Ce sont les notions comme la société civile islamique (*djâmé'éyé madani e eslâmi*), la séparation de la religion et de la politique, la tolérance sociale (*tasâhol, tasâmoh, modârâ*), la liberté des femmes et des hommes, le rejet du puritanisme et la volonté d'émancipation individuelle qui prennent le dessus. Trois mouvements importants traversent la société, ceux des étudiants, des femmes et des intellectuels[46]. Chacun d'eux prône, à sa façon, la rupture avec l'idéologie du martyre et chacun revendique l'ouverture de la scène politique. La nouvelle société, à son tour, remet en cause l'image de l'Occident diabolique et la représentation de soi comme pôle positif d'un rapport manichéen à cet Occident où celui-ci occuperait le pôle négatif.

La théocratie islamique (*vélâyat e faqih*) est à son tour remise en cause par les intellectuels dont certains ont passé plusieurs mois en prison. Une nouvelle conception de l'islam se fait jour qui remet en cause la subjectivité révolutionnaire, son extrémisme et sa version radicale et rigoriste de l'islam. Cependant, cette nouvelle société a du mal à faire avancer ses idéaux. Le système politique légué par la révolution est tel que ceux qui ont une légitimité démocratique comme le président de la République, le Parlement et les conseils municipaux n'ont pas le pouvoir entre les mains et les institutions non électives (comme le Guide de la révolution élu par un groupe de religieux, le Conseil des Gardiens qui vérifie le caractère islamique des lois votées par le Parlement et l'appareil judiciaire) détiennent la majeure partie du pouvoir[47]. Le blocage politique et les privilèges liés à un pouvoir théocratique contribuent à la perpétuation d'un système dont la légitimité est de plus en plus contestée par les nouvelles générations.

La grande majorité, dans la société iranienne, répudie désormais les idéologies radicales qui tentent de promouvoir une société fermée et théocratique, elle rejette l'activisme islamiste à base du martyre et de sa vision tragique et héroïque de la vie. À présent, on assiste à la gestation de nouvelles formes d'individuation et à l'avènement d'une génération étrangère au *pathos* du martyre et à son radicalisme politique et religieux.

Le martyr palestinien

Le martyre iranien, algérien ou palestinien obéit à une logique interne qui est celle de l'aspiration frustrée à une nation déniée. Le martyr iranien se définit avant tout, on l'a vu, par rapport à une nation qui mobilise l'islam en vue de réaliser l'utopie révolutionnaire. Celle-ci ne résiste pas longtemps à l'épreuve de la réalité et au désenchantement des acteurs. En se défaisant, l'utopie débouche sur le martyre, qui est la forme à travers laquelle s'exprime la crise de la subjectivité révolutionnaire dans une situation de guerre. Le martyre palestinien présente certaines ressemblances avec le cas iranien. Tout comme celui-ci, il s'agit de la prise en charge de l'islam dans le cadre d'une construction nationale. Mais à la différence du cas palestinien, la nation iranienne existe bel et bien, même si c'est sa forme utopique et islamique que prône le martyr iranien tout au long d'une guerre qui a mis en cause la survie de la révolution et sa signification politique. Dans le cas palestinien, c'est au contraire une nation conjuguée au futur qui est l'enjeu des mouvements prônant le martyre. Celle-ci est prise en charge par des groupes islamiques comme le Hamas et le Djihad à la suite de l'échec des organisations laïques comme le Fatah à mobiliser la jeunesse palestinienne.

Les deux cas, iranien comme palestinien, sont marqués par une seconde différence. Alors qu'en Iran l'État joue un rôle fondamental, dans le cas palestinien, le noyau d'État existant est plus ou moins marginalisé par les mouvements qui entretiennent une relation conflictuelle avec lui et lui disputent le monopole de la violence. À cela s'ajoute le changement de la signification de la mort sacrée entre ce qu'il est convenu d'appeler la Première Intifada qui se déroule dans la période s'échelonnant entre 1987 et 1993 et la Seconde qui débute en octobre 2000 et est de loin la plus meurtrière.

Les deux mouvements présentent des différences sensibles[48]. Le premier mêle les thématiques de construction nationale à celles de l'affirmation de soi comme musulman. Le martyre y occupe une place symbolique importante tout en restant subordonné à la construction globale d'une société qui voudrait affirmer son autonomie politique et culturelle par rapport à un État d'Israël, certes incomparablement plus puissant, mais contraint de reconnaître l'indépendance de la Palestine sous la poussée d'une jeunesse populaire. Le jeune lanceur de pierres, figure séminale de la Première Intifada, témoigne de la possibilité d'une victoire, celle des Palestiniens contre Israël opposé à leur constitution en nation souveraine. La représentation de soi des jeunes qui contestent l'hégémonie israélienne est foncièrement optimiste. Dans la Première Intifada, plusieurs faits vont de pair : contestation du pouvoir israélien, mais aussi remise en cause des structures patriarcales des grandes familles palestiniennes et, du moins au début du mouvement, revendication féministe, de la part des femmes qui y participent. Cette dernière dimension sera étouffée assez rapidement, pour des raisons complexes qui tiennent autant à la crise de la société palestinienne qu'au mode de structuration de la famille[49]. À cela s'ajoute le fait que les femmes ont été exclues, dès le début, des processus de prise de décision au sein du mouvement. À l'autonomie des femmes s'opposent l'exigence de l'unité nationale et la permanence d'une vision communautaire qui présentent la société idéale comme unifiée à l'image de la famille patriarcale.

La Première Intifada donne aux uns et aux autres le sentiment de l'honneur retrouvé. Les formes multiples d'humiliation vécues par les Palestiniens créaient chez eux une image dégradée de soi : l'annexion israélienne, son écrasante supériorité militaire et économique, sa société plus ouverte faisaient en même temps de cet ennemi un idéal inaccessible et honni par l'impossibilité à l'égaler. La télévision et la radio israéliennes montrent une société qui ne se réduit pas à l'opposition aux Palestiniens mais produit, crée et invente non seulement technologiquement mais aussi politiquement et culturellement des modes d'être neufs là où la société palestinienne, secouée par de multiples crises, se renferme dans une posture rigide et une vision de soi et de l'autre où domine la rancœur et où la blessure de la perte de la terre des ancêtres engendre un incurable traumatisme. À un adversaire supérieur et impitoyable, on n'arrive à opposer que le sentiment d'une pudeur offensée et d'une identité blessée. La Première Intifada permet de surmonter ce sentiment d'infériorité écrasante et de honte profonde qui se cristallisait quelquefois dans des flambées de violence ou des poussées terroristes mais dont l'expression contestataire n'atteignait jamais une grande extension dans la durée. Les jeunes qui avaient perdu l'estime de soi avant son avènement rachètent leur honorabilité en défiant un État d'Israël incomparablement plus puissant. Ils deviennent dignes à leurs propres yeux. C'est pourquoi le recours au martyre y a été beaucoup plus épisodique que dans la seconde, presque une décennie après.

La Seconde Intifada (dite l'Intifada al-Aqsa) est la conséquence des déboires et de l'échec des accords d'Oslo. Ces accords créent une autorité qui n'en est pas une, au sein d'un pays fragmenté, voire éclaté, et engendre une société schizoïde[50]. D'un côté, on trouve les tenants du pouvoir, vénaux et pour la plupart dépourvus de scrupule. Ils s'autorisent ce qu'ils interdisent aux autres, promeuvent le népotisme et le clientélisme en principes de base d'un pouvoir éclaté et hétérogène. Par là, ils s'assurent le monopole des commerces lucratifs. Les mêmes dirigeants peu scrupuleux se font, aux yeux des Palestiniens, les préposés de l'armée israélienne dont les basses besognes leur sont confiées : arrestation des militants du Hamas et de ceux qui remettent en cause l'hégémonie du Fatah, acquis au prix de sa servitude supposée vis-à-vis d'Israël. Tout au long de la période qui sépare la Première Intifada de la Seconde, s'est déroulé le drame d'une société installée dans une paix qui n'était pas la sienne, par un pouvoir qui ne la représentait pas et dont les détenteurs sont perçus comme dissolus et cupides. Il en est résulté un déclin économique, mais surtout un désarroi moral. La nation rêvée sur la terre des ancêtres n'a été qu'une parodie, transpercée par les colonies israéliennes, nation avortée, dominée par un semblant d'État dont le souci majeur des dirigeants a été le rejet de la participation de la société réelle à la politique et l'enrichissement de ses fondés de pouvoir.

Le martyre totalise la vie là où le politique, en raison des tensions entre Israël et la Palestine, mais aussi à cause de la nature de la direction palestinienne, ne peut être le lieu de la résolution des problèmes. Dans une conjoncture où l'État palestinien ne dispose pas des moyens nécessaires pour assurer les formes élémentaires de citoyenneté et où la terre fragmentée et réduite en une multitude de localités au statut politique à chaque fois différent, ne peut être le lieu de cristallisation du sentiment national qui suppose un territoire homogène et d'un seul tenant, l'édification de la nation n'était pas possible. Le martyr possède en revanche certains attributs d'une citoyenneté absente. Sa fonction de témoignage engendre une co-appartenance nationale. Son rôle sacrificiel donne le sentiment d'abnégation dans une conjoncture de guerre contre un État étranger ; son islamisation fait de la patrie absente le lieu même de l'investissement du sacré.

Cette totalisation est marquée par une inversion : celle de la vie dans la mort. Celle-ci est liée à ce constat subjectivement vécu et amplifié par une société en effervescence durant les périodes d'exacerbation des tensions, que la nation palestinienne ne saurait être réalisée dans cette vie. Ce phénomène marque toute la différence entre la Première et la Seconde Intifada. La Première partait de cette possibilité dont la réalisation dépendait de la mobilisation des jeunes et de la remise en cause des structures traditionnelles du pouvoir au sein même de la société palestinienne. La Seconde Intifada est de plus en plus marquée par une vision pessimiste des choses qui postule plus ou moins implicitement que la nation ne saurait se réaliser. Dès lors, une mort sacrée qui assurerait à l'adepte l'assurance du paradis et détruirait, en même temps, une partie de la société israélienne, devient la seule solution envisageable. C'est l'impasse du politique qui est à l'origine de la nouvelle forme de radicalisation martyriste dans la *chebab* palestinienne, tout autant que chez d'autres groupes de la population qui, dans la première période, ne s'engageaient pas frontalement.

Si on cherche le trait d'union entre les diverses configurations du martyre, que ce soit chez les Palestiniens, les Iraniens, les Algériens ou les Égyptiens pour ne citer qu'eux, on trouve toujours une dimension de défi. Dans le cas palestinien, celui-ci se conjugue sur une pluralité de registres. En premier lieu, il s'agit de montrer à l'Israélien que l'on peut aussi le mettre en péril, en dépit de sa puissance de feu et de sa capacité militaire d'action. En second lieu, le défi revêt une dimension introvertie. Il est dirigé vers la famille et les siens que l'on cherche à faire adhérer à la mort sacrée. Ceux-ci, glorifiés par cet acte, ne sauraient rejeter aisément la conduite de leur jeune qui s'est sacrifié pour la patrie islamique. Le défi s'adresse, en troisième lieu, à la société palestinienne : c'est par la mort sacrée que l'on devra édifier cette nation déniée dans la vie. Le défi possède, en quatrième lieu, une dimension sacrée. Le martyre est conforme à l'islam et de ce fait, purifie celui qui s'y adonne en lui réservant une place au paradis. La mort en martyr ne signifie donc pas la fin de l'existence, mais le prélude à une autre, ce qui atténue grandement le caractère terrifiant de la mort et rend moins horrible la mort pour la nation. Le défi est un témoignage face à un monde spécifique : celui-ci n'est ni l'Amérique ni celui des amis ou ennemis de l'islam, mais un ensemble *sui generis* que l'on voudrait convaincre en exerçant sur lui une fascination par le caractère dramatique et héroïque de l'acte accompli. Enfin, le défi a un aspect réflexif, s'adressant à Soi : c'est un Moi qui meurt et donne un sens à ses aspirations personnelles par le passage à l'extrême de la mort. Quatre dimensions sont donc constitutives de la mort sacrée : rapport à soi, à autrui (la famille, la société ou l'ennemi israélien), au monde et enfin au sacré[51].

Le martyre ne se conjugue pas seulement à partir d'une intentionnalité, mais de plusieurs. Sur la base des testaments et de divers témoignages, on peut indiquer les raisons explicites qui ont poussé les Palestiniens à embrasser la mort sacrée. Un cas souvent invoqué est le « ras-le-bol », une situation où la dégradation de l'économie se conjugue à un déni croissant de dignité. Dans certains cas, le facteur qui fait franchir le pas est la mort d'un ami ou d'un membre de la famille, mort en martyr ou ayant succombé dans l'affrontement avec les soldats israéliens ; dans d'autres, on trouve des « coups de tête » qui peuvent être liés à la crise familiale ou au rejet d'une situation vécue comme dégradante. Même si l'écrasante majorité des martyrs se trouvent encadrés par des organisations politiques, il existe en effet des cas isolés où on meurt sans concertation avec un groupe déterminé, par une décision prise seul.

Le cas palestinien se singularise en raison des circonstances historiques de la constitution de l'État hébreu. La fondation d'Israël a été un profond traumatisme pour les Palestiniens dont une partie a dû prendre le chemin de l'exil. Du côté israélien, l'État juif est né à la suite d'un traumatisme collectif massif, la Shoah, chaque peuple transcrivant l'interprétation de l'histoire au travers du prisme de son propre traumatisme, les formes culturelles d'interprétation et de dialogue fondées sur la compréhension de l'autre deviennent inopérantes. Du côté israélien, la référence biblique, la constitution d'un État nouveau avec les formes de violence qui s'ensuivent après l'occupation de la terre nouvelle. Du côté palestinien, la spoliation de la terre et le sentiment que l'adversaire israélien a l'Occident et tout particulièrement l'Amérique à ses côtés.

La vie quotidienne

L'une des causes majeures des soulèvements successifs et de l'attitude de plus en plus radicale d'une fraction de la société palestinienne trouve son origine dans les conditions de vie quotidiennes face à un État d'Israël qui domine économiquement, politiquement, militairement et symboliquement une société palestinienne à laquelle tout rappelle son statut inférieur et son hétéronomie. Les sociétés dominées de l'ère de l'impérialisme européen reconnaissaient la supériorité des colons tout en les neutralisant symboliquement par le resserrement des relations communautaires et par l'éloignement spatial des premiers. À la ville, au mode de vie, à l'administration et à la gestion coloniales s'opposaient les zones autochtones avec leurs normes et leur gestion au quotidien. La cohésion sociale et la spécificité européenne d'un côté, une forte identité culturelle des colonisés de l'autre permettaient au ressentiment d'être en partie résorbé par les mécanismes de régulation sociale et l'appui que chacun pouvait trouver dans la structure communautaire. Les éléments qui assuraient la stabilité de la vie coloniale ont disparu. Les formes communautaires de régulation dans la population palestinienne n'ont pas la vigueur qu'elles avaient il y a deux ou trois générations et le processus d'individuation empêche les dominés de s'appuyer sur l'armature collective pour préserver une vie sociale autonome. Enfin, la ségrégation spatiale est battue en brèche par des mécanismes autant sociaux que symboliques. La télévision brise le confinement de l'imaginaire dans un monde clos et l'égalitarisme moderne rend impossible la soumission à une supériorité israélienne comme c'était le cas dans la mentalité coloniale où les dominés étaient convaincus de la supériorité des dominants et en faisaient eux-mêmes le pilier mental de la légitimité de la domination. Israéliens comme Palestiniens sont de plain-pied dans la modernité et leur mentalité est, sur ce plan, celle de l'égalitarisme moderne, même si le racisme, d'un côté comme de l'autre, peut prétendre établir la supériorité de l'un ou de l'autre. Bref, on est dans un monde imprégné de l'égalitarisme moderne mais régi, dans les relations sociales et politiques, selon les lignes de force du néocolonialisme.

Ce phénomène, à lui seul, ne justifie pourtant pas les formes que revêtent les conflits d'un côté comme de l'autre. Dans la vie quotidienne des Palestiniens comme des Israéliens, certains faits entretiennent la haine, l'attisent et en font, par moment, l'élément structurant de leur relation réciproque.

Les facteurs de promiscuité mentale, sinon physique, sont nombreux. Une partie importante de la jeunesse palestinienne masculine a passé une période de sa vie dans les geôles israéliennes. Non seulement elle y a été exposée aux brimades voire aux tortures, mais elle a aussi acquis une relation de voisinage et de complicité avec ceux qui l'écrasent. Le séjour en prison brise la supériorité symbolique de l'Israélien en en faisant un ennemi au même titre que soi, exposé à ses sévices. La peur de la prison s'affaiblit au prorata du séjour en son sein.

La télévision israélienne est aussi à la portée des Palestiniens qui la regardent quelquefois, de préférence à la leur et admirent secrètement la liberté de ton de ses débats politiques et la manière démocratique dont s'est constitué l'espace public israélien, face à une Autorité palestinienne rongée, on l'a dit, par le népotisme, le clientélisme, la corruption et l'autoritarisme. Même si la chaîne Al Jazira détient la vedette pour les actualités, les chaînes libanaises pour les variétés, la télévision israélienne est aussi consultée et souvent regardée.

Les produits de consommation israéliens jouent également un rôle non négligeable dans cette promiscuité. La tentation a souvent été grande, dans les milieux dirigeants mais aussi chez les Palestiniens, de boycotter les produits d'un pays qui les réprime et dénie leur droit à l'autodétermination. Ces tentatives de boycott ont eu une portée limitée. Il existe une trop grande disparité entre les marchandises israéliennes dont la qualité est supérieure et celles des pays arabes ou de production locale. De plus, consommer les produits israéliens c'est aussi se sentir sur le plan symbolique à égalité avec eux, partager un monde dont ils se disent seuls et exclusifs détenteurs, vivre un peu à leur manière et acquérir ainsi l'égalité.

Le travail en Israël, de plus en plus difficile et de plus en plus prisé, est un autre facteur de proximité. Il se raréfie, en raison des restrictions mises au déplacement et les bouclages successifs. Lorsqu'on n'appartient pas aux grandes familles, à la clientèle du Fatah, aux « gens de Tunis » venus avec Yasser Arafat de la Tunisie en 1994, aux « Palestiniens de l'extérieur » revenus de leur exil en Égypte, au Maghreb ou de la mafia locale, il ne reste alors que l'emploi dans les services de l'État embryonnaire de la Palestine où l'on gagne beaucoup moins et où l'on est souvent confiné à des tâches ingrates. Un travail dans les forces de police rapporte l'équivalent de 240 dollars américains alors même qu'un emploi en Israël peut rapporter entre 800 à 1 400 dollars lorsqu'on en a l'autorisation. Le bouclage des territoires rendant difficile sinon impossible le déplacement, les contrôles d'identité tatillons après les attentats, les couvre-feux, tous ces facteurs rendent le travail aléatoire, tant en Israël que dans les territoires. Lorsqu'il y a bouclage, c'est en effet autant le mouvement vers Israël que vers d'autres parties des territoires palestiniens qui est perturbé. Les denrées périssables, faute de trouver des débouchés sûrs en Israël, pourrissent sur place et le commerce ne peut être assuré avec certitude, vu les vicissitudes des relations entre Palestiniens et Israéliens. Enfin, le commerce informel, souvent illégal, avec les Israéliens, et sur lequel les autorités ferment les yeux (voitures volées et vendues de ce côté de la barrière, trafic de la drogue, vente d'armes, d'alcool, transfert de devises), constitue un dernier élément de promiscuité. Ces facteurs de proximité mentale sont contrebalancés par l'impossibilité grandissante de se déplacer, de travailler, de traverser les zones de plus en plus fermées par les *check points*, avec pour corollaire l'attente interminable d'une éventuelle autorisation, après plusieurs heures passées sur place.

L'arrestation des jeunes par l'armée israélienne dans leurs incursions de plus en plus fréquentes rend la vie normale impossible à une grande partie de la *chebab* qui peut être arrêtée sous le moindre prétexte d'activisme. Les longs séjours en prison font aussi que les jeunes se radicalisent dans les geôles israéliennes, sous l'influence de leurs aînés. Ce n'est pas tant une idéologie spécifique que l'indignation et le sentiment d'humiliation qui ont engendré le militantisme de la jeunesse palestinienne[52]. Le mélange explosif de la prison, de l'exil, de la fuite, de l'instabilité de la vie et des nécessités de déplacement constant pour ne pas être arrêté par les forces israéliennes engendrent un sentiment de jusqu'au-boutisme qui peut aller jusqu'à faire disparaître la peur.

Les territoires palestiniens se trouvent dans une situation de ségrégation grandissante par le refus de déplacement qu'oppose l'armée israélienne entre les différentes parties des territoires palestiniens par le couvre-feu ou entre ces derniers et Israël[53]. Les sentiments d'humiliation et d'indignité sont donc devenus une constante de la vie quotidienne. Après la Seconde Intifada, ces impressions d'impuissance mêlées à celles d'injustice et de déni de droit ont constitué, chez les Palestiniens, un terreau pour les formes extrêmes d'action, en particulier celle des « bombes vivantes ». La vie quotidienne est pour les hommes le lieu du déshonneur constant. D'une part, ils ne peuvent plus subvenir décemment aux besoins économiques de leur famille dans une conjoncture économique en perpétuelle dégradation ; de l'autre, ils sont dans un état d'impuissance constante face à une armée israélienne qui leur fait ressentir, dans leur chair, leur infériorité militaire. En troisième lieu, ils ne maîtrisent pas leur déplacement et leur relation à l'espace et se sentent réduits à la passivité et à l'immobilité sur une terre qu'ils considèrent comme la leur. L'espace public étant le lieu du déshonneur, c'est au sein du foyer que l'honneur se revendique, de manière plus ou moins violente, contre femmes et enfants. La dissymétrie entre hommes et femmes a, certes, des racines culturelles et historiques indéniables dans la société palestinienne tout comme dans la plupart des sociétés méditerranéennes. Mais la surenchère de l'honneur conjuguée sur le mode de l'islam rigoriste compense les humiliations extérieures au sein de la famille. Le nationalisme laïque, en la personne de Yasser Arafat et son parti le Fatah, a montré son incapacité à doter la société d'unité, ne serait-ce qu'à cause de la corruption et de la prévarication qui règnent au sein du nouveau pouvoir. L'islam donne un sentiment d'honneur symbolique qui compense le sentiment de perdre la face dans la vie réelle.

La vie quotidienne joue un rôle essentiel dans le passage à l'acte des martyrs. Elle ne remplit pas les attentes des jeunes, elle est le lieu de leur radicalisation et de leur désespoir. L'omniprésence des colons israéliens et des soldats surtout aux points de passage qu'il leur faut traverser pour accéder notamment à l'université Birzeit (il y en a au moins trois) et le bouclage systématique des territoires font d'eux une présence écrasante pour les Palestiniens. Une grande partie de la population pouvait vivre dans l'Inde ou l'Algérie coloniale et mourir sans rencontrer un seul colon anglais ou français. Dans les territoires palestiniens, la présence des Israéliens rend impossible cette éventualité. Depuis les accords d'Oslo, de nombreuses routes ont été créées sous la surveillance de Tsahal, afin d'assurer la sécurité des colons dans les Territoires occupés, d'autant que les terrains appartenant aux Palestiniens qui jouxtent ces colonies sont souvent occupés par l'armée et ne sont pas exploitables par les premiers[54].

Dans une économie au taux de chômage extrêmement élevé (jusqu'à 60 % et plus dans la bande de Gaza), l'ennui est le sentiment le mieux partagé. Entre l'humiliation, l'angoisse des attaques israéliennes (que partagent sous une autre forme les Israéliens face aux « bombes vivantes ») et l'ennui de la vie quotidienne, la palette des sentiments apaisants est extrêmement réduite. L'amour ne peut se déployer librement, face à la censure islamiste, elle-même revigorée pour renforcer le sentiment d'unité vis-à-vis de la menace ennemie. À la différence des femmes, les hommes ne peuvent pleurer de peur de perdre la face et « s'efféminer ». Ils sortent pour rejoindre des amis et passer des journées entières à jouer aux cartes, fumer le narghilé ou tuer l'ennui par le sommeil dès qu'ils retournent chez eux. C'est en dormant beaucoup que l'on parvient à oublier le quotidien, entre le cauchemar des attaques punitives israéliennes et l'immobilité du temps en l'absence d'activités économiques et sociales. La nouvelle du martyre d'un jeune introduit une rupture dans la trame du temps, refoulant l'ennui pour un moment mais aiguisant aussi la peur des représailles israéliennes. On regarde alors la télévision, notamment la chaîne Al Jazira qui retransmet l'entrée des chars dans les villes palestiniennes à longueur de journée. Sinon, il y a les spectacles de la télévision libanaise, avec ses programmes qui frisent l'obscénité dans des variétés où lascivité et frivolité font perdre de vue la morosité d'une vie vécue comme dépourvue d'avenir[55].

Les Palestiniens israéliens introduisent un élément de proximité plus ambiguë encore. Ceux-ci vivent dans un entre-deux extrêmement difficile. Ils se sentent palestiniens mais ils ont une nationalité vis-à-vis de laquelle ils nourrissent un sentiment ambivalent, ne serait-ce que par les privilèges qu'elle leur accorde. S'ils voyagent à l'étranger, leur passeport israélien leur donne d'incomparables avantages et une grande liberté de mouvement. Étant israéliens, ils ont droit par ailleurs aux mêmes services de l'État, mis à part des exclusions et des exemptions comme la conscription dans l'armée ou le droit d'habiter dans les Territoires occupés. Ils vivent néanmoins mentalement la douleur et les tribulations de leurs frères et sœurs palestiniens, mais ils ne s'en distinguent pas moins par leur attitude et leur comportement, du moins dans les deuxième, troisième voire quatrième génération.

Le cercle vicieux de la violence

L'humiliation ressentie par les Palestiniens dépasse largement l'ordre symbolique, même si cette dimension a indéniablement son importance. Il existe des facteurs objectifs qui ajoutent au sentiment d'humiliation subjectif un substrat objectif. L'eau est un enjeu majeur dans les Territoires occupés. Son exploitation est inégalitaire et fortement injuste vis-à-vis des Palestiniens[56]. Par ailleurs, tel un gruyère, les Territoires occupés sont truffés d'implantations juives dont le nombre ne cesse d'augmenter. Le morcellement du territoire s'est effectué en trois zones distinctes dont la zone A, sous autorité palestinienne, présente moins de 4 % de la Cisjordanie et quelque 20 % de sa population[57]. La zone B englobe la quasi-totalité des villages palestiniens et 23 % de la Cisjordanie. L'armée israélienne y a la responsabilité de la sécurité et droit d'intervention. Enfin, la zone C englobe 73 % de la superficie de la Cisjordanie, zones non peuplées, « stratégiques », colonies israéliennes. Cette zone est sous contrôle israélien. Le morcellement territorial se double d'une discrimination flagrante dans les différents statuts des habitants, selon qu'ils résident dans chacune de ces zones ou à Jérusalem ou encore s'ils sont de la diaspora (avec les statuts différents pour les réfugiés en 1948, les « déplacés » en 1967 et ceux qui ont perdu leur droit de résidence dans les Territoires occupés pour des raisons administratives). Un État palestinien viable sur un territoire aussi morcelé et au sous-sol approprié par Israël (l'eau est un enjeu stratégique majeur) est impossible sans la remise en cause des colonies. Par ailleurs, celles-ci se trouvent souvent au sommet des collines, comme dans des villages fortifiés, leurs habitants bénéficiant du niveau de vie des classes moyennes occidentales et dominant les localités palestiniennes qui se trouvent en contrebas. Domination symbolique (haut/bas) qui se double d'une supériorité économique dont l'origine ne réside pas dans des relations de classes mais selon l'appartenance nationale : les Israéliens se voient octroyer des droits qui sont déniés aux Palestiniens et qui les réduisent à une forme d'infériorité néocoloniale[58], au sein d'un système qui ressemble à celui de l'apartheid. Ce constat n'est pas uniquement fait par des Palestiniens mais aussi, par des partisans du « camp moral » en Israël[59].

Qu'ils soient les fers de lance d'une nation refusée (Palestine) ou, comme on le verra, d'une communauté transnationale impossible (Al Qaeda), les martyrs présentent une caractéristique commune : ils sont détenteurs d'une utopie. Or, celle-ci ne se réalise jamais comme telle et le problème consiste à trouver un compromis entre elle avec une réalité rebelle qui ne s'y plie pas.

Les utopies liées à la communauté nationale sont au nombre de deux. Soit la nation n'a pas pu se constituer à cause d'un adversaire beaucoup plus puissant, considéré par les martyrs comme s'opposant absolument à sa constitution. Tel est le cas des Palestiniens. Soit la nation existe mais son système politico-social n'est pas conforme aux vœux du martyr. C'est notamment le cas de l'Iran d'avant la révolution ou, par la suite, du même Iran agressé par l'Irak avec l'aide de l'Occident. C'est aussi le cas de l'Algérie d'après 1992 où les élections gagnées par le Front islamique du Salut (FIS) ont été annulées par le régime militaire. Dans tous ces cas de figure, une certaine configuration de la société se trouve remise en cause par les protagonistes de la mort sacrée.

Trois utopies interdépendantes sont au fondement du martyre palestinien : d'un côté, le retour de la totalité des Palestiniens d'origine dans leur pays d'avant l'instauration de l'État d'Israël; en second lieu, l'instauration de ce nouvel État palestinien à Jérusalem, et enfin le sentiment que les Israéliens et, en particulier, leur armée et leurs hommes politiques, n'entendent que le langage de la force brute et ne sont pas dignes de confiance. Le juif est déshumanisé et renvoyé non pas à son statut d'infériorité qui était la référence des idéologies antisémites européennes, mais à une supériorité écrasante qui le rend inhumain par excès de force illégitime. À celles-ci répondent trois visions utopiques du côté israélien. La première est celle du Grand Israël qui a été à la base de la multiplication des colonies dans les Territoires occupés. En second lieu, l'idée selon laquelle le problème palestinien est susceptible d'une solution militaire avec l'aide de l'Amérique. La troisième idée consiste enfin à déshumaniser le Palestinien et plus généralement l'Arabe sur un modèle qui amplifie les préjugés coloniaux des Européens ou les sentiments que nourrissaient les communautés juives en Afrique du Nord, la réciproque étant vraie chez les musulmans.

Les travers de cette situation se trouvent accentués par le soutien des États-Unis à l'État d'Israël et par-delà, le soutien des sionistes protestants américains qui corroborent le mythe du Grand Israël comme la Terre promise. Chez eux comme chez certains groupes sionistes juifs, on invoque des fondements théologiques pour justifier l'annexion de la totalité des Territoires occupés au nom d'une judéité originelle dans une perspective millénariste, en vue d'accélérer la venue du Messie[60]. Dans cette perspective, il faudrait par exemple détruire la mosquée Al Aqsa pour construire sur son emplacement le troisième Temple de Salomon, aux fins de paver le chemin de l'Apocalypse, conformément aux prédictions bibliques.

Le martyre palestinien est en grande partie la conséquence d'une logique utopique se nourrissant de son échec même, face à un adversaire israélien dont les utopies corroborent le bien-fondé des siennes dans une constante interaction antagonique[61]. On aboutit à une logique mortifère qui opère en vase clos, indépendamment de ses conséquences en nombre de morts et de destructions. Certes, de nombreux Israéliens et Palestiniens sont conscients du caractère dangereux de cette interaction, mais leur lucidité se trouve en porte à faux dans ce déchaînement de violence et de contre-violence réciproques. Contrairement au constat de René Girard[62], le cercle vicieux de la montée aux extrêmes n'a pas pour corollaire l'aveuglement total des acteurs. Le tragique réside dans leur incapacité à refuser une logique d'action où les passions ont le dessus. Le martyr palestinien qui nourrit l'extrémisme israélien lequel, à son tour, le corrobore dans ses prémisses mortifères fondées sur le refus israélien de reconnaître le droit à l'existence des Palestiniens dans leur indépendance politique et territoriale donne naissance à une spirale de la mort où chacun découvre son identité dans sa capacité à annihiler l'autre. Il arrive que l'un ou l'autre des protagonistes ait un sursaut de lucidité, parfois simplement par lassitude. L'affrontement revêt donc un caractère cyclique[63]. La fascination de la destruction de soi et de l'autre se conjugue alors dans un crescendo de plus en plus tragique, chaque côté accusant l'autre de manquer à la parole donnée ou au contrat moral de limitation de la violence. L'attrait pour la mort n'est pas uniquement le fait de groupes restreints qui s'entretuent inlassablement. Il s'agit, de chaque côté, de neutraliser l'autre de manière à exorciser le démon de ses propres hantises. Du côté israélien, chaque fois qu'un juif trouve la mort, c'est la répétition de la tragédie du Génocide qui se rejoue, à une autre échelle. Du côté palestinien, c'est le drame de la Naqba, la spoliation, l'exil et l'expropriation de la terre ancestrale par les Israéliens, que ce soit en 1948, en 1967 ou à d'autres nombreuses occasions qui ravivent le traumatisme.

La sacralisation de la terre du côté israélien et la sacralisation de la mort du côté palestinien se constituent dans une équivalence symbolique et se répondent en écho en s'amplifiant. Dans les deux cas, ce sont le fait de minorités agissantes. Mais ces deux minorités (les colons juifs et ceux qui les appuient, les martyrs palestiniens et les organisations qui les encadrent) se fondent sur une vision symbolique qui prend en otage la société entière. Celle-ci partage, du moins en partie et par empathie, leurs préjugés, qu'elle est impuissante à combattre frontalement.

Le problème n'est donc pas seulement pour chacune des parties de renoncer à une part de leurs revendications pour l'instauration d'une paix durable. Il est tout autant de savoir comment se défaire d'un pan de son identité où le spectacle d'un passé au cours duquel on a été injustement traité hante le présent et engendre angoisse et peur : peur de l'avenir, mais aussi angoisse d'un monde apaisé qui banaliserait la meurtrissure. Le martyre palestinien qui se met à mort et entraîne dans son sillage des victimes civiles israéliennes qui ne sont pas directement impliquées dans la violence contre eux, ainsi que les violences exercées par l'armée israélienne contre les civils palestiniens et l'application de la punition collective contre elle (destruction des maisons, torture et sévices contre les jeunes dénoncés par les espions palestiniens que les Israéliens embauchent et intimident pour collaborer avec eux…) crée une situation de violence quotidienne que rien n'arrête.

L'équivalent symbolique du martyre palestinien du côté israélien n'est pas l'aptitude redoutable de son armée à réprimer des Palestiniens et ses espions palestiniens à la renseigner sur les décisions de l'Autorité palestinienne, mais cette vision sacralisante de la colonisation qui est celle des juifs radicaux cherchant à créer des situations irréversibles par la construction des implantations juives au cœur même des Territoires palestiniens. Cela aboutit à une double impossibilité.

Du côté palestinien, l'impossibilité de vivre sereinement et le refuge d'une partie de sa jeunesse dans la mort sacralisée pour trouver une parade à cette logique répressive qui leur dénie le droit à une existence autonome. Du côté israélien, le terrorisme palestinien, que ce soit dans la période d'avant la Première Intifada ou à travers les bombes humaines de la Seconde Intifada, incite les franges les plus radicales, soutenues par l'État juif, à semer de nouvelles implantations dans les territoires palestiniens, à bâtir des colonies et à marquer leur présence sur le corps même de l'ennemi palestinien par l'érection des villages fortifiés. Ceux-ci rappellent physiquement, territorialement, spatialement et symboliquement la supériorité israélienne. Pour les colons, c'est la volonté de peuplement de la Terre sainte qui est à l'origine de leur occupation, pour les Palestiniens, la volonté expresse des Israéliens de les spolier de leur terre ancestrale. Il y a comme une symétrie troublante dans cette double logique mortifère qui exprime, par une symbolique de défi, le martyre, l'un physique et charnel, et l'autre, volonté d'appropriation et de dénégation symbolique de l'Autre par l'inscription de la présence juive sur la terre habitée par les Palestiniens. Les deux attitudes se nourrissent du sacré : les implantations juives se font au nom d'une vision sacrée de la terre juive où la Judée et la Samarie occupent une place de choix et font partie intégrante d'Israël selon une conception biblique et hiératique. Le martyre palestinien trouve sa légitimité dans le *djihad* pour préserver la religion d'Allah face à ceux qui veulent déposséder les musulmans de leur enracinement dans une des terres sacrées de l'islam. L'une et l'autre logiques se répondent en écho, amplifient la portée l'une de l'autre et invitent au renforcement d'une conscience obsidionale et mortifère qui se revigore du spectacle même du déploiement de l'autre.

La subjectivité palestinienne prend ombrage d'un autre fait, en partie construit par la société palestinienne et en partie engendré par l'hégémonie israélienne, à savoir la détention du pouvoir par une Autorité palestinienne qui a confisqué l'appareil embryonnaire de l'État à son profit et n'a pas laissé la société réelle y participer. Le pouvoir palestinien, dans sa structure actuelle, est fondé sur le partage des sinécures entre une élite dont la justification, en la personne même de Yasser Arafat, procède davantage de l'histoire de son combat que de la légitimité des groupes qu'il représente, dans la gestion réelle des problèmes quotidiens de la société palestinienne. La corruption de cet État et le mode despotique du partage du pouvoir en son sein vont à l'encontre des aspirations d'une jeunesse qui cherche davantage la participation politique que les générations antérieures, ne serait-ce qu'en raison du niveau relativement élevé de son éducation et sa connaissance du monde extérieur. La permanence d'un pouvoir peu légitime et qui ne trouve de justification que dans le passé glorieux d'un leader sénescent et la permanence de la crise avec Israël rendent la vie des nouvelles générations encore plus difficile. Ceux qui en ont la possibilité quittent les Territoires pour s'établir en Occident ou dans d'autres pays arabes. Ceux qui en sont incapables tentent leur chance dans l'évasion vers un imaginaire qui recrée la situation de l'exil au sein même du territoire palestinien. Pour arrondir les fins de mois difficiles, on donne dans le trafic et la contrebande ou encore, on accepte, sous pression israélienne, de travailler pour ses services de renseignement. Dans tous les cas de figure, il s'agit d'un projet peu glorieux pour une jeunesse en quête d'affirmation de soi. Le martyre est le moyen d'échapper à ce dilemme. Le cas de Khader Gheimat qui travaillait comme plongeur en Israël avant de se transformer en bombe vivante pour démentir la rumeur de sa collaboration avec les renseignements israéliens est symptomatique[64].

D'un côté, les relations avec Israël sont marquées par un antagonisme insurmontable que rappellent constamment l'implantation des nouvelles colonies et les nouveaux martyres ou leur remémoration. De l'autre, l'affirmation de soi dans la gestion des problèmes de société est aussi interdite aux jeunes qui ne peuvent intégrer les rouages du pouvoir qu'en devenant membres des services de police ou de renseignement palestinien ou en se laissant enrôler dans des réseaux semi-mafieux dominés par les acolytes des dirigeants palestiniens. Le factionalisme palestinien sème aussi la zizanie. Les groupes de jeunes qui adhèrent à l'OLP, au Hamas ou au Djihad ainsi que les intérêts familiaux et individuels engendrent, par le jeu des allégeances, des tensions dont la gestion n'est pas aisée. Les différentes allégeances politiques qui, dans une société démocratique, auraient été bénéfiques à l'expression de la diversité des intérêts deviennent, dans le cas palestinien, source d'oppositions qui accroissent la tension sur le terrain. Enfin, l'antagonisme à peine voilé entre les divers services de renseignements palestiniens[65] qui se disputent une position hégémonique dans l'appareil d'État en voie de constitution a discrédité un peu plus ce pouvoir qui cherchait avant tout à s'assurer des prébendes et à se fermer sur des groupes restreints pour se prémunir contre l'intrusion de la société en son sein, sous prétexte des impératifs de sécurité.

Avant la Seconde Intifada, l'Autorité palestinienne mettait souvent en prison les jeunes d'obédience différente de celle du Fatah ce qui engendrait une frustration profonde de la part de ceux qui, ayant déjà passé une partie de leur vie dans les geôles israéliennes, se voyaient maltraiter par un pouvoir censé les protéger. Les groupes islamistes comme le Hamas[66] évitaient néanmoins de s'opposer frontalement au Fatah, justifiant leur attitude en référence à la notion islamique de *fitna* (désordre malsain pour la communauté islamique).

L'ambiguïté des accords d'Oslo prend alors toute son importance. Pour les Israéliens, cet accord devait permettre de neutraliser les mouvements radicaux qui prônent la violence à l'égard de l'État juif pour aboutir à une coexistence qui ne mettrait pas en cause le statut des colonies juives implantées en Cisjordanie. Pour les Palestiniens, la reconnaissance par Israël de l'Autorité palestinienne devrait leur permettre de mettre fin à la présence des colons juifs sur les Territoires, d'obtenir un État viable et une société non dominée par Israël. Pour aboutir à cela, ils s'investissaient dans les mouvements islamistes parce que l'OLP était, à leurs yeux trop étroitement associée à Israël et que sa corruption et la monopolisation du pouvoir par Yasser Arafat et son groupe rendaient impossible une expression institutionnelle de leurs revendications.

Compte tenu des divers facteurs qui rendent une vie normale extrêmement difficile, voire impossible, dans les territoires palestiniens, la permanence des doubles jeux et des difficiles ajustements pour vivre décemment engendrent des formes de comportement dont le maître mot est l'instabilité. Celle-ci se répercute dans la relation aux autres, mais aussi, à soi. Un jour, on peut être optimiste, le lendemain, pessimiste, et souvent, dans une indécision totale, demeurer l'un et l'autre de manière schizoïde. On devient alors « peptimiste », pessimiste et optimiste à la fois, dans le jargon ironique développé par un romancier palestinien[67]. Le tragique devient si absurde qu'il peut revêtir des traits macabrement comiques. La conscience que l'on souffre peut induire chez certains Palestiniens comme chez les Israéliens une attitude d'abandon. On en vient à ne plus savoir comment sortir de cette situation où chaque mort radicalise davantage les uns et les autres et où la vengeance aveugle semble être la loi inexorable qui régit les relations des deux côtés.

La peur et son dépassement

Dans la première génération palestinienne après la constitution de l'État d'Israël, la peur était constitutive du rapport à celui-ci. Les communautés concrètes faisaient de l'évitement de l'Israélien un principe de solidarité. La mentalité plus ou moins traditionnelle décrivait l'Israélien comme redoutable, supérieur au prorata de sa capacité de répression. On pouvait, par ailleurs, placer sa dignité dans l'identification aux frères Arabes dont le panarabisme de Nasser se voulait le fer de lance. Cette solidarité arabe manifestée la plupart du temps sous forme d'emphase discursive et de dénonciation verbale de l'Occident et d'Israël n'a plus de crédibilité dans la société palestinienne. Les gouvernements arabes, lorsqu'ils ont pu, ont réprimé et affaibli le mouvement palestinien plutôt que d'intégrer les Palestiniens présents sur leur territoire. Si dans les années soixante, l'appel à la nation arabe revêtait un sens, désormais, il est vidé d'une très grande part de son contenu. C'est l'une des raisons pour lesquelles le référent de la lutte contre l'hégémonie israélienne est devenu l'islam même si, sous le vocable d'islam se trouve subsumée une part indéniable de nationalisme. Quoi qu'il en soit, la peur de l'État hébreu et de son armée se conjuguait avec un sentiment de dignité construit en référence symbolique avec le monde arabe. Ce monde-là a vécu et la dignité ne peut plus se fonder sur cela. Il lui faut un substitut qu'elle trouve dans le martyre. Avec l'affaiblissement d'une grande part du sentiment communautaire et la disparition du référent arabe, c'est aussi le sentiment de peur qui s'est dissout dans la *chebab* palestinienne. Celle-ci craignait l'armée israélienne parce que les adultes la percevaient comme une puissance coloniale, d'origine européenne et symboliquement invincible. De même que la participation de nombreux immigrés de la diaspora à la civilisation occidentale a détrôné celle-ci, de même, le face-à-face avec l'armée israélienne, l'affaiblissement des liens communautaires dans la société palestinienne et la modernisation des mentalités des jeunes ont rendu le militaire israélien moins redoutable. La peur a paradoxalement diminué alors même que la puissance militaire israélienne s'est accrue.

Pour une jeunesse qui fait l'apprentissage de la guerre dès l'adolescence et que les parents ne peuvent plus encadrer ni maîtriser, il y a comme un voile de pudeur qui s'est déchiré. On désapprend la peur dans les rues poussiéreuses, en affrontant des soldats surarmés qui tirent souvent à balles réelles et que l'on nargue en leur envoyant des pierres, dans l'attente de leur riposter par des salves de mitraillettes. Aux yeux d'un Palestinien, la vie ne revêt pas la même signification que pour un Israélien ou un Occidental. Le projet de vie ne se décline pas de la même façon, la baisse constante du niveau de vie depuis une décennie rendant illusoire l'attente d'une amélioration de son sort, à moins de pouvoir quitter le pays, ce qui est le lot d'une minorité[68]. Absence de projet, encadrement communautaire déficient, perte d'emprise des parents sur les jeunes garçons, manque de perspective positive sur l'avenir, et avec cela, le sentiment intolérable d'humiliation constante par un Israël omniprésent dans les territoires[69].

Dès lors que la *chebab* n'a plus peur de l'armée israélienne, il se crée comme un défi entre les deux. Défi que relèvent à leur tour les soldats israéliens qui pourchassent ces jeunes dans les camps ou dans les villes palestiniennes. On cherche non seulement à maîtriser sa propre peur mais à faire peur, à créer chez l'adversaire le plus puissant une sorte de crainte inversant symboliquement la situation. À ce jeu de David et Goliath, les personnes les plus déterminées peuvent aller jusqu'au martyre. Aux instruments sophistiqués d'une des armées les mieux équipées au monde, les jeunes ripostent par des explosifs bon marché faits de triatomique triperoxide simple à produire mais extrêmement volatile. Sa production a causé la mort des dizaines de jeunes du Hamas. Le coût total de chaque ceinture d'explosifs est estimé entre 1 500 et 4 300 dollars, selon la qualité de la bombe[70], somme dérisoire comparée aux dépenses qu'engendre chaque engagement de Tsahal dans les Territoires occupés.

Ayant répudié la peur dans l'affrontement à une mort dont les prémisses sont largement présentes dans la vie quotidienne, les jeunes Palestiniens insistent souvent sur la « lâcheté des juifs », c'est-à-dire des militaires israéliens. C'est un acte de défi pour inverser symboliquement une situation où la force militaire est du côté israélien et la faiblesse du côté palestinien. L'absence de peur donne un sens héroïque à celui qui croit Dieu à ses côtés et qui défie l'adversaire d'autant plus aisément qu'il n'a pas grand-chose à perdre : ni biens terrestres, ni accès aux bienfaits de la modernité, ni le sentiment de dignité et de fierté.

Un type de peur hante les Palestiniens : être désignés comme espions d'Israël. C'est un sentiment de honte dont le simple soupçon peut se laver dans le meurtre. Être indicateur des services de renseignements israélien est un sort qui attend nombre de personnes contraintes par les Israéliens, mais qui y trouvent de leur côté le moyen de compléter leurs revenus dans une situation économique de plus en plus désespérée. Mais cela ne peut se savoir sans déshonorer la personne ainsi désignée. L'« indicateur » sera alors mis à mort ou ostracisé. Il lui faut donc éviter d'être identifié. Cette peur peut aller jusqu'au martyre, afin de témoigner, *a contrario*, de son patriotisme.

La logique schizoïde revêt d'autres figures encore, dans les divers pans de la société. Il y a ceux qui, au nom d'une logique d'abnégation, cherchent à mourir en martyr au sein d'organisations comme le Hamas et le Djihad islamique. Ceux-là sont vénérés par leurs proches et respectés par la grande majorité de la société palestinienne qui voit en eux des héros. Avant l'écroulement du mur de Berlin, la dichotomie du monde faisait que les Palestiniens pouvaient bénéficier, du moins en théorie, de la sympathie du bloc de l'Est et que l'Amérique elle-même n'accordait pas un soutien inconditionnel à Israël. Depuis lors, le changement de la situation internationale s'est opéré au profit d'Israël, ce que les Palestiniens ressentent comme un nouveau signe d'injustice et de partialité de la part de l'Occident dont l'Amérique est le fer de lance. Il y a donc, en la personne des martyrs, comme un honneur qu'ils étendent, par procuration, à la société entière.

À cette logique d'abnégation et de dévouement à la cause palestinienne s'en ajoute pourtant une seconde, aux antipodes de la première : celle de l'égoïsme et de l'atomisation forcenée. Chacun agit pour soi et pour son cercle familial, les différents réseaux d'économie informelle se rattachant aux membres officiels du régime palestinien, à sa police, à ses services de renseignements, à ses hiérarchies intermédiaires ou supérieures. Chacun prend part, qu'il le veuille ou non, à cette logique de corruption organisée qui oppose les individus les uns aux autres sur le front économique, dans une compétition immorale qui rend les plus démunis plus vulnérables encore que par le passé. Des organisations comme le Hamas gagnent une grande part de leur respectabilité et de l'estime des citoyens en raison de leurs réseaux d'aide et de prise en charge des plus démunis. D'un côté, une logique de dévouement qui trouve son couronnement dans la mort ; de l'autre, une rage forcenée de gain qui fait feu de tout bois et use des mécanismes mêmes de domination israélienne et de corruption de l'Autorité autonome pour assurer sa propre survie dans un égoïsme dont les bénéfices s'étendent à la famille et aux proches.

Pendant la période qui a séparé la Première Intifada de la Seconde, un fait supplémentaire est venu dramatiser la situation de la *chebab*. Du point de vue israélien, l'Autorité palestinienne n'a pas fait grand-chose pour mater les terroristes et leurs organisations.

Du point de vue palestinien, entre le moment de la conclusion des accords d'Oslo en 1993 et l'irruption de la Seconde Intifada, l'Autorité palestinienne s'est fait l'auxiliaire d'Israël dans la répression de la société civile. Le sentiment dominant était que les forces palestiniennes faisaient le « sale boulot » des Israéliens dans les arrestations, les sévices corporels et d'autres types d'intervention dans la vie quotidienne des gens[71].

Du côté israélien, prévalait l'impression écrasante que la nouvelle Autorité palestinienne n'en faisait pas assez et laissait le terrorisme se développer sous sa protection, avec sa complicité. Le nouvel État était censé émaner de la société ; il ne faisait que doubler la répression israélienne par une structure clientéliste du pouvoir où le « vieux » (Yasser Arafat) constituait son pouvoir personnel, à l'exclusion et par dessus la société civile. Le désenchantement était total. Le déclin économique de la société palestinienne et la dégradation constante du niveau de vie des masses ont laissé un goût amer. Au-delà de la contestation de l'hégémonie israélienne, la Seconde Intifada a été la manifestation indirecte de l'incapacité de l'Autorité palestinienne à bâtir une société véritable en ouvrant la politique aux nouvelles générations. Cela a obligé l'Autorité palestinienne à desserrer son étreinte sur la société et à laisser les Israéliens se charger de la répression, ce qui a clarifié, pour un temps, les relations au sein même de la société palestinienne.

Le martyr et son vécu

La grande majorité des « bombes vivantes » proviennent du Hamas et, minoritairement, du Djihad. Certains ont eu des allégeances avec diverses branches de l'OLP. Le Hamas est un groupe islamiste dont la majeure partie des activités est d'ordre éducatif, culturel et social[72]. Il possède une branche militaire, la brigade Izzeddin Qassam. Sa formation est initialement due, en partie, à la bienveillance israélienne qui trouvait réconfortante la présence d'une faction musulmane opposée à l'OLP activiste. Le Hamas qui faisait partie du mouvement des Frères musulmans s'en est progressivement détaché.

D'avril 1993 à la fin octobre 1998, 22 attentats étaient recensés contre Israël[73]. Les trois quarts des responsables de ces attentats habitaient dans des camps de réfugiés ou étaient descendants de parents ou de grands-parents qui avaient quitté leur demeure en 1948. Leurs familles étaient nombreuses, en moyenne une dizaine de personnes. Dans de nombreux cas, les célibataires, qu'ils travaillent ou qu'ils soient au chômage, résidaient au domicile parental. Dans quatre cas, des fils mariés et leurs enfants y demeuraient aussi[74].

Toutes les bombes vivantes ne sont pas pauvres. Une bonne partie d'entre elles ne sont pas des réfugiés. Ce qui les caractérise est souvent le fossé entre le niveau de leurs études et leur activité professionnelle. La dépendance de l'économie palestinienne à l'égard d'Israël les fragilise : on leur refuse des postes en relation avec leur qualification, les réservant aux Israéliens ou à d'autres nationalités non suspectes de terrorisme. Dans la période qui a précédé la Seconde Intifada, seulement deux attentats recensés étaient le fait d'hommes mariés[75]. L'un d'eux, Khader Gheimat, travaillait en Israël. Un autre, Anwar Sukar, était membre du Djihad, vivait dans un quartier de Gaza, et avait séjourné onze mois dans les prisons israéliennes et un mois dans celles de l'Autorité palestinienne. Les autres kamikazes étaient des jeunes gens célibataires, âgés de 17 à 27 ans, ne prenant pas en charge les besoins de leur famille.

Selon les sources de sécurité israélienne, entre 1993 et 2000, il y a eu 42 kamikazes palestiniens. De janvier 2001 au 5 avril 2002, il y en a eu 64[76]. Les raisons de cette augmentation sont, d'une part, la politique répressive menée par le gouvernement Sharon, le sentiment croissant que l'OLP n'était plus considérée comme partenaire dans la gestion par l'État hébreu, mais aussi l'emballement qui opère selon un cycle cumulatif, les martyrs opérant comme des modèles à suivre par d'autres jeunes. La grande nouveauté a été l'implication de quelques femmes, trois jusqu'à nouvel ordre. Les bombes vivantes opèrent comme les représentants de la société palestinienne, en l'absence de légitimité d'une Autorité palestinienne dont la seule justification est d'être l'unique rempart institutionnel palestinien devant la répression israélienne et non l'adhésion de la population à l'OLP[77].

Dans la Seconde Intifada, il n'y a plus un portrait unifié possible, tant les Palestiniens de toute provenance, de toute classe sociale et pratiquement de tous les âges y ont participé. Selon Nasra Hassan, sur les quelque cent cinquante personnes impliquées dans les attentats-suicides, aucun ne correspondait au profil de la personnalité suicidaire[78]. Aucun des martyrs n'était illettré, misérable, ni même déprimé selon son entourage. Beaucoup d'entre eux appartenaient aux classes moyennes et à moins de se trouver en fuite, ils avaient tous un emploi rétribué. Plusieurs occupaient des emplois, même dans la bande de Gaza où le taux du chômage est extrêmement élevé. Ils étaient religieux et la plupart portaient une barbe. On assiste donc à une grande diversification des personnes impliquées, comme si le sentiment de révolte contre le pouvoir israélien l'emportait sur les considérations personnelles de sécurité des classes moyennes.

Les bombes vivantes appartiennent, pour la plupart, au Hamas ou au Djihad. Elles savent qu'après leur mort, l'organisation prend en charge leur famille, souvent avec l'aide de l'Arabie saoudite. Celle-ci reçoit entre trois et cinq mille dollars. Les ressources du Hamas proviennent en grande partie de la diaspora palestinienne et des pays du Golfe. L'Iran y contribue pour un montant qui pourrait s'élever entre vingt et trente millions de dollars par an. Certaines associations islamiques charitables semblent également y apporter leur contribution. L'administration Bush plaça en novembre 2001 le Hamas sur la liste des groupes terroristes. En décembre 2001, les États-Unis confisquèrent les biens du Holy Land Foundation, la plus grande fondation charitable islamique des États-Unis, accusée de financer le Hamas[79].

Tous les kamikazes ne sont pas encadrés par des groupes activistes. Quelques-uns semblent n'avoir eu aucune affiliation reconnue, comme Daoud Ali, un tranquille père de famille de quarante-six ans, un musulman qui n'avait pas, selon son frère, une pratique assidue et qui ne s'était pas montré jusque-là politiquement engagé[80]. Il n'empêche, l'écrasante majorité est affiliée à une organisation. La préparation de l'acte se fait au sein d'un encadrement qui place le jeune sous la direction d'un membre chevronné du groupe. La lecture du Coran, surtout des sourates évoquant le *djihad*, est une activité assidue dans la semaine qui précède l'acte. L'encadrement devient plus strict à mesure que l'on s'approche de la date fatidique. Un testament écrit et une vidéo où le futur martyr explique son acte font partie du rituel.

Comment des organisations comme le Hamas ou le Djihad peuvent-elles construire des liens de solidarité entre les jeunes au sein de la population palestinienne ? S'appuient-elles sur les relations communautaires ou en inventent-elles de nouvelles ? Les formes de solidarité locale ou régionale ou l'appartenance à un clan ou une faction jouent indéniablement chez les différents groupes qui constituent la *chebab*. Mais ce sont les conditions de vie imposées par les rigueurs de l'occupation israélienne et par l'autoritarisme et le clientélisme de l'Autorité palestinienne qui constituent, on l'a vu, le terreau de cette nouvelle forme de solidarité. Celle-ci est avant tout la conséquence de la vie dans une société qui a vécu pendant longtemps dans une situation de semi-guerre (la Première Intifada), puis dans celle d'une non-paix (la période d'après les accords d'Oslo de 1993) et enfin, d'une véritable guerre (la Seconde Intifada depuis octobre 2000).

La décision personnelle

Si le Hamas et le Djihad intègrent les futurs martyrs, il n'en demeure pas moins que la demande vient d'en bas. Il n'y a pas de contrainte préalable de la part de ces organisations et pendant la période d'effusion – surtout dans la Seconde Intifada –, l'offre de martyre dépasse largement la demande. La dimension organisationnelle des « bombes vivantes » étant une donnée irrécusable, sa signification anthropologique, liée à une décision personnelle et hautement individuelle, l'est tout autant. C'est ce que ne cessent de dire les martyrs eux-mêmes. Dans leur testament, dans les cassettes vidéo ou leurs écrits, ils évoquent souvent le caractère personnel de leur décision. Anouar Sukar dit : « C'est ma décision dans ce monde d'être martyr puisque Dieu aime qu'on le soit. J'espère qu'Il me donnera cette chance[81]. »

Ce trait distingue le martyre moderne de celui de la victime sacrificielle. Ici, c'est un ego qui est impliqué. Ce n'est pas, comme dans les traditions aztèques au

Mexique, une victime sacrificielle dont l'acquiescement était obtenu par la drogue et les procédures de suggestion et de manipulation hautement ritualisées[82]. Même si la manipulation des candidats par des organisations comme le Hamas et le Djihad n'est pas à négliger, elle n'intervient qu'après leur prise de décision. Ceci est essentiel pour comprendre la modernité de la société palestinienne : dans la quasi-totalité des cas, le futur martyr n'est pas poussé par la famille ou la communauté à embrasser la mort sacrée, mais très souvent contre leur gré, à leur insu, et par un acte individuel. Cette individuation est indissociable de l'aspiration à une nation. L'adepte de la mort sacrée cherche à mourir parce que dans un monde où l'aspiration à être un individu au sein d'une collectivité souveraine ne peut se réaliser dans la vie.

La dimension religieuse sert de justificatif à cet état de fait. La révolte, en se déclinant au nom de l'islam, trouve les ressources nécessaires pour mettre la vie en jeu. La récompense est d'acquérir, après la mort, une situation de félicité auprès d'Allah, par l'acquisition de la situation enviée du martyr. Le paradis est ouvert à ceux qui périssent « dans la voie de Dieu ». En absolutisant le sens de la lutte, en la plaçant au cœur du religieux, les combattants surmontent l'angoisse de la mort et parviennent à épouser un affect qui les place déjà du côté des Élus. Ils cherchent, dès lors, à mourir à tout prix au service de la cause sacrée.

Si les endroits comme les cafés ou les discothèques sont des cibles de choix, c'est, parce qu'ils sont moins surveillés que les colonies, mais aussi, parce que ce sont des lieux de plaisir et de fête d'une jeunesse israélienne qui, aux yeux des martyrs, est complice de ses parents par sa participation à des festivités dont eux-mêmes sont exclus. À la vision puritaine de l'islam s'ajoute la rancœur née de la vision de la fête par ceux qui leur interdisent l'accès aux bienfaits de la modernité. Quant à l'absence de désespoir que notent des journalistes étrangers, il faut la contextualiser parce que l'engagement martyriste fait surmonter le désespoir qui lui préexistait. Quand l'engagement dans la mort sacrée atteint une grande intensité, le sujet s'enferme en lui-même. C'est un mélange de dépit et de désespoir qui rend possible le passage à l'acte. Les psychiatres sont plus sensibles à la dimension du désespoir qu'à celui du dépit et de la capacité sociale d'agir[83]. Cependant, le passage à la mort sacrée sert autant au dépassement du sentiment de détresse qu'à son occultation.

L'un des traits importants de cette volonté de mourir et de mettre à mort l'ennemi est le sentiment d'une animosité sans fin, d'une guerre qui ne connaîtra jamais de terme. Le futur est barré. Une mémoire collective se double d'un imaginaire où l'avenir est pire que le présent, lui-même vécu comme la dégradation du passé. C'est pourquoi la Première Intifada est vécue aujourd'hui par ceux qui y ont participé comme un âge d'or par rapport à un présent en tout point plus sombre que le passé. Ils croyaient à l'amélioration de la situation, à la conquête de l'indépendance politique, à l'acquisition de cette nouvelle dignité qu'une longue guerre d'usure avec Israël avait rendue hautement improbable. Le martyre était la promesse d'un avenir plus radieux. À présent, il ne présage pas d'un avenir meilleur. Il est la riposte à l'humiliation subie par une société israélienne plus développée, plus forte et plus riche et qui, dans cet affrontement symbolique et réel, détient tous les leviers. Le seul élément qui échappe à la domination, c'est la mort. L'un des leitmotivs des Palestiniens tient précisément dans ce constat que leur seule supériorité réside dans leur aptitude à mourir lors même que leur adversaire israélien tient à tout prix à la vie et qu'en cela, pour une fois au moins, il leur est inférieur. Ils mettent leur vie dans la balance tout en sachant l'issue bloquée, mais ils surmontent le désespoir en imaginant une situation apocalyptique : périr et faire périr autant d'ennemis que possible dans un affrontement où l'on est sans peur devant ceux qui vivent dans la hantise des attentats et faire ainsi preuve de la permanence d'un honneur et d'une fierté que la constance de la présence de l'armée israélienne met en cause. À l'impuissance dans la vie on riposte par la puissance décuplée dans la mort que l'on sacralise en référence à un islam retravaillé et réinterprété pour les besoins de la cause[84]. Les organisations islamiques prennent en charge les candidats, mais elles n'en sont, en rien, les protagonistes. Certes, elles manipulent les jeunes, mais ceux-ci sont avant tout des volontaires.

Le martyre remplit encore une fonction supplémentaire chez les Palestiniens. Leur vie quotidienne est marquée par des « magouilles » qui les salissent à leurs propres yeux : marché noir, contrebande, emplois précaires et des formes plus ou moins mesquines de larcin qui les apparentent aux « trabendistes » algériens (littéralement ceux qui font les murs) ou aux jeunes « déshérités » iraniens (*mostaz'afin*) qui connaissent une vie économiquement dégradante et socialement humiliante, ainsi que la collaboration infamante avec les services de renseignements de l'ennemi. Cette indignité intériorisée se transcrit dans une logique religieuse en termes de péché. On se sent coupable d'être acculé à une situation sans issue dans un monde ambiant où, à moins d'une heure de là se déroule, en Israël, au Liban ou chez les membres de la diaspora palestinienne que rapprochent les amitiés et les liens de parenté, une vie incomparablement plus gaie, plus opulente, non talonnée par des manques élémentaires d'autant plus cruellement ressentis qu'ils ne posent pas de problème chez les proches, immigrés en Occident. Le martyre permet alors à l'adepte de redevenir spirituellement vierge, de voir ses « péchés » effacés par l'enchantement d'une mort qui lui ouvre les portes du paradis, à défaut de le faire accéder au monde extérieur. Par cette disparition sanctifiante, il se défait d'une quotidienneté avilissante. Les désirs individuels de promotion sociale, d'accès à une modernité consumériste et d'affirmation de soi se trouvent transcendés dans l'aspiration à faire corps avec les commandements d'Allah. La seule intention sacrée est désormais de passer outre à ses propres désirs pour épouser une cause noble, celle de Dieu. La mort au service d'Allah rend possible le dépassement de soi, neutralise la douleur d'une individualité qui n'a pas su voir un début de réalisation, atténue le sentiment lancinant d'une injustice quotidienne où la présence arrogante des Israéliens et la concussion éhontée des agents de l'Autorité palestinienne se donnent la main pour rendre l'existence de la *chebab* désespérante. Par la mort on épouse une modernité qui n'a pas pu s'accomplir ici-bas et trouvera un début de réalisation dans l'au-delà, si le candidat à la mort sacrée a pu agir dans la pureté d'intention nécessaire à cet acte pie. Le néo-ascétisme se met aussi en branle. La religion sert à légitimer le refus d'un monde qui, dans l'intimité du vécu de la *chebab*, s'est déjà refusé à elle dans le concret de son expérience de tous les jours. On rejette une modernité dont on a été, depuis le début, matériellement exclu tout en y étant mentalement impliqué.

Contrairement à des constats simplistes, la présence des *houris* (vierges transparentes et voluptueuses du Paradis) n'est pas déterminante dans la volonté des martyrs d'accéder au paradis. L'imaginaire musulman traditionnel était ravi de la présence féerique de ces femmes sensuelles à la virginité sans cesse renaissante, destinées à satisfaire une sexualité non limitée par les conditions économiques du croyant dans ce monde et sans culpabilité, contrairement au christianisme. La modernisation des sociétés musulmanes a entraîné un puritanisme qui se conçoit comme le refus de l'hédonisme occidental : aux yeux des adeptes, celui-ci chercherait à appâter et à pervertir les musulmans. En refusant la sexualité débridée de l'Occident, on neutralise sa capacité de tenter et de dépraver les adeptes d'Allah. Le néo-ascétisme, par ailleurs, a pour but d'unifier l'identité de ces musulmans qui visent à se mettre sur un pied d'égalité avec les Occidentaux et qui, incapables de le faire en raison de leur pauvreté, le font dans l'ostentation à brider leur désir et à limiter leurs aspirations matérielle et libidinale. Le refus de la sexualité et de la consommation devient le lieu où l'affrontement tourne à l'avantage des adeptes d'Allah dans la mesure où, par une discipline intériorisée et le rejet explicite de l'hédonisme, ils peuvent construire une identité rigoriste qui se magnifie en s'opposant aux attraits malsains et diaboliques d'un Occident tentateur.

Le candidat au martyre, une fois son vœu formulé et son apprentissage pris en charge par l'organisation, est déjà en partie mort au monde. Il est en instance de départ, il vit le temps qu'il lui reste comme l'attente d'une délivrance. S'il a des doutes, les personnes spécialisées (les mollas du Bassidje en Iran, deux membres du Hamas…) tentent de le raffermir dans une foi chancelante qui risquerait de lui faire renoncer à sa tâche. Il devient alors un « martyr vivant » (chahid al hayy[85]). Il fait des jeûnes et des prières surérogatoires, s'imprègne du Coran et fait acte de repentir vis-à-vis de ceux dont il est redevable[86].

Dans cette période cruciale où il peut renouer avec les formes normales de la vie et revenir sur sa décision de mourir, il est important pour l'organisation de le couper de l'état d'esprit qui préside à la vie quotidienne. Tout est fait pour le « rehausser » au-dessus des soucis mesquins d'une vie attachée aux biens périssables de ce monde. Il a le sentiment qu'il va étreindre l'éternité. L'Organisation prend soin de le maintenir dans cet état de sublimité. On lui décrit les cas d'illustres prédécesseurs, que ce soit dans l'entourage du Prophète ou des exemples plus proches comme ceux des jeunes qui ont accédé au martyre avant lui et qui l'attendent pour l'accueillir dans l'empyrée avant qu'ils n'entrent au Paradis.

Le type de mort choisi marque la prégnance du présent sur sa décision. Bourré d'explosifs, il va éclater en mille morceaux et reproduire ainsi l'image de cette terre palestinienne éclatée entre les colonies et régie par des statuts tout aussi hétérogènes. En dispersant son corps en mille morceaux, il s'unifie dans le martyre. Tout en se défaisant de son corps déchiqueté qui représente sa vie ici-bas, il acquiert une unité supérieure qui le lave de ses péchés et lui donne ce qui lui est refusé dans le monde : un statut, une existence, une signification sublime, bref, une individuation qui n'a pu s'incarner dans la vie réelle au sein d'une nation souveraine. Dans son explosion, il emporte avec lui les Israéliens, les réduisant à la situation qu'ils ont imposée à son pays. Morcellement, rapiècement, écartèlement, chaque colonie juive est une écharde dans sa chair qu'il a vécue au rythme des fouilles et des perquisitions quotidiennes. En vouant son corps à un éclatement total, il se « spiritualise », renonce à ce qui l'attachait à la vie terrestre où il n'a pu comprendre ce que c'est que d'avoir une « patrie », un pays à soi, comme une extension de son corps.

Dans les sociétés depuis longtemps unifiées sous l'égide d'un État national, on oublie souvent que le pays est comme une extension du corps et qu'en s'y mouvant l'individu a le sentiment de vivre dans un chez-lui qu'il éprouve, intimement, dans sa chair. On fait corps avec son pays de la même façon qu'on vit son identité dans sa permanence, malgré les changements d'humeur et d'état mental. Un pays réel signifie une administration autochtone, un État à soi, un mode d'organisation autonome qui rappelle l'identité nationale, bref, un ensemble de faits qui se construit en relation avec une géographie homogène et qui rappelle celle du corps propre.

Pour les Israéliens, l'horreur d'une mort si inhumaine déshumanise davantage les Palestiniens. Chez les juifs orthodoxes cette horreur est décuplée car, selon la tradition, le corps doit être livré intact et intégralement à Dieu. Les explosions qui déchiquettent le corps des innocents dans des lieux publics alors qu'ils n'avaient souvent pas d'implication dans la répression des Palestiniens, comme par exemple les jeunes filles et les vieillards, empêchent de les rendre intacts à la terre, les morceaux éparpillés étant souvent difficiles, voire impossibles à rassembler intégralement. Ce manquement à la tradition pose problème aux yeux des pratiquants orthodoxes juifs pour qui s'ajoute à la douleur de voir leurs bien-aimés emportés par une mort profondément injuste une blessure dans leur religiosité. Ce qui est vécu comme un acte de délivrance dans la mort par les bombes vivantes et une revanche est en retour vécu par les Israéliens comme un *casus belli* supplémentaire. L'inhumanité des martyrs leur prouve qu'ils ne sont pas dignes d'un traitement décent, que les sévices qu'on leur inflige lors des interrogatoires sont légitimes, qu'on ne peut leur faire confiance et que le seul remède efficace est leur répression et au besoin, leur expulsion des Territoires occupés[87].

Le martyre devient l'emblème d'une relation viciée avec autrui où la mort de ce dernier revêt plus d'importance que la vie. À la mort en martyr, les Israéliens ripostent par la tentative de repeuplement des territoires palestiniens moyennant les colonies en plus de la répression armée, ce qui ravive la haine des Palestiniens et leur sentiment de dépossession et d'expropriation. Le politique comme catégorie fondatrice de la Cité disparaît au profit d'une haine quasi aveugle. Le cercle vicieux de la violence et de la contre-violence s'enchaîne inexorablement d'un côté comme de l'autre et, à la limite, la capacité de sortir de cette situation échappe aux protagonistes qui sont aveuglés, tel le héros grec, par les dieux de l'*ubris* et ne peuvent que pousser à un surplus de violence, pas à une coexistence négociée.

Rapport avec les siens et les autres

Pour l'adepte, le martyre est l'occasion de faire la paix avec les siens. Les familles palestiniennes subissent une grande tension liée à une modernisation manquée. Tous les problèmes se cristallisent sur la famille qui devient le lieu de tiraillements entre les jeunes et les adultes, entre pères et fils, mais aussi entre les divers membres de la famille quelquefois étendue. Le martyre est l'occasion d'y mettre fin. Dans son testament, l'adepte demande rituellement pardon, aux uns et aux autres d'un éventuel manquement à leur respect. Le martyre est aussi l'occasion de faire en sorte que la famille en soit bénéficiaire dans ce monde par l'aide que lui apporteront les organisations islamistes et l'Arabie saoudite et dans l'autre monde, en termes de mérite. Par le martyre, on surmonte la pénurie, si ce n'est dans ce monde, du moins dans l'autre. En raison du sacrifice, les membres de la famille auront une place privilégiée auprès d'Allah. Ils y seront traités avec les égards que l'on doit à ceux dont le fils est mort pour une cause sacrée. Si ici-bas on vit dans l'insignifiance et l'indignité, dans l'au-delà, la situation sera inversée. Non seulement le martyr en sera le bénéficiaire, mais tous ceux qui ont eu des relations de parenté avec lui en tireront avantage.

L'acte du martyr ne s'adresse donc pas uniquement à Israël. Il s'adresse tout autant aux Palestiniens. Tant qu'il vivait, le martyr était quelqu'un d'insignifiant qui n'avait aucun titre à une existence digne. Comme ces milliers de jeunes Palestiniens parqués dans des camps ou à Gaza avec les plus fortes densités de population du monde, ils étaient des *homonculi* dont la vie ou la mort n'avaient aucune importance aux yeux des autres. Vivants, ils sont quantité négligeable non seulement aux yeux des Israéliens qui voudraient au mieux ignorer leur existence, mais aussi pour le pouvoir palestinien qui voit en eux des trouble-fête potentiels par leur zèle intempestif au service des islamistes du Hamas ou du Djihad.

La voie royale pour sortir de la médiocrité à laquelle ils se sentent acculés est une mort glorieuse, celle-là même qui sera célébrée par leur quartier et leur société comme une victoire symbolique majeure sur l'ennemi, les posters portant leur photo dans une tenue de combattant et leur entourage les louant, *post mortem*, comme des êtres d'exception. On parlera d'eux en Israël, et à une plus large échelle, dans le monde entier. D'autant plus qu'ils ont noué une large complicité avec la mort qui s'est largement banalisée à leurs yeux. Ici, la vie s'use au contact de la mort ou à sa proximité dans des situations tendues qui deviennent la norme et mettent à l'épreuve l'équilibre mental. L'exemple de la bande de Gaza est édifiant : elle s'étend sur 45 km de long et 10 km de large avec plus de 18 000 habitants au km^2 : plus de 80 % de la population ne peut la quitter, l'accès à la Cisjordanie ou à Israël étant limité par les Israéliens. Mourir, pour ses jeunes, signifie la sortie glorieuse d'un confinement spatial et économique qui les étouffe littéralement. Ici, l'insupportable n'est pas uniquement le spectacle quotidien de l'humiliation imposée mais le sentiment de strangulation par un enclavement qui rend la vie impossible par l'excès de population sur un territoire exigu.

La vision apocalyptique du martyre

La logique du martyre peut aller jusqu'à une vision apocalyptique. On va quitter ce monde en étreignant la mort sacrée parce qu'il touche à sa fin et qu'une apocalypse va se produire dont les prémisses sont posées par le martyre, généralisé à la société entière, constatent certains Palestiniens. Cette vision est partagée, tout autant, par des groupes de juifs et de chrétiens sionistes. Pour eux, il s'agit de hâter l'avènement du Messie en lui préparant le terrain, conformément aux prédictions de la Bible.

Pour les « protestants sionistes » américains, plusieurs faits ont une légitimité biblique et pointent vers la Fin des temps. L'établissement de l'État d'Israël est un signe précurseur de l'avènement du Christ. Le processus de paix entre Israéliens et Palestiniens retarde la Promesse de Dieu (l'avènement du Messie) ; enfin, Jérusalem, dans sa totalité, doit être sous l'égide d'Israël pour des raisons théologiques puisées dans la Bible. Israël est béni : bénis sont ceux qui le bénissent et maudits ceux qui le maudissent. Les Palestiniens en particulier et les Arabes en général sont des païens et constituent le parti du Gog et de Magog. Enfin, le règne du Millenium ne va pas tarder à commencer mais la condition nécessaire à cela est que les païens soient détruits dans le combat d'Armageddon[88].

Pour certains sionistes chrétiens, la venue de l'Antéchrist avant l'avènement du Christ exige que plusieurs conditions soient remplies. Cette version est reprise par certains musulmans qui pensent que le règne de Dajjal (l'Antéchrist musulman[89]) est imminent qui nous approchera de la fin au monde et de la Résurrection.

Selon les prédictions de la Bible, notamment dans les prophéties de Daniel, de Zacharie et d'Ezechiel, réinterprétées par les chrétiens sionistes, le Troisième Temple de Salomon devrait être construit. Seulement à son emplacement se trouve la mosquée Al Aqsa qu'il faudra démolir afin de se conformer aux exigences bibliques et à la mise en conformité du monde pour rendre possible l'avènement du Messie.

Une partie de cette conception a été reprise par certains Palestiniens qui en ont fait la pierre de touche de leur expérience de la fin du monde, en substituant au messie juif ou chrétien celui de l'islam. Dans *The Day of Wrath* (*Le Jour de l'Ire*), l'auteur Safar Ibn Abd al Rahman[90] décrit minutieusement les sionismes juif et chrétien et leur vision apocalyptique tout en apportant, à la fin, sa propre contribution. La Seconde Intifada serait le commencement de la fin du monde qui s'achèvera dans l'Apocalypse et dont les prémisses se trouvent dans la destruction d'Israël dans les dix années à venir. L'auteur partage avec les sionistes juifs et chrétiens l'idée que Dieu a laissée, dans les écrits saints, dont la Bible, des indications permettant de prédire l'avenir, à supposer qu'on les lise convenablement, en s'armant des instruments herméneutiques adéquats. C'est par la compréhension appropriée du Coran et de la Sunna (Tradition du Prophète concentrée dans les hadith, ses récits, dûment répertoriés) que l'on parviendra à percer le sens de l'avenir. Les chrétiens et les juifs rejettent la lumière de la prophétie islamique et en cela, ils sont aveugles, interprétant l'avenir selon une conception faussée de l'Apocalypse. Les textes bibliques, lus à travers la lumière de l'islam, révèlent leur contenu qui est celui-là même que nous délivre la religion d'Allah. Se dotant des hadith puisés chez Al Bukhâri (l'une des autorités les plus reconnues pour sa compilation dans l'islam sunnite) l'auteur du *Jour de l'Ire* montre que le commencement de la nouvelle ère n'est pas l'avènement de l'État d'Israël mais la guerre sainte musulmane, le *djihad*. Ce dernier trouve ses signes avant-coureurs dans la Seconde Intifada. Si celle-ci n'est pas l'ultime *djihad*, elle est indubitablement sa préparation. Ce sont les Palestiniens qui sont désignés pour en être les précurseurs parce qu'ils ont subi « le feu du monopole capitaliste, de l'usure juive, du despotisme et du boycott américain ». Leur faiblesse même les désigne comme les acteurs de la Fin des temps, ce que prédisent les messages délivrés par Joël et Isaïe. La question est de savoir quand va arriver le jour de l'Ire du Seigneur ? Quand Allah va-t-il détruire ce qui est, selon l'expression de la Bible, « l'abomination de la désolation » ? Quand les chaînes de Jérusalem seront-elles rompues et ses droits restaurés dans leur légitimité ? La réponse se trouve, selon lui, dans les prophéties de Daniel. Lorsque celui-ci désigna la période entre le désespoir et la consolation, il identifia l'année 1967 comme celle de l'abomination de la désolation, ce qui, selon notre auteur, se produisit effectivement par la défaite des Arabes et la victoire d'Israël dans la guerre de Six-Jours. Dès lors, la fin (ou le commencement de la fin) sera quarante-cinq ans plus tard, selon les prédictions, c'est-à-dire l'an 2012 de notre ère ou l'an 1433 de l'Hégire. Cette année-là ne saurait pourtant être garantie comme étant la bonne, mais tout nous incite à le croire. L'Apocalypse se produira, selon cet auteur, dans une décennie.

Du point de vue des chrétiens, des juifs comme des musulmans millénaristes, les conflits israélo-palestiniens dépassent donc largement le cadre de ces deux sociétés. La présence de Jérusalem, ville sainte pour les trois religions abrahamiques, les nouvelles formes de transmission des informations par les médias dans le monde entier de manière instantanée, ainsi que les divers types de fondamentalismes associés à une terre qui a un statut de sainteté pour presque la moitié de l'humanité, tous ces facteurs font que la vision apocalyptique se nourrit de la guerre et, en partie aussi, la nourrit comme signe avant-coureur d'une humanité nouvelle qui embrassera, enfin, la Fin des temps. Cette conception inspire aussi, bien que jusqu'à présent marginalement, le martyre palestinien. Les bombes vivantes ne seraient pas mécontentes de voir leur mort accélérer la Fin des temps et servir non seulement à combattre l'ennemi israélien, mais aussi à inaugurer une ère nouvelle. Ceci leur donnerait une place encore plus glorieuse dans le panthéon des élus où ils entendent entrer.

Entre la maîtrise de la mort et la fascination à son égard

En mettant en jeu la vie en vue d'un projet sacré, le martyre porte en lui un rapport complexe à l'absolu. Il est, dans un premier temps, au service de cet absolu et subordonné à lui. Dans le cas palestinien, la mort sacrée est un témoignage visant à briser l'ennemi israélien en le faisant périr avec soi. La nation sacralisée et déniée par l'adversaire israélien est à l'horizon de l'intentionnalité martyriste. Mais le mouvement vers la mort a ceci de particulier qu'il peut intervertir le moyen et la fin dans une attitude où mourir et faire mourir peuvent devenir une fin en soi. Le mouvement vers la mort sacrée peut se métamorphoser en déni de la vie dans l'absolu, se détachant des visées auxquelles elle était subordonnée au début. Ce phénomène que l'on perçoit tout aussi bien dans le martyre iranien que palestinien, est une propension insensible que l'on rencontre dans les formes décisionnistes extrêmes, que ce soit dans le christianisme primitif ou chez les adeptes contemporains d'Allah. Une effervescence particulière peut se produire dans la société où l'ivresse de mourir devient autonome par rapport à la réalisation du sacré qui était le but primitif du martyre. De moyen en vue de réaliser une fin sacrée, celui-ci devient autosuffisant, il se fait sacrifice dans une vision mortifère où la joie de mourir engendre chez les survivants une soif encore plus importante d'emboîter le pas au martyr. L'émulation pour la mort sacrée peut aller *crescendo*, comme un prurit qui s'accroît à mesure même qu'il trouve sa satisfaction, contrairement à la logique du rassasiement qui devrait habiter tout désir « normal ». Il y a dans le martyre une abnégation et une volonté de sacrifice qui peut devenir autarcique. Une sorte de joute s'instaure entre les prétendants dont chacun veut accéder à la mort avant les autres, de préférence aux autres, dans une attitude où l'abnégation s'estompe progressivement au profit d'une intentionnalité fascinée par la mort. Cela se produit particulièrement dans les groupes fermés ou dans des conditions particulièrement tragiques qui induisent ce sentiment de dépit intériorisé où chacun voit croître en lui l'aspiration à en finir avec la vie tout en emportant le maximum d'autres personnes incriminées comme les complices d'un ordre honni. Le tout agit dès lors à l'arrière-plan de la conscience, l'effervescence martyriste opérant en vase clos en suivant insensiblement les méandres d'une subjectivité qui se détache progressivement de la réalité et de sa visée primitive de mettre la mort au service d'un idéal sacré. Ce passage à l'extrême se produit souvent lorsque la situation concrète empire et les issues sont bouchées ou éprouvées comme telles par les adeptes. Dans le cas palestinien, le passage de la Première Intifada à la Seconde a engendré une radicalisation qui pousse, en sous-main, vers une fascination de la mort pour soi et les autres (le côté palestinien), l'ivresse de la répression, de l'autre (côté israélien). Jusqu'à présent, cette dimension a joué un rôle marginal, mais elle pourrait se renforcer si la conviction d'une paix impossible parvenait à se substituer à la velléité de la réaliser, chez les protagonistes.

Le cas libanais : entre le martyre et la mort absurde

Dans le cas iranien, c'est l'utopie d'une société islamique et harmonieuse qui est démentie par les faits. Dans le cas palestinien, c'est la volonté d'édifier une nation qui se trouve contre carrée. Le cas libanais est beaucoup plus ambivalent. D'une part, parce qu'il s'agit d'une société où une mosaïque de communautés différentes, musulmanes et chrétiennes, ont cogéré le pays depuis la fondation de l'État libanais. La crise de ce modèle multiconfessionnel et l'invasion du pays par Israël ont engendré une situation nouvelle où a prospéré le martyre. Mais si dans les cas iranien et palestinien, on était en présence d'un large consensus sur l'identité de l'ennemi, au Liban, cet ennemi est fractionné et il n'y a pas d'unanimité sur son identité. Pour une partie importante des chrétiens, l'armée israélienne, en intervenant au Liban, l'a sauvé de la désintégration dont la menaçaient les Palestiniens, les Chiites soutenus par les Iraniens et les Syriens. Pour les musulmans libanais, cette armée d'occupation qui a mis en place une milice, directement subventionnée par elle, constituait l'ennemi public numéro un.

La guerre civile au Liban s'est développée dans une situation de crise profonde de l'État. Depuis 1975 jusqu'à la fin des années quatre-vingt, on assiste au chaos intérieur, à l'occupation du Sud-Liban par l'armée israélienne, la constitution de la milice libanaise sous son égide et la séparation de Beyrouth en deux zones. Les communautés se replient sur elles-mêmes et se développe alors un type de mort souvent absurde lié à l'adversité entre les groupes et les factions[91]. L'intervention des pays de la région dans le conflit libanais et en particulier la Syrie, l'Arabie saoudite, l'Iran, Israël, la Lybie, les États-Unis et l'Union soviétique, transforme la guerre civile libanaise en un long conflit où divers pouvoirs régionaux interviennent par le truchement des milices et des armées privées. On assiste à l'accroissement du pouvoir des factions détaché de tout idéal.

Avec la perpétration des massacres et la formation des bandes qui s'allient et se dissocient rapidement, se constituent des ghettos communautaires qui n'existaient pas auparavant. Pendant douze ans, Beyrouth-Ouest à majorité musulmane se trouve séparé de Beyoruth-Est à majorité chrétienne le long d'une ligne de démarcation dite « ligne verte », des « francs-tireurs » abattant ceux qui tenteraient de la franchir.

Durant cette période, le changement d'alliance locale et l'insécurité grandissante ont donné aux Beyrouthins le sentiment que rien n'est anodin dans la vie quotidienne, ni se promener, ni faire ses courses, ni même marcher. L'ennemi était partout et tout pouvait basculer en quelques instants, sans transition. De 1975 à 1983, on a enregistré quelque 16780 explosions au Liban dont les charges variaient d'un kilo à une tonne et demie, qui ont fait quelque 4000 victimes. La radio a alors joué un rôle essentiel. Si la distribution des journaux s'est trouvée quelquefois perturbée, plusieurs radios comme la Voix du Liban (phalangiste), Voix du Liban libre (milices chrétiennes), la Voix de la Patrie (sunnite, à Beyrouth-Ouest), la Voix de la Montagne (communiste druze au mont Liban) donnaient des renseignements sur les combats et les zones à éviter.

Depuis 1948, s'effectuent l'arrivée massive des Palestiniens à Beyrouth et la constitution de bidonvilles à l'est, au sud-est et au sud de la banlieue de la ville forment une ceinture de misère autour d'elle. Dans ces bidonvilles vivent une majorité de Palestiniens (63,5 %), Libanais chiites originaires du Sud-Liban (16,5 %), Syriens (13,2 %) et Kurdes (6,8 %)[92]. Une partie de ces habitants interviennent dans les rivalités entre les factions, les vengeances et les contre-vengeances et fournissent une population mobilisable, moyennant finances, par un camp contre un autre, disponible au plus offrant.

Trois types d'acteurs interviennent dans le drame quotidien des habitants de la ville : le franc-tireur, le milicien et le martyr.

Le franc-tireur

Le franc-tireur, lui, est le cauchemar des habitants. Une psychose se développe dans la ville à son égard qui est fondée sur le fait qu'il est impossible de lui échapper une fois qu'on est dans sa ligne de mire. Embusqué, équipé d'un fusil à lunettes et de caisses de munitions, juché sur une chaise, il attend le gibier. 75 % des cibles sont mortellement blessées par la première balle. Chaque franc-tireur tue en moyenne dix victimes par jour. Il est efficace entre 250 et 500 mètres et les chances de s'en tirer sont infimes. Celui-ci n'est pas un indépendant mais travaille pour le compte des chefs de bande. Il est, en général, discipliné et les chefs connaissent le détail de son activité et sa position avec précision. Le franc-tireur n'adhère à aucune idéologie et se vend au plus offrant[93]. Pour lui, tout ce qui bouge est à abattre, même les animaux. Son rôle est de séparer hermétiquement l'est de l'ouest de la ville et tracer ainsi une ligne de démarcation infranchissable entre les deux communautés musulmane et chrétienne.

La milice

Autre figure qui répand la mort au cours de cette période : le milicien. Il pratique la prise d'otage et l'exécution des personnes au vu de leur « carte d'identité » sur laquelle est mentionnée l'appartenance confessionnelle. Cette pratique a été systématisée par les Phalangistes. Le 6 décembre 1975, connu sous le nom du « samedi noir », près de 200 musulmans ont été abattus froidement. Les milices pratiquent l'enlèvement et l'assassinat, elles kidnappent, jugent et exécutent en fonction de la confession, que le détenu soit croyant ou non. À partir du septembre 1982, dans la foulée des massacres de Sabra et Chatila et à la suite du retrait israélien de Beyrouth, l'armée libanaise a perdu le contrôle de Beyrouth-Ouest. À partir de février 1984, elle était chassée par Amal. Dès lors, les services de sécurité, les Forces libanaises et d'autres factions ont procédé à des arrestations massives.

On a alors assisté à deux types de mort. Celle, théâtralisée et solennelle, orchestrée par les médias ; celle, clandestine, dont on ne connaît ni la date ni le lieu exact de l'exécution. Dans le premier cas, les détenus sont promenés dans la rue, parfois enchaînés, maltraités, attachés à des véhicules. Les spectateurs applaudissent, insultent, crient et même frappent le condamné. Parfois les cadavres sont brûlés et exposés au bord des routes. Souvent les tueurs ne se contentent pas de tuer, ils savourent la mort de leur proie, l'humilient et la torturent avant de l'exécuter. Il s'agit de la destruction de l'autre en vue de l'affirmation de soi. C'est pourquoi on divise la mort de la victime en mille séquences pour la savourer davantage. Les châtiments sont le comble d'horreur, le corps supplicié devenant la propriété individuelle des miliciens. Sa destruction signifie celle des valeurs sociales et morales de l'adversaire et de sa religion qui se trouve réifiée et transformée en un principe de mal absolu.

La mainmise sur la personne détenue par son kidnappeur lui donne confiance en soi et un sentiment euphorique de pouvoir illimité, de vie et de mort, sur sa victime. Sa mise à mort engendre une soif renouvelée d'autres morts[94].

Dans ce jeu de prise d'otage, de condamnation sommaire, de torture, de meurtre et quelquefois de massacre, il y a parfois des rescapés. Pour des raisons aléatoires, ils peuvent échapper à la mort, soit qu'ils connaissent un membre influent de la milice, soit qu'ils parviennent à se faire racheter moyennant finances, ou enfin parce qu'ils arrivent à s'enfuir. Il en résulte un sentiment d'insignifiance de la vie, voire de son absurdité, et surtout, de culpabilité : d'autres sont morts et le fait d'y échapper signifie qu'on les a abandonnés à leur triste fin en leur survivant égoïstement[95].

La mort donnée comme celle qui est reçue se développe tout particulièrement durant la désagrégation de l'État libanais. Chaque parti politique, chaque camp, chaque faction édicte sa propre loi. À la place de la violence impersonnelle et normalisée de l'État surgit celle, personnalisée, arbitraire et subjective des uns et des autres, chacun poursuivant ses propres fins et désignant à la vindicte de son groupe les coupables, passibles de la mort. En l'absence d'institutions qui assurent le quadrillage des « coupables » comme les prisons et les maisons d'arrêt, la mise à mort est le moyen le plus sûr et le plus économique d'appliquer la peine. L'existence des camps ne suffit pas à donner un sentiment de continuité suffisante à l'application de la peine, puisqu'ils peuvent être pris d'assaut. Dès lors, la mort assure l'irréversibilité de la sentence.

Arrêté, l'otage a la quasi-certitude d'être mis à mort à un moment ou un autre, ce qui constitue une terrible épreuve pour lui, le supplice sans doute le plus intolérable. Sur ce plan, sa subjectivité se situe aux antipodes de celle du martyr. Les uns et les autres sont sûrs de mourir, les martyrs à un moment en principe fixé d'avance, les otages dans un avenir indéterminé.

Cependant, la différence majeure réside dans le fait que les martyrs sont volontaires alors que les otages sont les victimes involontaires.

Les miliciens sont souvent cagoulés. Mais la cagoule peut revêtir une double signification, selon que l'on est du côté des victimes ou des bourreaux. Dans le dernier cas, il s'agit d'une cagoule ouverte au niveau des yeux visant à créer une ambiance de terreur et à soustraire les bourreaux au regard des victimes. La cagoule peut également être comme un sac que l'on met sur la tête des victimes et dès lors, il accroît le sentiment d'insécurité en leur refusant le regard sur le monde et en les confinant dans un noir étouffant. La cagoule annule la responsabilité de l'exécutant et dénie à la victime le droit d'identifier son bourreau.

La mise à mort des victimes par les milices se déroule souvent dans une ambiance de kermesse, voire d'orgie : on traîne les prisonniers blessés ou leur cadavre en chantant, en poussant des cris, en jouant du luth ou en trépignant, les miliciens se droguant quelquefois avant la cérémonie, voire en faisant l'amour pour donner un sens plus jubilatoire à cette fête collective. Il y a transgression de l'interdit, jouissance dans la cruauté et association de l'alcool, de la danse et de la drogue à cette foire de sang. Celui de la victime ressoude les membres du clan, de la famille, de la confession ; il engendre, comme dans les cérémonies de bouc émissaire, un sentiment revigoré du groupe par la désignation, à la vindicte collective, des détenus. Dans ces cérémonies, les tueurs se mettent dans la peau des héros parce qu'ils transgressent le tabou de la mise à mort. L'irrespect vis-à-vis du cadavre des victimes et les plaisanteries scabreuses à leur sujet contribuent à les déshumaniser et à donner le sentiment d'une légitimité absolue au groupe. On en vient à violer les tombeaux, y enfermer des personnes vivantes, piéger les cadavres, les disséquer. Les femmes et les filles n'échappent pas à l'horreur. Leur viol, souvent devant leur mari ou leurs parents, qu'il s'agisse de fillettes de douze ou treize ans ou de femmes âgées, que l'on force à l'acte sexuel et que l'on exécute ensuite, constitue un fait courant. Il s'agit d'avoir un plaisir sexuel, mais aussi, de détruire symboliquement le corps de l'autre dans sa lignée féminine ainsi que sa famille. Chez les femmes violées, il y a la blessure du corps, mais aussi la honte, le sentiment de culpabilité d'avoir déshonoré leur famille et leur clan et la peur d'en parler par la suite. Le sexe s'allie à la mort dans une ambiance où chacun peut faire justice à l'autre et où les plus puissants sont ceux qui exercent le droit de vie et de mort sur les plus faibles, entourés de bandes de miliciens qui les protègent et exécutent leurs basses besognes.

Dans la société globale, l'arbitraire des arrestations et des mises à mort pousse au relâchement des interdits et des contraintes sociales. Les enfants en sont les premières victimes. Ils deviennent égocentriques, indifférents aux autres, fascinés qu'ils sont par les actes guerriers et les atrocités, en particulier les meurtres.

La rubrique des faits divers des journaux est pleine d'événements liés indirectement à la guerre civile : un tel est mort en nettoyant son revolver dont une balle est sortie et l'a mortellement atteint ; les enfants, en jouant dans la rue, trouvent un sac contenant une tête coupée. Le style en est froid et impersonnel. Le journaliste ne donne pas la cause. Juste le fait dans l'horreur de sa singularité est évoqué, ce qui banalise la mort et l'inscrit dans une quotidienneté guerrière. La guerre civile engendre, à son tour, le besoin de consommation d'horreur. Chacun attend chaque jour sa dose de catastrophes. Celles-ci rassurent insidieusement. Si d'autres sont morts, le signe rassurant est que l'on n'est pas encore parmi eux. Leur mort « témoigne » de la vie du lecteur des actualités, elle joue une fonction substitutive dans un sens pervers : ils sont morts à notre place par une chance inouïe pour nous et par malchance pour eux, mais non pour assurer la cohésion de notre communauté par un sacrifice librement consenti. Ici, c'est l'individu atomisé qui trouve dans la mort de son prochain l'occasion de se rappeler sa « chance » et le « malheur » de celui qui y a succombé sous l'effet du pur hasard.

Le martyr libanais

Mis à part les figures archétypiques du franc-tireur et du milicien, il en existe une troisième qui a joué un rôle important dans la guerre au Liban, celle du martyr. Celui-ci se manifeste d'abord dans les opérations-suicides contre l'armée d'occupation israélienne.

Le martyr libanais tire son origine d'une motivation politico-religieuse qui s'inscrit dans une représentation chiite sous l'obédience du Hizballah, d'une volonté de lutte nationale alors exclusivement politique. Le martyr est mû par une volonté de libération nationale, que ce soit dans le cadre d'un parti politique national ou du parti communiste. Deux types de martyrs sont intervenus dans les opérations kamikazes[96]. D'une part, les professionnels qui préparaient les opérations à l'avance, se rendaient sur place et si les conditions ne s'y prêtaient pas, remettaient à plus tard leur action. À côté, il y a ceux qui, réglés comme une bombe à retardement, une fois lancés ne peuvent être arrêtés.

Des actions-suicides ont été menées contre les cibles américaines et françaises. L'ambassade des États-Unis à Beyrouth-Ouest a été détruite le 18 avril 1983, faisant 39 morts. Un attentat contre cette même ambassade à Beyrouth-Est, le 20 septembre 1984, a fait 23 morts et 69 blessés. Les camions-suicides lancés contre la résidence des Marines américains et des forces françaises le 23 octobre 1983 ont fait 262 victimes américaines et 80, françaises. Les deux hommes qui ont mené les opérations, connus sous les noms de Abou Mazen et Abou Saj'an, avaient respectivement 26 et 24 ans. L'une des premières opéations-suicides contre l'armée israélienne s'est déroulée en 1982, contre l'immeuble où était installé le contingent militaire israélien à Tyr, le 11 novembre 1982. Il a causé 47 morts et 27 disparus. L'auteur, Abou Kassir, était né en 1967 au Sud-Liban. En 1985, une opération-suicide contre les patrouilles israéliennes a été lancée par une jeune fille de 17 ans, Sana Mhaydli, née en 1968 au Sud-Liban dans une famille chiite. Elle appartenait au Parti national syrien social. Parti non confessionnel, il prônait la formation de la Grande Syrie au sein de laquelle seraient unifiés le Liban, l'Irak, la Syrie, la Jordanie, la Palestine et Chypre. Ses martyrs déclarent lutter pour la libération de la Palestine et du Sud-Liban du joug israélien. Les femmes jouent un rôle non négligeable, à la différence des Chiites dont les femmes sont absentes dans ce genre d'entreprise. Un autre parti laïque, a lancé ses martyrs contre l'armée israélienne, le Parti communiste libanais. Jamal as-Sâti, membre de ce parti, s'adresse, dans son testament, aux «pauvres du monde entier». Il est issu d'une famille modeste de la Bekaa. Une jeune femme, Lola Abboud, également communiste, surnommée la «Fleur de la Bekaa», compte aussi parmi les martyrs.

La majorité des martyrs sont issus de familles modestes, voire défavorisées, du Sud-Liban. Le martyr iranien du Bassidje laisse souvent des écrits et un testament, accompagné de cassettes et, plus rarement, de vidéocassettes. C'est avec les martyrs libanais que l'emploi des cassettes vidéo s'est généralisé. Sana Mhaydli travaillait à Beyrouth-Ouest dans un magasin de vente de vidéocassettes. Elle a laissé une vidéo dans laquelle elle faisait ses adieux à ses proches. On y trouve exprimés les thèmes de prédilection des martyrs. Le premier est la mutation de la tristesse en joie. Suivent les motivations de l'acte, lié à la lutte contre l'oppresseur. Le troisième est l'identification de la mort en martyr au mariage, ce qui justifie les festivités, le refus de la tristesse et la nécessité de la joie collective. Le martyr ne meurt pas mais demeure vivant et présent parmi les siens. La mort sacrée n'est pas un devoir ni une corvée, mais la réalisation du désir le plus ardent. Le thème du sang du martyr est tout aussi important. En se répandant sur la terre, il revigore la cause sacrée des combattants contre les forces du Mal. Sa vertu thaumaturgique naît de son jaillissement hors du corps qui libère l'énergie des combattants et cautionne la victoire future contre les oppresseurs. Enfin, vient l'invocation de la famille, en particulier la mère pour qu'elle bénisse son fils ou sa fille martyr et abonde dans son sens pour la promotion des idéaux sacrés au service desquels il s'est sacrifié. Ainsi Sana déclare : « Je suis la martyre Sana Youssef Mhaydli ; j'ai 17 ans ; je suis du Sud. Sud-Liban. Le Sud occupé et opprimé, le Sud résistant et révolutionnaire… Je suis du Sud des martyrs, du Sud de Cheikh Raghab Harb… du Sud du héros Wajdi al-Sayegh… Que votre joie éclate au jour de ma mort comme si c'était celui de mon mariage… J'espère que mon âme rejoindra celles des autres martyrs et retombera comme la foudre sur la tête des soldats ennemis... Je ne suis pas morte mais toujours vivante parmi vous : je chante, je danse, je réalise toutes mes ambitions, je suis comblée d'incarner l'héroïsme et le martyre... Ne pleurez pas sur moi... soyez heureux, riez, puisque dans la vie il est toujours des gens pour vous apporter l'espoir de la libération... Je suis désormais enracinée dans la terre du Sud que je fortifie de mon sang et de mon amour... Ô ma mère, comme je serai heureuse lorsque mes os seront départagés d'avec ma chair, lorsque mon sang grondera sur la terre du Sud. Je vais à la mort pour ne pas l'attendre... Mon dernier vœu est que l'on me nomme : la mariée du Sud. »

Laïque ou chiite, le discours du martyr procède donc du sacré. Les thématiques développées par Sana Mhaydli ne sont pas différentes de celles que mettent en valeur les martyrs chiites d'Iran ou ceux, sunnites, de la Palestine. Dans les deux cas, il y a la volonté de lutte contre l'ennemi, sacralisée dans un discours où le désir d'immortalité se combine à la volonté de mourir. Pour les chiites, c'est la rencontre d'Allah qui se réalise dans leur combat contre l'ennemi impie. Pour les communistes ou les nationalistes, l'immortalité s'acquiert par l'identification à la collectivité nationale et, par-delà, à la communauté des pauvres du monde entier.

III

La *néo-umma* transnationale : le martyr Al Qaeda

Les umma diasporiques

À côté du martyr qui mobilise les ressorts du religieux pour la mise en œuvre d'une nation islamique, il en existe un second type, qui n'a pas en vue une telle édification et vise la construction d'une *umma* transnationale. Ce martyre-là résulte de la mondialisation, des vicissitudes de la diasporisation de l'islam en Occident et de la crise des sociétés musulmanes au Moyen-Orient et dans l'ex-empire soviétique.

La constitution des diasporas islamiques en Occident transforme la possibilité de construction islamique, de nationale qu'elle était, à l'échelle mondiale sous une forme où un type nouveau d'imaginaire entre en œuvre. Certes, l'islam comme religion universelle a toujours nourri la prétention à englober l'ensemble du monde, au même titre que le christianisme. Mais cette visée était combattue par d'autres religions qui en limitaient l'accès. L'Occident, dans une grande mesure sécularisé, a aujourd'hui perdu de sa combativité religieuse. Le religieux, au même titre que d'autres constructions identitaires, y est désormais perçu comme une pluralité de fois qui peuvent entrer en compétition sur un marché dont les conditions d'accès se déclinent comme pour tout autre marché, selon l'offre et la demande. Le prosélytisme change radicalement de sens. Auparavant, il s'agissait d'une légitimité de lutte entre le Bien et le Mal dans un monde où l'État et son pouvoir militaire étaient directement impliqués. Aujourd'hui, le prosélytisme consiste à engager la compétition pour obtenir une plus importante « part du marché » des biens du salut. Cela rend l'expansion de l'islam en Occident beaucoup plus aisée qu'auparavant. À cela s'ajoute le fait que les crises successives des sociétés musulmanes liées à une modernisation souvent autoritaire poussent le religieux vers une rigidité accrue et accentue l'intolérance à l'égard d'autres confessions. C'est pourquoi ces sociétés voient leurs minorités religieuses chrétiennes et juives se réduire. La dynamique islamique se déplace ainsi vers l'Occident où des minorités musulmanes se constituent pratiquement dans tous les pays : aux États-Unis, en France, en Allemagne, en Angleterre, en Italie et en Espagne mais aussi en Suède, aux Pays-Bas.

Les musulmans diasporiques ne sont pas la reproduction des communautés de leur terre d'origine. Ils sont doublement influencés : très fortement par la société d'origine pour la première génération, et à la seconde, de manière moins prégnante ; et par la société d'accueil, surtout pour la génération des enfants, scolarisée sur place et exposée à l'influence des médias et, en particulier, la télévision. Une dynamique nouvelle s'instaure, notamment à l'égard de l'islamisation ou de la ré-islamisation au sein de ces sociétés. La grande majorité des immigrés épouse les orientations culturelles de la société d'accueil, à partir d'une acculturation où l'école et la télévision jouent un rôle essentiel. Une minorité épouse de nouvelles formes de radicalisme, en partie parce qu'elle se sent économiquement marginalisée par l'exclusion et culturellement stigmatisée par le racisme. Parmi ceux qui s'intègrent, les réactions identitaires se font jour auprès d'une minorité : le besoin de se différencier, la nécessité de s'inscrire symboliquement dans une origine susceptible de conférer un sens à l'existence dans des sociétés de plus en plus vouées à l'anomie, et l'aspiration à avoir un groupe restreint de référence pour ressentir une chaleur humaine dans des ensembles de plus en plus « froids ».

L'islam diasporique est souvent porteur d'un enrichissement culturel, pour ses adeptes comme pour les sociétés avancées dont la diversification culturelle donne lieu à une créativité accrue. Le multiculturalisme, défini comme apparition d'une pluralité de sous-cultures en relation les unes avec les autres, dynamise, en règle générale, les relations sociales et culturelles. La face d'ombre de cet état de fait est une forme de radicalisme et de sectarisme qui se prévaut de l'authenticité et de la sincérité pour rejeter les autres et les percevoir sous un jour diabolique. De nouvelles formes de radicalisme apparaissent, s'accompagnant de clôture identitaire et de fermeture sur soi. Celles-ci présentent deux types majeurs : le repli sur soi et la constitution d'une *néo-umma* paisible mais introvertie ou bien, au contraire, la rupture avec la société et la formation d'une *néo-umma* guerrière. La première prône la constitution d'un cordon sanitaire par rapport à la société et le renvoi des autres à la périphérie. On tente de vivre sa foi en milieu clos tout en se protégeant de l'intrusion de la société ambiante. Dans les sociétés occidentales, Tabligh est le modèle type de cette attitude chez les musulmans[1]. On s'isole, certes, des autres pour vivre sa foi dans son authenticité, sans être pour autant en guerre avec le monde ambiant. Par contre, dans la *néo-umma* guerrière, c'est la rupture avec une société impie qui est prônée. Il s'agit alors de préserver la pureté de soi dans un monde de souillure généralisée ou, tout simplement, de se défendre efficacement contre l'impureté généralisée qui le guette.

Des formations comme Al Qaeda se fondent sur des réseaux de financement et de recrutement impossibles à cerner selon une logique nationale. Leurs réseaux s'érigent sur la fidélité d'individus dont une grande partie trouve ses motivations dans cette *néo-umma* guerrière. Celle-ci est le produit annexe d'une modernité plurielle qui n'a plus de centre de gravité culturel et ses orientations culturelles sont la perversion de celles du multiculturalisme, à savoir la radicalisation de l'individualisme au sein d'un pluralisme de modes d'être qui, en règle générale, se respectent tout en se mélangeant selon un dosage à chaque fois différent mais qui peuvent, tout aussi bien, se rejeter dans cette quête d'authenticité. Celle-ci peut devenir exclusive de la coexistence pacifique au sein d'une société dont la culture dominante n'emporte plus l'adhésion des minorités.

Le martyre qui appartient à ces *néo-umma*s diasporiques répond à un schéma très différent de celui des jeunes désespérés des sociétés musulmanes. Ce n'est pas l'individu qui est désiré tout en étant hors d'atteinte mais la communauté. Dans les diasporas, une frange minoritaire se met à rêver d'une *umma* qu'elle ne parvient à réaliser que dans la séparation avec le monde ambiant. Cette *néo-umma* a pour lieu d'élection des sociétés occidentales où l'individu se sent souvent abandonné à lui-même. C'est pourquoi elle ne parvient à se réaliser que dans un huis clos sectaire à l'écart des autres ou sinon, dans la mort. Certes, dans ce dernier cas, il faut des griefs mi-imaginaires, mi-réels contre la société et une organisation qui puisse rendre possible la mort. Dans le cas d'Al Qaeda, le grief se base sur l'invasion du monde musulman par l'Occident et en particulier, l'occupation de l'Arabie saoudite, terre sainte d'islam par les soldats américains depuis la guerre du Golfe en 1991, ainsi que l'attitude américaine face aux Palestiniens et la conduite occidentale vis-à-vis des pays où l'islam est réprimé comme l'Algérie. Mais ce type de reproche se retrouve aussi dans d'autres sectes opposées à une société globale jugée inamicale à leur égard. Tel est le cas de la secte Aum qui empoisonna le métro de Tokyo en représailles contre une société « impie » le 20 mars 1995, de la secte adventiste des 7e Jour à Waco sous la direction de David Koresh et la mort de ses adeptes le 28 février 1993 sous l'assaut du FBI aux États-Unis, ou encore du Temple solaire qui programma le suicide et le meurtre collectifs en octobre 1994[2]. Dans tous ces cas, la frontière entre la vie et la mort s'estompe. Le tabou qui pèse sur la vie et l'interdit religieux et social qui prohibe sa suppression, la sienne comme celle des autres, disparaît. Le tabou peut être transgressé pour réaliser des idéaux valorisés au-dessus de la vie. La nouveauté réside toutefois dans les motivations et, surtout, dans les modalités nouvelles de construction de soi comme de l'autre, communauté ou groupe adverse, et dans la signification que revêt cette mort chez ceux qui se la donnent ou l'assènent à autrui.

La religion prônée par Al Qaeda ou des associations de ce type est souvent directement inspirée de la haine de l'Occident, dans une conjoncture où cette structure, mi-affective mi-culturelle, est largement dépendante de cet Occident auquel elle s'oppose. C'est sur l'étude de cette haine que portera l'analyse. Elle permet de comprendre le nouveau type lié aux attentats du 11 septembre 2001, et les mécanismes identitaires qu'il mobilise.

Les formes d'humiliation

Pour comprendre l'univers de représentations des nouveaux martyrs d'Al Qaeda, il faut prendre en considération deux idées majeures : d'une part, le sentiment d'humiliation qu'ils éprouvent, d'autre part, celui de l'arrogance occidentale. Plusieurs types d'humiliation sont en jeu dont trois revêtent une signification particulière pour ce type de martyre. En premier lieu, celle que l'on éprouve dans la vie quotidienne, soit parce qu'on se trouve dans une situation de marginalisation économique et d'infériorité sociale, comme c'est le cas des jeunes exclus d'origine maghrébine en France ou des Antillais ou Anglo-Pakistanais en Grande-Bretagne. En second lieu, le sentiment que l'on vit, par médias interposés, l'humiliation du monde musulman en Bosnie, en Afghanistan, en Irak ou en Palestine, sentiment intériorisé par des mécanismes d'identification ; enfin, l'idée parfois ressentie que l'immersion dans le monde occidental a souillé l'individu. Avoir quitté son pays d'origine, que ce soit à l'époque de son enfance ou plus tardivement, engendre ce sentiment de s'être indûment dérobé au malheur de ses coreligionnaires dans les sociétés musulmanes. Participer à l'action d'un groupe qui opère en Occident pour combattre son hégémonie et son arrogance rehausse l'individu à ses propres yeux et lui rend une dignité perdue. Le premier type d'humiliation est le propre des jeunes des banlieues pauvres françaises ou plus généralement, des *poor inner cities* occidentaux qui se vengent des avanies subies en développant une grande agressivité vis-à-vis de la société qui les a exclus. Une infime minorité peut tremper dans le terrorisme comme, en France, Khaled Kelkal en 1995. Les membres des diasporas appartenant aux classes moyennes sont, en règle générale, à l'abri de l'exclusion, même si la discrimination et les formes insidieuses d'ostracisme à leur égard continuent d'exister. Chez eux, il s'agit en grande partie d'une humiliation par procuration, amplifiée et entretenue par les médias qui exposent les tribulations des musulmans face à la complicité de l'Occident à l'égard des régimes despotiques ou clientélistes qui défendent ses intérêts comme l'Arabie saoudite ou la Tunisie ou devant les sociétés non musulmanes en lutte contre des musulmans, comme Israël.

Une nouvelle conscience de soi

Les entretiens réalisés depuis le mois d'avril 2001 avec une quinzaine de détenus accusés d'association de malfaiteurs en vue d'activité terroriste dans quelques prisons françaises[3] révèlent un portrait troublant des adhérents d'Al Qaeda. D'une part, il ne s'agit pas de personnes à la mentalité archaïque ni de victimes de la modernisation. Qu'ils soient français par leur naissance sur le territoire français ou par naturalisation, ils sont totalement familiers sinon imprégnés de ce qu'on pourrait appeler la culture occidentale. L'un d'eux connaît six langues, deux autres en parlent cinq, un quatrième trois et les autres ont des connaissances de l'anglais et de l'arabe en plus du français. La grande majorité d'entre eux a suivi des études universitaires en France, au Moyen-Orient ou ailleurs. L'un d'eux a suivi des études de théologie en Turquie, puis des études de gestion commerciale en Malaisie. Deux autres ont fait des études scientifiques, avec une spécialisation dans l'informatique. Un autre travaillait dans la gestion commerciale au Canada. L'un des moins qualifiés a travaillé en France après avoir quitté l'Algérie en raison du coup d'État militaire en 1992. Ils ont des femmes de nationalité française, japonaise, italienne, bosniaque. L'un d'eux, à ma connaissance, a eu deux femmes, toutes deux converties à l'islam par ses soins, auxquelles il a dit honnêtement, selon ses affirmations, vouloir vivre avec elles deux en même temps. Quelques-uns ont vécu en Europe depuis leur enfance. L'un d'eux a vécu dix ans en Italie et quatre ans au Canada. Un autre est en France depuis l'âge de cinq ans. Tous, sauf un, parlent un français de très bon niveau.

Si l'échantillon est faible, il n'en contredit pas moins radicalement la thèse de l'archaïsme ou de la sous-modernisation. Sans prétendre avoir une connaissance approfondie de chacun d'eux, la durée des entretiens – une heure et plus avec chacun – m'autorise à faire le portrait le plus ressemblant possible. Je n'ai pas eu affaire à des individus désorientés par la difficulté d'adaptation en Occident, par manque de bagages culturels, par une incapacité à appréhender les mécanismes de nos sociétés modernes et trop complexes. Ils sont au moins autant intégrés, pour la plupart d'entre eux, que les citoyens dits « normaux » et présentent un portrait plus riche que la moyenne des Européens (ils maîtrisent plusieurs langues), ont vécu dans plusieurs pays occidentaux et maîtrisent différents codes culturels. Ils peuvent passer d'un code culturel à un autre sans problème majeur.

C'est donc ailleurs qu'il faut chercher les raisons de leur radicalisation. D'un côté, ils sont « multiculturels ». De l'autre, tous montrent un rejet frontal et radical de ce qu'ils appellent la civilisation occidentale ou l'Occident tout court. L'un d'eux évoque « l'ubris occidental », un autre, cette hypocrisie qui consiste à dominer le reste du monde au nom de la démocratie. Ils ont tous la conviction que l'islam est dominé et malmené. Que ce soit en Bosnie, en Irak, en Afghanistan, en Palestine, en Arabie, en Algérie ou dans les pays occidentaux, l'alliance entre chrétiens et juifs met l'islam dans une posture qui ne peut aboutir à autre chose qu'au *djihad*. Certains d'entre eux viennent de familles plus ou moins pratiquantes, mais parmi leurs propres frères et sœurs, plusieurs sont non pratiquants. D'autres sont issus de familles peu pratiquantes et ce sont eux qui ont renoué fermement avec l'islam. Enfin, c'est la quête de l'islam qui les a poussés à approfondir leur connaissance religieuse et à apprendre éventuellement l'arabe et non l'inverse.

L'islam cristallise le rejet de l'Occident. Ce phénomène n'est pas propre aux nouveaux martyrs d'Al Qaeda mais se retrouve chez d'autres personnes, notamment certains convertis occidentaux. L'islam se prête bien à être une religion des dominés, de ceux qu'écrase « l'arrogance occidentale » – le mot est de l'un des interviewés. L'enracinement familial dans cette religion pour la quasi-totalité d'entre eux n'empêche pas un ou deux convertis de nourrir une conception de l'Occident, identique sur les points essentiels, à la leur. Quelques-uns, ayant vécu dès l'enfance en France, ont connu un réveil brutal. Jusqu'à l'adolescence, ils se croyaient français. Les formes du racisme ordinaire leur ont fait brusquement prendre conscience de l'abîme insondable qui les séparait de cet Occident maléfique dont la France était un des fers de lance. En d'autres termes, ils se berçaient d'un sentiment d'intégration totale dans un pays qu'ils croyaient être le leur. Surviennent alors des faits d'apparence anodine : pour untel, sa sœur s'est vue traiter « d'Arabe » pour avoir refusé de sortir avec les garçons comme les autres filles du lycée. Lui-même a essuyé des remarques blessantes de la part d'autres élèves au sujet de son teint basané. Les phénomènes politiques dans les pays islamiques, notamment les questions algérienne, bosniaque, afghane, tchétchène, et enfin, palestinienne, leur ont fait prendre conscience de leur solidarité avec les peuples musulmans dans un pays qui n'a jamais sérieusement aidé les musulmans. Le sentiment de trahison intime, éprouvé existentiellement, que ce soit dans la vie quotidienne ou par solidarité avec le monde musulman, devient alors l'élément déterminant dans la rupture avec l'Occident.

Ces deux traits s'entremêlent souvent et sont corroborés par d'autres phénomènes, comme le malaise moderne de l'anonymat et de l'individualisme exacerbé. Alors que chez la plupart des individus, ces faits engendrent un désarroi et une forme d'errance mentale qui exacerbe le narcissisme et favorise la clôture sur soi, ils produisent chez eux une rupture profonde qui diabolise l'Occident en l'unifiant sous les traits du principe absolu du Mal. Chez la majorité des gens qui vivent en Occident, il n'y a pas de principe d'adversité. On ne sait, au juste, qui incriminer de son malaise. On assume sa condition en vivant selon plusieurs registres et en oscillant entre les divers fragments[4] d'un Moi qui se vit dans des formes maniaco-dépressives[5]. L'identification de « l'ennemi » a pour conséquence de faire sortir l'adepte de cette situation d'indécision exténuante et de pluralité des registres souvent incohérents. Par ailleurs, ces personnes vivent entre plusieurs cultures – celle de leurs parents, celle de la société française –, mais aussi celle qu'ils acquièrent souvent par la fréquentation d'une autre société occidentale, allemande, anglaise ou américaine. Ils subissent donc à un moment une rupture existentielle insignifiante pour d'autres personnes se trouvant dans leur situation, mais qui déclenche chez eux un puissant rejet de l'Occident qui incarne désormais à leurs yeux le mal absolu. S'enclenche alors un processus qui a pour conséquence la suppression du malaise de la modernité (fragmentation, oscillation, instabilité et scepticisme mentaux) par l'avènement d'une transparence absolue. Celle-ci offre une conviction inébranlable, une logique d'action et une unité du Moi qui se décline à travers une distinction claire du sacré et du profane, du permis et du prohibé. Cette construction identitaire désigne à la vindicte du croyant un pôle satanique contre lequel la lutte mobilise toute son énergie et devient ainsi son projet existentiel. Le manichéisme de cette religiosité brise le malaise de notre modernité tardive qui est celui de n'avoir que des quasi-convictions, des motivations imparfaites, un paysage mental en demi-teintes, une vision de soi et de l'autre qui oscille entre le narcissisme et le rejet (la « désubjectivation[6] »).

Ce type d'identification s'apparente aux processus sectaires contemporains et montre ainsi son indéniable modernité. L'islam lui-même épouse de nouvelles formes de polarité qui restructurent les traits anciens (comme le *djihad*, le martyre, l'exode, l'attente eschatologique). La nouvelle religiosité est mâtinée d'une modernité dont elle inverse les traits en les radicalisant. Là où l'individu moderne pèche par excès de « mollesse » et d'incohérence mentale, le futur martyr manifeste une unité qui se mue en inflexibilité, voire en profonde intransigeance. Alors que l'individualisme moderne s'exprime par le refus de l'identification inconditionnelle à une quelconque « communauté », l'adepte promeut une *néo-umma* monolithique qui n'a jamais existé historiquement mais qui lui ouvre un horizon de croyance soustrait au doute. La religiosité occidentale est soumise au relativisme de la foi, celle du nouveau croyant est exclusive et monopolistique dans son appréhension du sacré. Enfin, là où le souci de la mort et, surtout, du salut après la mort est considérablement affaibli dans une modernité centrée sur la vie et la consommation, nombre d'adeptes marquent leur hantise de la mort et de la pureté. Comment faire pour être pur au moment où l'on se sépare de ce monde, comment avoir une fin bienheureuse (*hosn ol khetâm,* a dit l'un des adeptes) ? Comment échapper à l'hérésie et à l'impiété (*cherk*) et préserver sa foi jusqu'au bout ? Ces questions existentielles trouvent une réponse dans l'engagement pour une foi combattante. Rien de mieux que la lutte pour purifier la foi, séparer le croyant d'un monde impur et le soustraire aux tentations d'une modernité corruptrice au service d'un Occident perfide. Plus l'Occident est vécu comme un ensemble lâche, sans trait d'union fort, dépourvu d'une « civilisation » unifiée et homogène par les Occidentaux eux-mêmes, plus, par un mouvement d'inversion qui en dit long sur leur affiliation à ce monde de mal qu'ils combattent, les adeptes de la *néo-umma* l'unifient en lui attribuant un caractère profondément diabolique. Le caractère dominateur, égoïste et impérialiste de certaines tendances occidentales se trouve généralisé à l'ensemble du monde qu'il abrite et qui devient dès lors son complice. L'unité d'un Occident dominateur et arrogant se trouve rehaussée en trait essentiel de cette « civilisation » pour les adeptes, alors que dans le vécu concret d'une grande majorité d'Occidentaux, c'est son caractère décousu et la perte de son sens global qui caractérisent le monde dans lequel ils vivent. Les islamistes procèdent ainsi en deux temps ; dans un premier temps, ils sélectionnent quelques traits de l'Occident : dépravation sexuelle, intolérance, arrogance et volonté de domination du monde, en particulier de l'islam. Ensuite, ils l'unifient et en font une entreprise de sape et de destruction de l'islam. Cela correspond à l'inversion et à la radicalisation du vécu d'une grande partie des Occidentaux qui souffrent de l'absence de trait fortement unifiant et perçoivent la multiplicité infinie des formes de vie comme significatives de leur univers de sens.

Le sentiment d'humiliation par procuration est, comme on l'a vu, un autre trait de cette subjectivité. La souffrance des Palestiniens, des Tchétchènes, des Bosniaques, des Irakiens qui ont défrayé la chronique dans les deux dernières décennies, ont convaincu les nouveaux adeptes de l'islam de l'antagonisme absolu de l'Occident vis-à-vis de leur religion. L'actualité joue ici un rôle essentiel et les médias se font les porte-parole des laissés-pour-compte musulmans dont la souffrance passe quotidiennement sur les écrans de télévision. Le conflit au Moyen-Orient ainsi que la désintégration de l'empire russe ont ravivé les conflits et les tensions liés à la nation et à la religion islamiques et en ont fait le creuset d'un sentiment de profonde injustice de la part d'une grande partie des musulmans (qui ne sont pas nécessairement pratiquants) pour qui l'islam est devenu la religion des opprimés.

L'abnégation pour cet islam réprimé peut aller jusqu'à la mise en cause d'un avenir assuré. L'un des prisonniers interviewés qui avait commencé des études brillantes dans l'informatique y a renoncé, affirmant que c'était un choix délibéré, un « hara kiri » au service de sa foi. Plus on se donne à celle-ci, plus on se sent vivre, moins on se sent dominé par cet Occident dont la perfidie fait qu'il peut même intégrer des musulmans en son sein, au prix de leur abandon de la foi authentique. L'idée que l'islam est en danger, et qu'il faut le sauver au prix de son sang afin de préserver l'*umma* est profondément ancrée dans ces groupes. La diversité culturelle à laquelle ils sont exposés en Occident même, le fait de parler plusieurs langues et vivre dans des sociétés aux modes de vie différents leur montre que la vérité se trouve ailleurs, dans un horizon qui les transcende toutes. Le salut de l'islam s'obtient contre un Occident dominateur et oppressif. Celui-ci pervertit les musulmans, de l'intérieur comme de l'extérieur, par le spectacle de sa force comme par son aptitude à les envoûter moyennant une consommation de biens et de choses qui se substitue à l'adoration d'Allah et constitue ainsi le *cherk*, l'hérésie par excellence. À la question de savoir si leur religiosité n'était pas anti-moderne, l'un d'eux répond que l'islam est la quintessence même de la modernité puisque le Coran commence par l'impératif : « Lis ![7] ». C'est cette modernité authentique qui se trouve menacée par cette autre, perverse, d'un Occident dépravé qui brise les musulmans, les asservit et les réduit à l'esclavage mental (ceux qu'il fascine et intègre) tout comme ceux qu'il réprime et exclut. Qu'il les maltraite ou qu'il les séduise, l'Occident est condamné : dans le premier cas, parce qu'il réprime, dans le second parce qu'il pervertit. Il y a un sentiment de rupture profonde par rapport à lui qui ressemble à celui que nourrissaient les fractions les plus dures du gauchisme contre l'impérialisme, à savoir l'impossibilité de se concilier avec lui, dans la mesure où il incarnait le mal absolu. L'islam méta-culturel étant le seul à revêtir un sens et à donner une signification authentique à leur vie ne saurait survivre sans leur sacrifice, sans un acte d'engagement total à son service.

La métropole mondiale

Les grandes métropoles sont des lieux où se développent une multitude d'activités économiques, politiques, sociales, mais aussi et surtout, culturelles. C'est là où prend naissance, se transforme et se répand la culture moderne, dans son ahurissante diversité. On y crée de nouvelles formes de convivialité, des mélanges de culture, de nouvelles expressions d'art et de pensée. C'est dans les grandes villes que les cultures se métissent et les étrangers se mêlent aux autochtones, finissant par devenir autant des nationaux que des habitants du monde. Mais les mégalopoles modernes sont aussi les lieux de perte de sens. À côté du multiculturalisme qui promeut le respect mutuel dans la différence entre les sous-cultures au sein de la société, elles donnent le vertige, le sentiment de n'appartenir à nulle part. Les villes modernes, n'étant plus régies par des normes centrales et exclusives sont autant les lieux du développement et de la créativité culturelle par brassage que des lieux de l'isolement et de l'insularité, surtout pour des personnes venant du monde islamique où la quête de la communauté, l'*umma*, fait partie de leur imaginaire. À leur manière, ils cherchent donc à appartenir à une *néo-umma* mondialisée qui est souvent le pendant du mythe du village global, tel que le promeuvent les classes aisées en Occident.

Les villes modernes sont des *janus bifrons*. La vie en leur sein engendre autant l'impression de participer à la modernité que d'exil absolu. Pour beaucoup d'immigrés, le séjour dans les différentes villes occidentales développe un profond sentiment d'étrangeté. Non seulement on n'appartient pas à un pays donné, mais la question elle-même perd tout sens. La vie dans différents pays et différentes villes accroît le sentiment de non-appartenance au lieu de l'inscrire sur une terre d'accueil enfin hospitalière. La terre entière est comme un lieu d'exil. D'où l'adhésion à une *néo-umma* dont la caractéristique essentielle est d'être au-delà de tout lieu, de toute patrie, « a-patride », pure épure sur un réseau dont les points nodaux donnent une configuration abstraite à des dénominations formelles : Londres, Paris, Leicester, Hambourg, Madrid, Rome... Non pas que ces villes soient semblables dans l'expérience de ces apatrides, « Européens ou Américains sur papier », mais elles sont vidées de tout contenu concret, aux yeux d'individus chez qui le sentiment de non-appartenance l'emporte sur tout autre. C'est l'une des dimensions insoupçonnées de ces grandes villes, ces villes de la mondialité, ces *global cities* où se mêlent les diverses cultures mais où se concoctent aussi de nouvelles formes de rejet, de refus et d'exclusion[8].

Les grandes villes occidentales, gorgées de richesses et de tentations, exacerbent les aspirations consuméristes des migrants. Chez beaucoup d'entre eux, surtout ceux qui viennent des pays arabes, l'imaginaire a été aiguillonné avant la lettre par la magie du pétrole. Les travailleurs immigrés égyptiens, pakistanais, algériens, marocains, syriens et tunisiens ont attrapé le virus en venant gagner leur vie dans la péninsule Arabique tout au long des années soixante-dix et quatre-vingt et ont été marqués par la fascination du consumérisme à partir d'un imaginaire envoûté par le pétrole et ses ressources faussement infinies.

La ville occidentale reproduit au centuple cette richesse rêvée et souvent inaccessible. Ceux qui viennent y travailler en manœuvres ou pour des emplois peu qualifiés y sont exploités, ils vivent en *working poor*, que ce soit à Paris, Londres, New York ou Rome. De nombreux musulmans qui se trouvent dans cette situation, surmontent le sentiment d'indignité par les cruelles nécessités de la vie matérielle et l'obligation de pourvoir aux besoins de leur famille. L'indignation, vécue souvent par procuration, est le lot de la minorité de ceux qui sont le mieux pourvus et ont donc le temps et le loisir de s'offenser et de ruminer cette indignation à longueur de journée, dans la solitude de leur vie ou entourée d'autres compatriotes ou coreligionnaires qui souffrent des mêmes maux. Pourtant, la grande majorité tente d'aborder « positivement » la situation et de nouer des liens transfrontaliers avec les compatriotes qui habitent au sein même de la ville ou à l'autre bout du monde, formant ainsi des communautés diasporiques où prennent naissance et prospèrent le commerce, l'échange des biens et des services et le transfert de l'argent, au travers des frontières. Ces communautés « transnationales » se développent rapidement dans les villes frontalières en Europe (Marseille, Strasbourg…) et constituent une diaspora où chacun s'affaire à s'enrichir et à en faire bénéficier sa famille et ses connaissances d'un côté comme de l'autre de la frontière[9].

Une minorité ne parvient cependant pas à accepter cette situation qu'elle ressent comme intolérable et indigne. Elle s'y sent mal à l'aise, humiliée, mais aussi stigmatisée et ceci d'autant plus qu'elle est musulmane.

Le mythe d'une *néo-umma* renaissant de ses cendres pour établir un nouveau califat dans le monde[10] naît de la fragmentation qu'éprouvent les musulmans dans des villes qui les narguent par leur richesse, les marginalisent, leur font sentir une indignité diffamante par l'étalage arrogant de leur opulence et ne leur proposent de plus aucune perspective à laquelle ils pourraient adhérer. La grande ville est une pieuvre qui n'incite qu'à la consommation et au « stupre » sans apporter un quelconque réconfort moral et le moindre sentiment de faire partie d'un même monde. Ou plutôt, le sentiment de faire partie du même tout se réduit à la quête de l'argent, à l'aune duquel on est jugé dans la société. Ces phénomènes multiples et hétérogènes que sont l'écrasante performance technologique, l'absence de normes, le débridement de la sexualité « dévergondée » comme l'homosexualité masculine et féminine, l'absence de direction spirituelle et le scepticisme lié à la condition moderne du citoyen ont quelque chose de déroutant qui agresse une petite minorité de musulmans diasporiques. Comment comprendre qu'on puisse réprimer le monde musulman dont les images couvrent les écrans de télé et vivre tranquillement dans ce monde d'aisance égoïste et d'immoralisme complice des oppresseurs sans élever la voix et agir ?

L'indécence d'une situation d'insouciance dans l'opulence au sein d'un monde qui ignore au mieux les musulmans, les méprise et les rejette en règle générale, est à proprement parler insoutenable pour ces minorités. Leur islamisme mêle l'occidentalisation, la haine de l'Occident, la mythification de la communauté islamique d'origine, la volonté utopique de restaurer l'islam dans sa splendeur de jadis et la promotion de la mort en martyr dans le *djihad* pour combattre un Occident peureux parce qu'incapable de mourir, contrairement à eux. Dans cette disponibilité au martyre, il existe un défi lancé à la supériorité technique, économique et militaire occidentale. Le sacrifice de la vie est le substitut à cette supériorité matérielle dont le corrélat est la crainte de la mort et la volonté de vivre coûte que coûte qui existe chez les Occidentaux et que les adeptes de la mort sacrée découvrent comme le lieu de leur infériorité face aux musulmans prêts à se sacrifier.

Les formes organisationnelles des nouvelles *umma*

Le martyre iranien ou palestinien s'inscrit dans un cadre national comme la conséquence du sentiment d'un échec fondamental : l'ébranlement et l'écroulement de l'utopie islamique en Iran, l'impossible édification d'une nation palestinienne dans les territoires palestiniens. Tel n'est pas le cas du martyre transnational dont la signification est radicalement autre. Les différences se situent au niveau du corps, du rapport à autrui, à l'ennemi, à soi, à l'islam, et, plus globalement encore, à la culture et au politique. Le martyre du premier genre est fondé sur la crise ou l'échec d'un projet politique; le martyre du second genre n'a pas d'ancrage étatique; il n'a aucun projet politique explicite. Le martyre du premier genre détermine un ennemi aux contours plus ou moins circonscrits; celui du second genre vise un adversaire beaucoup plus global et vague. Le premier se fonde principalement sur une nation; le second, sur une communauté à bâtir qui se décline au niveau mondial, avec des repères dans plusieurs sociétés musulmanes, mais aussi, dans les pays occidentaux à minorité musulmane. Enfin, les méthodes ne sont pas les mêmes. Le martyr du premier genre s'appuie sur des organisations qui font partie des États ou peuvent en devenir des adjuvants. Fait significatif, le martyre du premier genre peut se détacher du religieux et procéder par la sacralisation de la patrie, comme c'est le cas des nombreux attentats-suicides des Tigres Tamoul, minorité qui réclame l'indépendance au Sri Lanka[11].

La démolition des deux tours du World Trade Center à Manhattan le 11 septembre 2001 inaugure politiquement une nouvelle ère en mettant fin à celle qui a clos l'après-guerre froide. Dans la période succédant au démantèlement du mur de Berlin en 1989, on assiste à un tâtonnement sur la scène internationale. L'adversaire communiste est mort, la bipolarisation du monde, sous la forme qui a façonné les relations internationales pendant un demi-siècle, s'est achevée et il n'y a plus, au niveau global, deux super-puissances, mais une seule, les États-Unis. L'euphorie ne dure pas longtemps et les diverses guerres à contenu ethnique jalonnent les années quatre-vingt-dix, comme celles liées à la décomposition de l'ex-Yougoslavie, en Tchétchénie.

Le 26 février 1993, trois sous-sols du World Trade Center sont pulvérisés par les charges explosives du groupe Al Qaeda, faisant 6 morts et un millier de blessés. Avant cela, les attentats du 22 juin 1996 à Dharan contre le quartier américain de US Air Force et le 8 août 1998 à Dar Es-Salam et Nairobi contre l'ambassade américaine annonçaient l'émergence d'un nouveau type de « terrorisme[12] » de nature foncièrement différente de celui que connaissait le monde dans les décennies précédentes.

Ce type d'activisme que d'aucuns qualifient d'hyper-terrorisme[13] est différent du terrorisme classique. Il n'a pas une vocation politique primordiale. Il ne s'attaque pas à une entité politique et ne se donne pas pour but de défier un ordre politiquement défini, mais vise un monde global dont les États-Unis sont, en premier lieu, le symbole et où d'autres pays comme la France ou l'Arabie saoudite peuvent être désignés comme des cibles tangibles. La présence quasi-exclusive d'acteurs non étatiques en son sein est également caractéristique. Le terrorisme classique, plus ou moins dominé par des États, tenait compte de la capacité de riposte des sociétés ou des États visés, ce qui le rendait comptable de ses actions. Le nouveau, lui, n'en a cure. Les États souverains y jouent un rôle mineur, même si certains peuvent y contribuer financièrement ou militairement par la fourniture d'armes. Entre 1992 et 1996, sur 330 incidents terroristes identifiés par le Département d'État américain, seuls 6 ont été le fait d'agents en lien direct avec un État. Autrement dit, moins de 2 % des actes[14]. Ce qui montre l'importance du nouveau type de terrorisme. Pour les responsables, la distinction entre terrorisme dirigé par l'État, terrorisme à base territoriale ou sans base territoriale (respectivement *state sponsored terrorism*, *state relevant* et *state irrelevant terrorism*[15]) devient cruciale. Du terrorisme sous la domination d'une idéologie, on passe à un autre, encouragé par des « États voyous » (*rogue states*), mais qui ne le contrôlent pas. Le trait essentiel de ce nouveau terrorisme est sa privatisation. Son financement se fait par le biais des associations caritatives, de riches particuliers comme les entrepreneurs arabes du golfe Persique pour Al Qaeda, du trafic (celui de l'opium pour le dernier), de l'extorsion des fonds des commerçants ou des hommes d'affaires, ou de la prise en otage des Occidentaux (le cas du groupe Abu Sayyaf aux

Philippines qui s'est fait une spécialité de la prise en otage des touristes).

Le terrorisme classique limite les pertes en les cantonnant dans le domaine stratégique qui l'intéresse, afin d'émettre un message aux responsables politiques. L'ETA basque, l'IRA irlandaise, le FLNC corse ont des revendications liées à un territoire. De même, les revendications idéologiques d'extrême gauche qui animaient Action directe en France, la Fraction Armée Rouge en Allemagne, les Brigades rouges en Italie ou l'Armée rouge au Japon, avaient un contenu explicite et une construction plus ou moins cohérente fondée sur une conception de l'impérialisme[16]. Le nouveau terrorisme n'a pas cette armature conceptuelle. Du moins n'est-elle pas aussi explicitement construite. Sans revendication territoriale spécifique, ni idéologie susceptible de donner lieu à des actions qu'elle limiterait en vue de ses enjeux, il opère sans distinction et peut infliger des pertes importantes à des civils qui ne sont pas directement impliqués dans le conflit. Émerge ainsi le phénomène dit de « zone grise » : conflit de basse intensité qui n'est pas dirigé par les États ni par des groupes ayant une revendication étatique mais n'en demeure pas moins une cause d'insécurité croissante. Les zones opérationnelles du terrorisme ont aussi changé de nature : auparavant, l'Afrique et en grande partie les États-Unis étaient épargnés. À présent, les actes terroristes essaiment dans ces zones et il n'y a plus, à proprement parler, de zone neutre. Les attentats de juin 1996 et d'août 1998 à Dar Es-Salam et Nairobi contre les intérêts américains en témoignent.

Ce nouveau type de terrorisme a vu le jour après la désintégration de l'Union soviétique. La prévisibilité du terrorisme classique, aux objectifs politiques plus ou moins bien circonscrits, disparaît avec le bloc de l'Est et le champ s'ouvre pour une autre forme d'activisme que ne guide plus l'existence d'un monde bipolaire. Indifférent à une limitation des pertes, peu soucieux du respect d'un code de bonne conduite cautionné par les États, il fait éclater les limites entre terrorisme et guerre, ce qui amène les responsables politiques à parler d'un nouveau genre de « guerre du futur », dont le signe déterminant serait son imprévisibilité. Il n'y a pas eu de déclaration de guerre avant l'assaut américain, aux missiles, des bases Al Qaeda en Afghanistan en représailles contre ses actes terroristes sous le Président Clinton.

Les traits caractéristiques du nouveau genre d'activisme qui peuvent déboucher sur l'action terroriste sont déterminés en partie par la personnalité de ses dirigeants ainsi que par leur capacité à prendre en charge les innovations technologiques modernes et à intégrer des populations disparates, mais au niveau d'éducation élevé, qui se trouvent dans la diaspora.

Le cas le plus connu d'activisme en réseau dans le monde islamique est incontestablement Al Qaeda. Mais ce groupe, tout en étant le plus important sur les plans financier et logistique et par son extension dans le monde, n'en est pas pour autant le seul. D'autres existent, plus ou moins autonomes, et dont l'une des caractéristiques est de constituer des « nébuleuses », en rapport les unes avec les autres, mais gardant néanmoins une spécificité, une spécialisation et des « préférences » dans le choix de leurs cibles. Il en est ainsi du groupe Harkat al Jahâd al-Islami[17]. Ce mouvement est fortement lié au Pakistan et l'un des domaines principaux de son activité se trouve au Cachemire. Mais il est aussi actif au Bangladesh, en Tchétchénie, dans le Xinjiang en Chine, en Ouzbékistan et au Tadjikistan. Au

Cachemire indien, les actions sont menées de manière plus ou moins autonome sous la direction de Mohammad Ilyas Kashmiri qui lutte pour le « Cachemire libre ». Ce groupe a connu un nombre de martyrs plus élevé que n'importe quel autre. Il est formé de diplômés de séminaires islamiques et se trouve en compétition avec d'autres groupes islamistes tels que Jaish-e Muhammad. En Ouzékistan, le chef du Harkat est le cheikh Muhammad Tahir al-Farooq qui a perdu jusqu'à présent une trentaine d'hommes dans sa lutte contre le Président ouzbek Islam Karimov. En Tchétchénie, les opérations contre les Russes sont menées sous la direction du commandant Hidayatullah et contribuent à la formation militaire des combattants tchétchènes. En Birmanie, c'est sous la direction du maulana Abdul Quddus que la lutte est prise en charge. On pourrait démultiplier les exemples. Le groupe Harkat, tout comme Al Qaeda, dispose d'une structure lâche où chaque ensemble est plus ou moins autonome. Dans un monde régi par les moyens modernes d'information, ce type de structure peut se constituer en mettant à contribution des instruments comme l'Internet ou le téléphone portable. Enfin, la notoriété des groupes comme Al Qaeda encourage l'organisation d'autres groupes qui cherchent à se promouvoir en s'alignant plus ou moins sur ce modèle qu'ils tentent d'adapter à leurs conditions locales. Les moyens modernes d'information et en particulier la télévision opèrent comme des caisses de résonance, en montrant la voie à suivre pour infliger un camouflet aux puissances arrogantes qui humilient les musulmans, et pour que des groupes marginaux puissent devenir « centraux » en sortant de l'insignifiance et en marquant l'histoire de leur empreinte. La répétition *ad nauseam* de l'attaque des tours de

World Trade Center par les télévisions du monde entier donne une prééminence particulière à Al Qaeda qui cumule l'importance politique et économique et la notoriété mondiale et rend un sentiment de puissance à des réseaux qui, en menant des opérations locales, sont souvent à peine mentionnés par les médias internationaux. Désormais, la centralité devient essentielle non seulement dans la lutte contre les puissances occidentales et en particulier les États-Unis, mais aussi, un enjeu symbolique de première importance dans l'émulation entre différents réseaux activistes. Ce n'est pas uniquement le cœur économique de l'Amérique qui est atteint avec le World Trade Center, mais aussi son espace symbolique. Celui-ci a été saturé pendant plusieurs semaines par un événement promu en acte paradigmatique dont l'importance a été démultipliée du fait de son inlassable passage sur l'écran de toutes les télévisions du monde.

Dans le cas d'Al Qaeda, on sait que la communication par Internet et la valorisation des ressources nouvelles de communication (cryptographie, compression de données…) ont joué un rôle non négligeable dans sa redoutable efficacité stratégique. Par ailleurs, le nouvel activisme ne peut réussir que s'il exploite les mécanismes de mondialisation économique à son profit et parvient à s'assurer l'autonomie financière en ayant recours aux paradis fiscaux et aux places financières offshore.

Une caractéristique majeure d'Al Qaeda qui inaugure un mode d'action ultra-moderne est la disparition de la structure hiérarchique rigide qui singularisait le terrorisme classique. Il s'agit d'un réseau régi par une logique beaucoup plus souple, et des formes d'action plus décentralisées qu'auparavant. La mobilité des membres du groupe est fort importante, ses adeptes s'agrègent pour une action déterminée sans se connaître les uns les autres, et, une fois l'action terminée, s'évanouissent dans la nature. Le caractère évolutif de certains programmes informatiques se trouve intégré dans la logique de la constitution du groupe où il n'y a pas un centre, mais une pluralité, pas des niveaux de commandement rigidement stratifiés et hiérarchisés, mais la souplesse que l'on trouve dans la logique d'action des nouvelles approches de gouvernance moderne qui privilégie l'autonomie. Cette structure en réseaux n'est pas le fait exclusif d'Al Qaeda. On la rencontre dans des groupes extrémistes aux États-Unis, par exemple les Patriotes et les Milices qui n'ont pas d'idéologie unifiée ni d'organisation hiérarchique mais se sont constitués en centaines de noyaux autonomes et ont pour trait d'union une complicité et une vision du monde où prévaut le rejet de l'État fédéral américain et des organisations internationales[18].

Contre ces réseaux, plus ou moins invisibles et sans ancrage dans un État donné qui permettrait des menées punitives de nature classique, les États-Unis tentent de mettre en branle un nouveau type d'intervention, les opérations rapides et décisives (*rapid decisive opérations*, RDO) pour pouvoir les dénicher par une guerre électronique sophistiquée, par l'attaque de leurs réseaux informatiques et par des opérations spéciales de reconnaissance et des bombardements sélectifs[19].

Les réseaux Al Qaeda présentent plusieurs particularités[20]. En premier lieu, ils sont structurés comme des mafias transnationales décentralisées plutôt que comme des structures terroristes centralisées et dotées d'une organisation véritable. En second lieu, ils ne sont pas sous la dépendance d'un bailleur de fonds unique mais possèdent une autonomie financière qui les assure contre la mainmise par un État déterminé, qu'il s'agisse de l'Arabie saoudite de la Lybie... En troisième lieu, ils sont en liaison avec une pluralité de groupes, eux-mêmes sous la direction d'un ou de plusieurs chefs charismatiques. Ainsi, Al Qaeda, tout au long de son action dans la décennie précédente, a-t-il eu des liens continus avec le groupe Al Gamaa al Islamiya égyptien sous la direction de Cheikh Omar Abdul Rahmane, avec Ayman al-Zawahiri du Djihad islamique égyptien, avec le Front islamique international que Ben Laden constitue avec des Pakistanais du mouvement Harkat al Ansar, en envoyant des Pakistanais au Cachemire, des Arabes en Tchétchénie et en Bosnie.

Une autre singularité d'Al Qaeda est son anti-américanisme et son anti-occidentalisme. L'ennemi, ce sont certes, les États-Unis, mais aussi, plus largement, l'Occident. Ben Laden semble avoir contribué aux actions violentes perpétrées sur le territoire français entre le 11 juillet et le 17 octobre 1995 par le biais du Groupe islamique armé (GIA) algérien, actions qui ont fait 9 morts et 198 blessés, les plus meurtriers étant celui de la station de métro Saint-Michel le 25 juillet, avec 7 morts et 84 blessés[21].

Normalement, les exclus ne sont pas aisément enrôlables à côté des gens de classes moyennes. Dans le cas d'Al Qaeda, le premier groupe ne semble pas le plus important. Ce sont plutôt les catégories proches des classes moyennes qui en sont les fers de lance. Mais dans la période afghane où le groupe encadrait des adhérents venus des pays islamiques, on y trouvait aussi des jeunes des classes populaires provenant de l'Algérie, de l'Égypte, du Pakistan, du Yémen. L'organisation a pu ainsi intégrer et faire travailler ensemble ces groupes hétérogènes à partir d'une vision commune de l'ennemi et de la nécessité d'œuvrer pour l'islam. Ces thèmes simples avaient l'immense avantage de rencontrer un grand consensus dans un monde islamique blessé par les assauts contre plusieurs pays musulmans : la Bosnie, l'Afghanistan, l'Irak, le Pakistan (le Cachemire), la Tchétchénie, l'Algérie.

Une autre spécificité d'Al Qaeda est de s'être assuré l'autonomie dans l'entraînement de ses adeptes, dans des camps situés en Afghanistan sous le régime taliban et en Bosnie, dans la première moitié des années quatre-vingt-dix. Les filières afghane et bosniaque de recrutement et d'entraînement ont garanti au réseau une grande marge de manœuvre et une autonomie d'action importante.

Le réseau n'a aucun projet concret, aucune plate-forme politique spécifique. Il ne s'agit pas d'instaurer le pouvoir dans un État spécifique même si Ben Laden dénonce l'Arabie saoudite, sous la coupe américaine, et les régimes arabes, incapables de s'opposer à l'Occident. Contrairement à la Révolution islamique en Iran qui caressait, au début, le projet d'instaurer une justice islamique favorable aux *mostaz'afin* (les opprimés), Al Qaeda n'a aucun projet économique cohérent. Ce sont des prédicateurs qui expriment, sur le mode pathétique, leur rejet d'un Occident téméraire et d'un monde impie marqué par l'injustice et la dépravation morale et sexuelle. Ceux-ci ne sont pas des chefs militaires mais des imams qui donnent une version rigide et « salafiste » de l'islam, tout en n'exerçant aucune fonction de commandement militaire.

Sur le plan financier, la grande force du réseau a consisté à pouvoir assurer son autonomie et celle de ses opérations, en les dotant de sources de revenus autofinancés, lorsqu'elles étaient destinées à intervenir dans un laps de temps plus ou moins long (par exemple, acheter un bateau de pêche pour assurer les subsides des personnes engagées, à partir des revenus de la pêche[22]). De même qu'il n'y a pas de centralisation de l'organisation politique, il n'y a pas plus de centralisation des opérations financières.

Le réseau intègre plusieurs types d'adeptes et en cela il est redoutablement efficace. La pluralité des types d'acteurs, souvent peu liés dans leurs motivations ou dans leurs idéaux, le réseau parvient à les mettre côte à côte, sans avoir à s'occuper activement de leur spécificité. Dans une structure pyramidale traditionnelle, on a du mal à faire côtoyer des individus trop différents, parce qu'ils sont censés obéir à une hiérarchie dont ils ne partagent pas nécessairement les visées. Dans une structure en réseaux, la présence d'acteurs aux intentionnalités et aux visées fort différentes est par contre beaucoup plus aisément gérable. Il suffit que, dans le noyau auquel ils appartiennent, il n'y ait pas de membres trop différents. Les groupes agissant de manière autonome comme des satellites au sein du réseau, il n'y a plus, dès lors, de problème majeur de gestion de leur coexistence. Cela fait la force des réseaux comme Al Qaeda, Aum au Japon, les Patriotes et les Milices aux États-Unis.

Al Qaeda revêt les caractéristiques essentielles des sectes modernes, à deux différences majeures près. Les sectes se ferment sur le monde soit en s'en isolant, soit en s'y opposant, mais le nombre souvent limité de leurs adeptes fait qu'il y a, *de facto*, peu « d'élus ». Au contraire, l'existence de plus d'un milliard de musulmans est une tentation constante pour les divers groupes islamistes à englober les musulmans « inauthentiques » en les transformant en « musulmans authentiques ». Il faut les éveiller par l'appel au *djihad*, en leur montrant la menace réelle à laquelle est exposé l'islam. Un autre trait distingue des groupes comme Al Qaeda des sectes, à savoir son existence souterraine, pas uniquement en raison de sa clandestinité, mais à cause de sa nature en réseau. Chaque réseau a son autonomie et en son sein, on constate la présence de personnalités charismatiques locales, de formes de financement qui aboutissent à l'autosuffisance et une adaptabilité aux conditions du terrain qui font de chaque ensemble, relié au centre, une sous-secte à soi seul. Al Qaeda est comme une organisation fédérale d'une multitude de sectes, une « hyper-secte ». Ben Laden, avant les événements du 11 septembre 2001, n'était pas très connu et son charisme était bien pâle au regard de celui d'un Khomeyni en Iran, d'un Kishk en Égypte ou d'un Mousâ Sadr au Liban. C'est au sein de chaque sous-réseau, en Angleterre, en France, aux États-Unis ou ailleurs, que se trouve une structure sectaire, à proprement parler, largement autonome par rapport aux autres et opérant selon des modalités qui combinent les apports de la technologie moderne (en particulier les réseaux informatiques et l'Internet) et les formes de religiosité qui sont, en Occident, comme un multiculturalisme inversé. Ce trait se retrouve d'ailleurs dans nombre d'organisations islamiques transnationales : dans le cas de Tabligh, malgré une interdépendance plus poussée et plus visible des divers centres européens – les dirigeants tabligh de chaque pays se réunissent au moins une fois par an en Angleterre à Dewsbury –, le groupe a une grande autonomie en France, en Allemagne ou en Angleterre.

Le second trait qui caractérise Al Qaeda est son origine militaire. L'ensemble s'est formé pendant la guerre en Afghanistan et ses débuts ont laissé des traces importantes dans son organisation, sa gestion et son idéologie. Cette caractéristique en a fait une organisation secrète, dès le départ. Elle n'a pas subi de mutation majeure, contrairement à un groupe comme le Fatah qui a dû sortir de la clandestinité et se transformer en une organisation politique. On est ici en face d'un groupe qui, dès sa naissance, a été clandestin et militaire, et en a conservé les caractéristiques tout au long de son parcours.

Les nouvelles formes d'activisme et de terrorisme ne sont pas pour autant en rupture totale avec le terrorisme classique. Le nouveau est souvent mélangé à de l'ancien, à tel point qu'un spécialiste du terrorisme international, Gérard Chaliand, parle du « stade ultime du terrorisme classique[23] » plutôt que de l'émergence de nouvelles formes. Il s'agirait selon lui d'un « bond quantitatif, pas qualitatif ». La perspective des opérations-suicides, remarque-t-il, n'est pas neuve. Quant au projet vague et inarticulé d'une nouvelle *umma* islamique, il est utopique au même titre que l'étaient le panarabisme et le panafricanisme.

On montrera qu'il y a une nouveauté majeure dans la subjectivité de ces activistes qui tranche avec celle des anciens terroristes. Le nouvel acteur terroriste a une représentation de soi, de l'autre, du sacré et du monde qui le distingue de ses protagonistes des années soixante-dix ou quatre-vingt. Ce phénomène ne se cantonne pas uniquement à l'islam, mais trouve son pendant dans les sectes violentes et les groupes activistes plus ou moins structurés comme les Miliciens et les Patriotes aux États-Unis à l'aube du XXIe siècle, qui partagent de nombreux traits avec Al Qaeda.

La formule sectaire, chez les activistes musulmans, ne se réduit pas uniquement à Al Qaeda. Parallèlement à la diversification des formes religieuses en Occident, on assiste à une multiplication de groupes et de sectes musulmans dont certains ont une position militante, voire agressive, vis-à-vis du monde occidental. Ces nouvelles associations mettent à profit les formes modernes de communication et de gestion – informatique, gestion décentralisée, formes de financement sur plusieurs pays – échappant aux systèmes traditionnels d'imposition. Elles ont quelquefois à leur tête des Occidentaux convertis à l'islam, certains revendiquant une position hiérarchique islamique et remettant ainsi en cause l'exclusivité des Arabes ou des musulmans originaires des pays non occidentaux dans les décisions liées aux biens du salut (distinction entre le licite et l'illicite, entre le permis et le prohibé, entre les devoirs et leurs limites). C'est le cas du mouvement des Murabitun dont le fondateur est le cheikh Abdalqadir As-Sufi, *alias* Ian Dallas. Son chef politique, Umar Ibrahim Vadilla, a tenté de mettre en œuvre un système monétaire islamique fondé sur l'or, afin de combattre le système monétaire fondé sur le dollar américain. Le projet économique du groupe vise à reconstituer les réseaux de caravanes islamiques en substitution à la distribution monopolistique occidentale, bref, à rétablir une économie dite islamique. Le mouvement a explicitement demandé à ses adeptes d'apporter leur aide aux Talibans pendant la guerre que leur a livrée l'Amérique en 2001-2002. Il vise à la conversion des skinheads et des membres de l'extrême droite anglaise. Ses leitmotiv idéologiques sont l'antiaméricanisme, l'antijudaïsme, le refus de l'économie usuraire et la lutte contre la franc-maçonnerie.

Le mouvement, comme nombre d'autres de même nature, s'inscrit dans la perspective du déclin de l'Occident et de la « mort de la démocratie[24] ». Dans son ouvrage *L'Islam et la mort de la démocratie*, le fondateur des Murabitun part du constat selon lequel l'islam a toujours fleuri dans des sociétés décadentes, faisant épanouir le monde à partir de la foi dans Allah[25]. Il distingue *dine* (religion islamique) et *kufr* (l'hérésie et l'impiété, le système global de l'Occident). L'Occident est dans un état de déclin total. Pour l'en faire sortir, il faut revenir à *Iqama as-Salat* (l'adoration d'Allah) à la religion du vrai (*dine al-haqq*). L'Occident décadent se trouve dans la même situation que les sociétés pré-islamiques de l'ignorance et de la dépravation (*djahiliya*). Pour surmonter son déclin, il devra adhérer à l'islam. Sur quel principe est fondée la dépravation morale de l'Occident ? Sur la méconnaissance du fait que nous sommes des êtres finis et limités, que notre réalité physique, biologique et physiologique est désespérée sans le recours à une autre, transcendante. L'authentique réalité, c'est la prise de conscience de notre état, une forme de conscientisation qualifiée de *awareness* et qui rejoint le motif essentiel de nombre de penseurs musulmans contemporains comme Shariati qui parle de conscientisation (*âgâhi*) ou Qutb qui fait référence à la doctrine (*maktab)*. Le terme d'*awareness* renvoie pour le fondateur des Murabitun à notre fragilité, notre condition mortelle, en référence à celle d'Allah. Suit une critique acerbe de la société moderne, société « névrotique », marquée par la « démence » (*insane society*), qui ignore la mort et occulte la finitude de l'être humain en assignant aux hommes et aux femmes des idéaux purement terrestres. On assiste à une critique en règle du mouvement de libération des femmes qui ignore que l'émancipation féminine signifie l'asservissement de la femme à un système industriel moderne, lequel ne saurait fonctionner efficacement sans l'enrôler à son service. De la même façon, la société américaine est marquée par une mort lente liée à sa désintégration sous les poussées contradictoires du sionisme, de la franc-maçonnerie et de leurs affidés. L'Amérique est dominée par des médias qui manipulent la population et sont au service du sionisme qui gouverne les États-Unis et la Palestine. Les phénomènes de domination mondiale sont possibles parce que la religion du vrai (*dine al haqq*) qu'est l'islam est méconnue, religion qui, elle, prend acte de notre nature mortelle.

L'islam est la réponse globale à un monde désaxé où l'occultation de la mort, la domination politique et économique d'élites dépravées et la perte du sens de la vie sont un état de fait chronique. En effet, constate l'auteur, l'islam est sans clergé, sans rituel, sans magie, sans figure mystique, religion rationnelle qui se concentre exclusivement sur l'adoration du Créateur et rien d'autre. Il faut rompre avec le mode de domination mondiale de l'Amérique et renouer avec l'islam. Celui-ci engendre une société unifiée et organique qui remplacera, à terme, le chaos de la civilisation occidentale où meurtre, rupture mentale, immoralité et criminalité croissante caractérisent la vie quotidienne. La *néo-umma* que le dirigeant des Murabitun appelle de ses vœux s'inspire vaguement de la communauté islamique d'origine, simple, morale, sans disparité de classes, où chacun était censé trouver la plénitude dans sa vie et des aspirations modernes auxquelles la religion d'Allah devrait apporter une réponse, comme la solitude, la peur de mourir, le sentiment d'abandon et de déréliction ainsi que le sentiment d'insécurité devant la criminalité des grands centres urbains.

Cette religiosité islamique concoctée en Occident combine des considérations subjectives modernes – occultation de la peur de mourir, consumérisme effréné, société dépourvue de normes et de systèmes de valeurs spirituelles – et un militantisme mélangeant des registres de l'extrême gauche et de l'extrême droite, pour qui l'ennemi est le sionisme, la franc-maçonnerie mondiale et l'élite corrompue d'une Amérique dépravée qui manipule les individus en les mystifiant par des idéologies aliénantes. Ce type de réseau, d'origine purement occidentale, vient compléter ceux qui, comme Al Qaeda, sont originaires du Moyen-Orient et gardent un lien très fort, en dépit de leur expansion mondiale, avec les pays d'origine.

La communauté organique que l'auteur appelle de ses vœux présente des traits fascisants qui rejoignent les idées d'un autre converti, Ahmad Thomson. L'auteur de *Dajjal, the Antichrist*[26] distingue deux systèmes, celui des hérétiques, « le système kafir » et « le chemin de Mohammad ». Le premier, celui de Dajjal (l'équivalent islamique de l'Antéchrist), est dominé par la franc-maçonnerie mondiale, contre lequel Hitler et Ezra Pound ont tenté de lutter, sans y parvenir. La raison en est qu'ils ne connaissaient pas la vraie nature de l'existence, à savoir que rien n'existe hors d'Allah. Toute autre chose que Lui n'a qu'une existence apparente. Il faut retourner à Allah et s'éloigner de l'hérésie (*kufr*) pour pouvoir combattre efficacement la domination mondiale par un Occident impie. Cela peut se faire d'autant plus aisément que le système est dans un état de désagrégation avancé. Cette idée du déclin profond de l'Occident et de la régénérescence du monde par l'islam est à la base de l'idéologie des Murabitun qui l'ont empruntée à la vue pessimiste du « déclin de l'Occident » à la Spengler. Le remède est une religion organique susceptible de donner naissance à une *néo-umma* qui mettrait fin au malaise de l'anomie, de la désorientation mentale et de la perte de sens, en identifiant l'ennemi à abattre et le sacré à embrasser.

D'autres formes associatives existent, dont l'idée centrale est de réinstaurer le califat, aboli par Kamal Atatürk en 1924, dans le monde islamique, cette fois à partir de l'Occident. Dans le monde sunnite – et non dans le monde chiite[27] –, le califat représentait l'unification des musulmans sous l'égide d'un pouvoir unique. Même si la réalité du califat a été, depuis la fin des Abbassides, celle d'un pouvoir fort limité et dominé par des dirigeants aux quatre coins du monde islamique, elle a laissé le souvenir d'un pouvoir réalisant l'unité de l'islam au sein d'une institution politique, tout comme le Saint Empire Germanique était censé incarner l'unité symbolique du christianisme en Occident, longtemps après son éclipse réelle. Toujours est-il que l'idée du califat donne un sens à l'unité politique et religieuse de l'islam et réalise, pour ses adeptes, l'identité de la communauté et de la politique au sein d'une institution unique, à l'image de l'unicité d'Allah. Ce mythe a retrouvé, dans les temps modernes, un sens nouveau, surtout avec la constitution de minorités musulmanes importantes, dans les pays occidentaux, à partir des années soixante-dix. C'est le cas des associations comme Hizb al Tahrir en Angleterre ou Kaplan en Allemagne.

Le Syrien Omar Bakri, qui a un rôle dirigeant au sein de Hizb al Tahrir[28], appartient à la génération des islamistes qui entend instaurer le califat dans les pays musulmans, et ensuite dans le monde entier, à partir de l'Occident et non des pays musulmans où règne la *djahiliya*. Très proche dans ses visées, la communauté de Cemaleddin Kaplan en Allemagne prône, tout comme Hizb al Tahrir, l'instauration du califat d'abord en Turquie, et ensuite à l'échelle mondiale, à partir de l'Allemagne où ce dernier émigra au début des années quatre-vingt. La communauté de Kaplan s'est formée en

Allemagne par la scission avec le Milli Görüs. Au début, la majorité de ses membres était constituée par les travailleurs turcs[29]. Par la suite, ce sont les jeunes Turcs de la seconde génération, beaucoup plus éduqués et appartenant souvent aux classes moyennes, qui en sont devenus les adhérents. Kaplan en est venu à déclarer la guerre sainte en 1991, puis a revendiqué la constitution d'un gouvernement en exil en 1992 et, enfin, s'est désigné comme calife en 1994. Avant sa mort en 1995, il désigna son fils Metin pour lui succéder. Il s'ensuivit une scission au sein du mouvement, le médecin Ibrahim Sofu a été désigné comme calife par les opposants à Metin. Metin Kaplan a été arrêté par la police allemande en 1999 pour cause d'incitation à des actes criminels. Les années quatre-vingt-dix ont vu la radicalisation du mouvement avec un changement de la structure sociale de ses adhérents. La seconde génération qui adhéra en Allemagne à cette communauté a eu, on l'a dit, une formation nettement supérieure à celles de ses aînés. Nombre d'entre eux ont étudié dans les universités allemandes et se sont laissés séduire par le rôle d'élite qui leur était proposé pour constituer le fer de lance de la nouvelle communauté islamique étendue au monde par la renaissance du califat.

Le rôle de la diaspora turque de la seconde génération, profondément acculturée en Allemagne, se retrouve dans Hizb al Tahrir en Angleterre, avec les jeunes Anglo-Pakistanais de la seconde génération qui sont souvent d'un niveau d'instruction avancé et qui sont fascinés par le rôle essentiel que leur confère l'association, en tant qu'avant-garde d'un nouveau monde islamique en gestation. Ils se sentent, de la sorte, investis d'un rôle prophétique dans la société d'origine de leurs parents et retrouvent, de ce fait, une grande part de la dignité perdue dans des sociétés occidentales où ils se sentent l'objet d'un mépris et d'un racisme plus ou moins tangible. Sans être exclus, ces jeunes éprouvent un malaise profond face aux discriminations dont ils sont l'objet et qui les empêchent d'accéder aux emplois ou aux opportunités correspondant à leur niveau d'éducation et à leur capacité. Ils se sentent, par ailleurs, écrasés par un sentiment de culpabilité diffus vis-à-vis des sociétés de leurs parents, surtout lorsque celles-ci traversent une crise comme c'est le cas du Pakistan, de la plupart des pays arabes ou encore, de l'Afghanistan, pashtounophone comme eux. L'islam dont ils deviennent, par le truchement de ces associations, les acteurs mondiaux, leur apporte ce sentiment de renouer avec les pays islamiques dont ils étaient séparés en même temps que l'impression d'être des acteurs plus importants que ne le reconnaissent les sociétés occidentales qui les stigmatisent.

Dans le cas du Hizb al Tahrir, un élément supplémentaire vient accroître la hargne de ses membres contre le royaume britannique. Contrairement à la majorité des sujets britanniques qui soutiennent les Américains contre les Talibans afghans[30], une partie de la communauté pakistanaise d'Angleterre, d'origine pashtoune, défend les Talibans, en majorité pashtounes comme eux. Hizb al Tahrir dispose, selon son dirigeant Bakri[31], de succursales dans vingt et un pays y compris les États-Unis, alors que Kaplan, hormis son implantation en Turquie, s'est cantonné surtout à l'Allemagne. Les associations islamistes turques en Allemagne sont surtout intéressées par la Turquie où elles tentent de combattre la laïcité et ont préservé, jusqu'à présent, leur caractère turco-allemand. Par contre, les associations comme Hizb al Tahrir, même si elles sont particulièrement liées aux contextes anglo-pakistanais, sont à même d'étendre leurs ramifications dans d'autres pays occidentaux où existe une diaspora pakistanaise. Elles y exploitent aussi le malaise lié au problème du Cachemire, ainsi que l'association étroite du Pakistan dans les affaires des Talibans en Afghanistan.

Les différents types d'acteurs

Dans un réseau comme celui d'Al Qaeda, on trouve cinq types d'acteurs. Un premier type est formé des grands caïds de l'islamisme radical dans l'entourage de Ben Laden, où se trouvent des membres d'origine égyptienne, des Arabes de la péninsule Arabique, des Palestiniens et d'autres, en liaison avec les réseaux algérien, afghan, voire philippin. Un second noyau regroupe des combattants d'origine arabe qui ont opté pour la guerre en Afghanistan et puis, de retour chez eux, pour le *djihad* au nom d'une version radicalisée de l'islam. Une partie d'entre eux s'est trouvée, par la suite, impliquée dans des activités violentes en Occident. À leur côté, il existe un troisième type qui regroupe ceux qui, d'origine arabe, sont partis en Occident et ont adhéré au radicalisme islamique. Leur trait distinctif est d'avoir été endoctrinés, dans leur grande majorité, en Occident même. Un quatrième groupe est formé de jeunes Européens – plus rarement Américains – d'origine immigrée mais qui ont été scolarisés en Europe et qui adhèrent à Al Qaeda à la suite d'un endoctrinement sur place ou après leur contact avec le réseau et des séjours au Pakistan ou en Afghanistan. Enfin, un cinquième groupe se rencontre parmi les convertis européens (là encore plus rarement américains) à l'islam. Les motivations de ces différents groupes se recoupent sur plusieurs points, mais n'en sont pas moins distinctes.

Pour le premier groupe, de l'entourage immédiat de Ben Laden, une littérature suffisamment abondante donne des indications assez précises[32].

Ce sont les quatre autres groupes qui nous intéressent dans la perspective d'une vision de la modernité radicalisée et inversée. L'étude de ces groupes montre en effet qu'ils ne sont en rien traditionnels, qu'ils ont été exposés à une modernisation plus ou moins intense, que nombre d'entre eux ont eu accès à l'école et à l'université, qu'une fraction importante parle plusieurs langues et que beaucoup ont séjourné en Occident, souvent pour de longues périodes. C'est pourquoi, en ce qui concerne les trois premiers groupes, il faut chercher les causes subjectives et les circonstances effectives de leur adhésion à des réseaux radicaux dans les modalités de leur modernisation. Quant aux deux derniers, les Européens d'origine immigrée et les convertis, les racines de leur radicalisation s'expliquent par les modalités de leur vie en Occident même. Le groupe des jeunes des pays arabes qui ont rallié Al Qaeda pendant la guerre contre les Soviétiques en Afghanistan présente des affinités électives avec la jeunesse palestinienne, marquée par le déni d'accès à la modernité et l'impossible constitution d'une nation autonome. Restent les trois autres groupes : les musulmans non occidentaux qui ont adhéré au réseau islamiste en Europe et aux États-Unis, la jeunesse occidentale d'origine immigrée et les convertis.

La nouvelle diaspora du Moyen-Orient

Les jeunes d'origine immigrée nés en France ou en Angleterre embrassent un islam activiste parce qu'ils ne trouvent pas leur place dans la société, d'après ce que disent nombre d'entre eux. Ils y sont sujets au racisme et à la stigmatisation. Ils tentent d'y parer en s'exilant dans d'autres pays européens ou ailleurs, aux États-Unis et, en dernière étape, en Afghanistan aux côtés des Talibans. Par contre, ceux qui sont issus du Moyen-Orient et se trouvent en Occident forment une diaspora qui présente des traits spécifiques.

Des 19 personnes impliquées dans le détournement d'avion du 11 septembre 2001, 15 étaient d'Arabie saoudite et n'avaient pas de souci financier. Ils avaient suivi un enseignement moderne et la grande majorité avait longuement séjourné en Occident, en Allemagne, en Angleterre ou aux États-Unis. Chez eux, le motif de l'action n'était pas le mal-vivre des jeunes issus de la diaspora de l'Europe dont une grande partie se trouve en situation d'exclusion économique et de stigmatisation raciale. Leur adhésion à la version *djihadiste* de l'islam ne s'explique donc pas par leur sentiment de parias. Comment comprendre, dès lors, qu'ils se soient engagés dans cette voie alors qu'une bonne partie d'entre eux aurait pu s'intégrer en Occident et y bénéficier du niveau de vie des classes moyennes, et pour certains d'entre eux, supérieures ? Pourquoi ont-ils opté pour Al Qaeda ?

Al Qaeda regroupe, comme on l'a vu, une grande diversité de militants. Selon les modalités de leur adhésion et celles de leur séjour en Occident, on peut en distinguer trois. Il y a ceux qui ont combattu le régime communiste d'Afghanistan au temps de la lune de miel entre Al Qaeda et les États-Unis et se sont ensuite dispersés après le renversement du régime pour retourner chez eux. Certains y ont répandu la bonne nouvelle du *djihad*. C'est notamment le cas de l'Algérie où les « Afghans » – c'est-à-dire les Algériens ayant combattu en Afghanistan contre le régime communiste – sont venus gonfler les rangs du FIS et après le coup d'État militaire du GIA. Il y a aussi un groupe de militants qui s'est installé en Occident après leur départ d'Afghanistan tout en étant membre du réseau. Un troisième groupe a adhéré à l'organisation après son séjour en Occident, dans la décennie suivant la fin de la guerre en Afghanistan, sans avoir eu de lien avec Al Qaeda auparavant.

Le premier type d'adeptes s'est constitué surtout en liaison avec la lutte contre le régime communiste de Kaboul dans les années quatre-vingt. En 1981, les États-Unis de Reagan mettent sur pied avec le Pakistan et l'Arabie saoudite une alliance pour armer et entraîner les moudjahidine. Le groupe Al Qaeda, qui signifie en arabe « base », doit son nom aux volontaires qui avaient joint les moujahidine afghans par le Pakistan ou ailleurs et dont la trace avait été perdue par les familles. Pour pouvoir les identifier, une base de données informatique a été mise en place en 1988, laquelle a ensuite donné son nom au réseau Ben Laden[33]. Ce dernier entend mobiliser les musulmans dans la lutte contre les communistes en Afghanistan. De 1980 à 1990, les volontaires musulmans, entraînés au Pakistan par les instructeurs occidentaux, ont contribué à la guérilla contre les Russes. On les appelait les « Afghans-Arabes » ou simplement « Afghans[34] ». Ben Laden a ainsi formé sa Légion islamique. Le nombre d'« Afghans » qui la constituent est important, peut-être quelques dizaines de milliers. Le consulat du Pakistan à Alger a délivré, après l'invasion soviétique, quelque 2 800 visas à de jeunes Algériens partant combattre le régime communiste en Afghanistan. Beaucoup sont partis sans être recensés, en transitant par l'Iran ou la Jordanie. La revue britannique de défense *Jane's* évalue leur nombre à 14 000 dont 5 000 Saoudiens, 300 Yéménites, 2 000 Égyptiens, 2 800 Algériens, 400 Tunisiens, 370 Irakiens, 200 Lybiens et quelques dizaines de Jordaniens[35]. Parmi ces jeunes, une très grande partie provient des couches populaires des pays d'origine. En Afghanistan, ils se rencontrent, apprennent les dialectes pashtoun et le dari (persan d'Afghanistan), et surtout entrent en contact les uns avec les autres. Auparavant, les gens d'Afrique du Nord ne se connaissaient que par la médiation de la France, et ceux du Moyen-Orient, que par le truchement des États-Unis et d'Angleterre. Deux siècles avant, ils avaient des contacts étroits entre eux, à travers l'islam. Avec la domination coloniale, et les modernisations nationales par des États laïques calqués sur le modèle occidental après les indépendances, le point de mire des sociétés musulmanes s'est déplacé vers l'Occident et les relations entre les différents pays musulmans se sont plus ou moins marginalisées.

L'Afghanistan et le Pakistan des années quatre-vingt et quatre-vingt-dix font donc office de creuset où des musulmans de diverses parties du monde se rencontrent sans la présence des Occidentaux et animés par le même désir : combattre le Mal. Ces deux pays jouent en ce moment un rôle charnière dans le monde sunnite, un peu comme celui qu'avait joué l'Iran dans les années quatre-vingt. À l'époque, son message, chiite, n'avait pu avoir l'écho souhaité par ses protagonistes, en raison du caractère minoritaire du chiisme dans l'islam. Tant que le régime communiste sévissait en Afghanistan, le lien s'est établi avec la bénédiction de l'Occident et en particulier des Américains. Ceux-ci étaient inconscients du fait qu'au-delà de la lutte contre l'ennemi communiste, les liens se nouaient sur la base d'un islam qui prenait le contre-pied d'une modernité conçue comme pécheresse et anti-islamique par la majorité d'entre eux. Au Pakistan, la version déobandie de l'islam (du nom d'un village pakistanais), se modelant sur le wahhabisme que préconise l'Arabie saoudite, a eu les faveurs des migrants. Il les protégeait contre une modernité viciée par la présence d'un Occident corrupteur dont le rejet chez les moudjahidine était masqué par leur haine face au régime communiste et athée de Kaboul.

Si les années quatre-vingt furent celles où Al Qaeda mobilisait et entraînait des jeunes d'origine modeste venant pour la plupart des pays arabes ou du Pakistan, dans les années quatre-vingt-dix, l'organisation prend en charge un nouveau type de recrue, plus limité en nombre, mais mieux éduqué. La guerre du Golfe peut être perçue comme le point de rupture. En autorisant aux troupes américaines de stationner sur son sol, l'Arabie saoudite donnait, aux yeux des salafistes, l'occasion à l'Occident de profaner le pays abritant le lieu le plus saint de l'islam, La Mecque. Cette réaction, du reste, fut similaire à celle qu'engendra en l'Iran le stationnement d'une quarantaine de milliers de soldats américains. Situation que Khomeyni avait exploitée comme signe supplémentaire d'asservissement du régime du chah vis-à-vis des États-Unis, dénonçant la soi-disant volonté des infidèles de profaner l'islam. C'est donc l'opposition explicite aux États-Unis et plus généralement à l'Occident qui attire ce nouveau groupe.

Les diasporiques de l'Amérique

Ceux qui ont opéré en Amérique et ont pris part aux attentats contre le World Trade Center sont pour la plupart des Arabes de la péninsule Arabique. Ils proviennent du Moyen-Orient, d'Europe ou encore, mais plus rarement, ont séjourné aux États-Unis. C'est le cas du Saoudien Hani Hanjour qui a vécu une grande partie de la décennie quatre-vingt-dix en Amérique[36]. Ils ont une image d'eux et du monde qui n'est pas très éloignée des jeunes Européens d'origine immigrée.

Les entretiens menés avec quelques-uns d'entre eux en prison mettent en évidence un trait que l'on ne retrouve pas avec la même intensité chez les partisans européens d'Al Qaeda. Le caractère pernicieux de l'Occident dans sa culture, au moins autant que dans ses formes de domination sur le monde extérieur, leur semble essentiel. La sexualité débridée, la promiscuité contre nature, des rapports homme/femme totalement déréglés, l'homosexualité masculine et féminine, l'instabilité familiale et la perte de l'autorité masculine, bref, l'immoralisme et la dépravation leur paraissent insupportables. S'y ajoute un traumatisme supplémentaire, l'hégémonie qu'exerce l'Occident sur les musulmans, que ce soit indirectement et par le recours à des régimes musulmans corrompus, ou par le recours direct aux armes. La domination israélienne sur les Palestiniens avec la complicité active de l'Occident révèle le caractère pervers de ce dernier. Les griefs contre l'Occident sont donc nombreux et s'étalent dans la durée. Une mémoire obsidionale s'est constituée qui, dans chaque pays musulman, se décline selon les circonstances particulières propres. En Iran, le coup d'État américain contre Mossadegh en 1953, puis le soutien indéfectible au régime du chah, enfin l'appui au régime irakien dans sa guerre contre l'Iran (1980-1988), en forment les moments clés. Dans les pays arabes, c'est le traumatisme de la formation d'Israël et le soutien indéfectible dont celui-ci a bénéficié sur les plans militaire, économique et politique par l'Amérique qui forme la trame de fond de la mémoire anti-américaine, les échecs successifs des armées arabes, et en particulier en 1967, entretenant ladite mémoire dans son opposition aux États-Unis. La question palestinienne nourrit à son tour l'anti-américanisme qui devient de plus en plus constitutif des sociétés arabes, puis, musulmanes, par le truchement de la télévision qui répand quotidiennement les images de l'humiliation palestinienne dans le monde entier. L'influence de la télévision se substitue progressivement à celle des communautés concrètes qui façonnaient une vision du monde homogène de leurs membres. Celles-ci étant dans un état de déstructuration poussée, les sources de construction de l'image du monde se transfèrent vers les médias modernes et tout particulièrement la télévision. Une « communauté télévisuelle » remplace les communautés en déréliction et c'est cela qui façonne de plus en plus la mémoire des sociétés, surtout chez les groupes sans racine qui viennent s'y installer. Dans les prisons françaises, tout au long des deux dernières années, c'est la télévision qui est à l'origine de la réaction « judéophobe » de 2002 de certains détenus musulmans qui forment quelquefois jusqu'à 80 % de la population carcérale[37].

Ce qui perturbe ceux qui sont venus s'installer en Occident pour poursuivre des études ou sortir de leurs pays d'origine en proie à la crise, c'est qu'ils cherchaient une bouffée d'air frais, voulaient épouser cette modernité dont ils se sentaient si injustement exclus. Une part importante de ces jeunes s'intègre dans ces sociétés mais une partie ne trouve pas la réponse à ses questionnements et à ses angoisses. La modernité tant désirée leur semble, une fois de ce côté de la barrière, comme le roi nu. Elle perd progressivement le prestige qu'elle revêtait quand ils l'imaginaient dans leur pays d'origine. Elle n'est que l'accès à la consommation, en l'absence de tout sens « noble » qui viendrait les insérer dans un tissu social « chaud » et pourvu de significations à la hauteur des idéaux caressés. Au quotidien, l'Occident dont ils rêvaient tant n'est qu'un ensemble de petits ajustements à une vie quotidienne d'où est bannie toute signification élevée. Il n'y a pas de sacré ; il n'y a même pas de sens à une vie qui se scande au rythme d'une consommation et d'une médiocrité souvent dépourvues d'horizon et de lendemain.

Les relations sexuelles que nombre de ces jeunes finissent par nouer avec des femmes débouchent souvent sur le constat d'une impossibilité. La fidélité de la femme est impossible dans cet Occident où les catégories de la vie sont nivelées et où la différence entre hommes et femmes a perdu toute pertinence à leurs yeux. On est efféminé, la virilité masculine n'y a plus cours, la vie se décline dans un monde fermé où la communication est souvent impossible. Nombre de ces jeunes vivent dans des isolats urbains qui favorisent la quête du sens hors des circuits habituels de sociabilité occidentale. La promiscuité dans cette partie du monde et l'individualisme féroce qui y règne achèvent de convaincre ces marginaux de l'immoralité fondamentale de cette civilisation qui prétend régir le monde et qui est dans l'impossibilité de constituer une vie « saine » pour les uns et les autres.

D'un côté, un prestige dangereusement entamé par la vie au sein même du monde occidental, de l'autre, le sentiment vif d'une intolérable iniquité vis-à-vis du monde musulman. En troisième lieu, un racisme plus ou moins diffus qui s'exerce même à l'égard de ceux d'entre eux qui ne sont pas économiquement des exclus. Ces trois aspects rendent impossible, pour cette minorité de jeunes, la conciliation avec ce monde qui allie l'arrogance à l'imposture et à l'immoralité. Une réaction quasi sectaire se développe : rejet de la société occidentale dans sa totalité, volonté de la combattre, refus de considérer l'Occident comme un ensemble non-monolithique et autonome de pays et de cultures et son identification à une unité mythique qui légitime l'emploi de la violence aveugle à son égard. Si dans les actes des membres d'Al Qaeda il n'y a pas de sentiment de culpabilité vis-à-vis des victimes innocentes des attentats, c'est qu'il n'y a pas, dans cette partie du monde, d'innocents à proprement parler. Ils sont « coupables » dans le sens d'une totalité organique dont les membres ne sont pas des individus mais des parcelles liées étroitement les unes aux autres. À l'individu occidental on riposte par le déni d'individualité des sociétés que l'on combat. Il n'y a pas d'individu, il n'y a qu'un ordre inhumain qui opprime les musulmans et mérite d'être traité comme un tout indissociable où chacun n'est qu'un nœud dans un ensemble finement tissé et solidaire. La réalité individuelle de l'Occidental s'estompe ainsi et s'ouvre un gouffre entre la réalité telle qu'elle est vécue par l'Occidental et la vision unifiante et totalisante que l'islamiste plaque dessus.

L'expérience d'un monde virtualisé et opaque où tout s'interprète sous une forme antagonique rend possible l'unification mythique de l'Occident sous une figure démoniaque. Cette expérience est différente de celle des jeunes Iraniens des années quatre-vingt ou des Palestiniens de la Seconde Intifada. Pour eux, c'est l'expérience concrète d'une utopie brisée (la nation islamique dans le premier cas, une nation palestinienne dans le second) et l'identification d'un adversaire réel (même si sa diabolisation relève d'une construction mythifiée) qui est le point de départ. Dans le cas des personnes vivant en Occident et qui s'inscrivent dans une action terroriste, c'est moins une domination directement ressentie – ils sont dehors depuis assez longtemps et vivent comme la majorité des classes moyennes occidentales – qu'une haine ressentie à l'égard d'un Occident ignominieux et difficile à cerner qui en est la cause. En effet, dans les sociétés complexes où les modes d'inscription dans la réalité sociale deviennent de plus en plus difficiles et exigent une révision et une réadaptation constante, la réalité se donne comme un tout opaque et souvent illisible. Pour ceux qui viennent d'un autre monde, elle est non seulement incompréhensible, mais démoniaque. L'opacité est interprétée comme une tentative délibérée de refuser l'accès à la transparence à ces musulmans en quête de chaleur humaine et d'hospitalité. Monde étrangement inamical où l'anonymat et la froideur se conjuguent au caractère indéchiffrable des attitudes, à la « réflexivité[38] » de ces Occidentaux qui se méfient des autres et dont le refus de s'ouvrir est perçu comme signe d'arrogance et de mépris. Du côté occidental, la méfiance est une manière de se protéger contre ces étrangers dont rien ne laisse déchiffrer les intentions extérieurement. En s'en distanciant, on s'en prémunit, on dresse une barrière entre soi et l'autre pour neutraliser ses intentions éventuellement agressives ou malveillantes. Cette prise de distance s'est généralisée dans le monde occidental, surtout dans les grands centres urbains où chacun est quotidiennement exposé à une multitude de personnes appartenant à des cultures différentes. Cette réflexivité est interprétée par les musulmans comme signe de mépris supplémentaire. Non seulement ils ne sont pas accueillis à la hauteur de leur espérance, mais on les met à l'écart, on ne tisse aucun lien social avec eux, l'islam faisant peur et la méfiance des gens s'accentuant par ailleurs proportionnellement aux méfaits attribués à l'islamisme dans les médias occidentaux.

La réaction de ces immigrés à la froideur des sociétés modernes est similaire à celle de nombre d'Occidentaux qui choisissent d'adhérer à des sectes pour constituer des groupes « chauds » où l'unisson des corps cimenterait la moralité conjuguée dans un sens nouveau. Mais chez ces musulmans, s'ajoute le fait poignant du mal-être des sociétés dont ils sont issus. Mal-être décuplé, on l'a dit, dans sa dimension symbolique par les médias auxquels ils ont un accès beaucoup plus aisé que dans leur société d'origine. C'est une réaction de fermeture qui s'accentue par la prise de conscience de la « vacuité occidentale », de l'immoralité et de l'instabilité affective de ce côté de la barrière et pour finir, de l'impossibilité de trouver un *modus vivendi* dans ce monde régi par les puissances du mal.

Un fait a son importance dans ce multiculturalisme inversé où l'accès à d'autres cultures aboutit à la radicalisation et à la fermeture, mêlé de rejet de l'autre. C'est le sentiment d'un monde chaotique où la famille est en voie de désagrégation, où les hommes sont devenus les esclaves des femmes, où cette sexualité contre nature et détestable qu'est l'homosexualité est en train de déloger les formes normales et divinement cautionnées de sexualité, où tout se conjugue sous le régime de l'instable et du précaire. En Occident, où la libération sexuelle s'est produite historiquement dans la dénonciation du puritanisme chrétien, l'homosexualité s'est dotée de normalité par la perte des normes centrales et, en particulier, celle de la famille patriarcale, ainsi que par les mouvements des femmes qui ont brisé le modèle dissymétrique de famille dominé par la figure écrasante du mari et du père. Dans cette autre partie du monde qu'est l'islam, la sexualité normale des hommes n'a jamais été accompagnée de sentiment de culpabilité tel que l'instillait le puritanisme chrétien. La normalité de la sexualité masculine se déclinait avec la polygamie qui autorisait en théorie sa satisfaction par le mariage contracté avec quatre femmes légales et plusieurs autres, lors d'unions temporaires. Certes, la polygamie a été toujours le privilège d'un groupe fort restreint d'hommes qui en avaient les moyens financiers mais dans l'imaginaire musulman, celle-ci garde une prégnance et donne un sens de dissymétrie profonde au rapport entre hommes et femmes, puisque le premier peut avoir plusieurs femmes alors que l'inverse est prohibé. Ces hommes qui se trouvent au contact de la promiscuité occidentale se convainquent de la supériorité de l'islam en matière de sexualité.

Bref, à la différence d'une majorité qui s'adapte, l'expérience de vie en Occident prouve à une minorité d'immigrants la nature diabolique de ce monde désaxé. Si au XIXe siècle la colonisation s'est faite et a été intériorisée dans la conscience d'une partie des colonisés à partir du postulat de la supériorité intrinsèque de l'homme blanc, les fils et petits-fils des colonisés qui s'installent à présent en Occident répudient ce sentiment de supériorité des ex-colonisateurs jusque chez eux. Bien plus, ils se trouvent face à un monde informe et divers, trop divers pour incarner pleinement une supériorité morale, assez diabolique pour dissimuler son caractère maléfique derrière cette façade de diversité sauvage. Il y a un processus de nivellement de l'Occident dans la conscience de ces *néo*-musulmans qui y débarquent et rend d'autant plus humiliant et incompréhensible son parti pris supposé contre l'islam tel qu'ils en vivent les péripéties par la télévision. C'est dire que l'humiliation est décuplée par le constat du chaos et de la dépravation sexuelle et morale qu'ils y trouvent. Non seulement ils ne s'y intègrent pas, mais ils ont mille raisons de le rejeter, cette fois à partir d'une expérience vécue et concrète. L'islam leur apporte simplicité et transparence. Là où rien n'est clair et tout sujet à débats et négociations épuisants, le verdict islamique bénéficie d'une indéniable univocité, d'une transparence qui tranche avec l'impénétrabilité des normes de vie sur cette partie impie de la terre.

L'Occident est impie, incompréhensible, arrogant et dépravé. Il est insaisissable parce qu'en dépit de sa corruption morale, il a progressé alors que les musulmans se trouvent en piteux état. Pour le déclin de ces derniers, on sait, par la bouche de nombreux penseurs musulmans radicaux, comment l'expliquer. Leur état de dépendance et de sous-développement est la conséquence de leur déviation de la voie droite (*sarat mostaqim*) prescrite par Allah. Ils sont dans un état d'idolâtrie et d'ignorance, de la *jahiliya* où se trouvait la société arabe avant sa conversion à l'islam par le Prophète. Ces idées circulent largement dans les milieux des musulmans radicalisés en Occident. Toutefois, si l'écart de l'islam véridique rend raison de la décadence des musulmans, le progrès matériel de cet Occident pervers demeure une énigme pour ces musulmans diasporiques, convaincus de sa noirceur. Une explication trouve la faveur de ces activistes en quête de rationalisation. L'Occident fait des progrès en asservissant les musulmans et les autres, par son impérialisme que l'on couche dans un idiome islamique sous le terme de *istikbar* (de *mostakbar*, arrogant, oppresseur, de racine *kbr*, orgueil, outrecuidance). L'expression, modernisée, s'applique autant aux musulmans avides de confort individuel qu'aux affidés de l'Occident, à l'intérieur comme à l'extérieur du monde islamique.

L'expérience concrète de l'Occident chez ces musulmans donne une autre coloration à ce constat. Le monde occidental est pervers et attirant, sa richesse et ses femmes fascinent, sa nature transgressive des normes divines fait horreur. Il n'est pas uniquement à proscrire, mais à bannir de l'intériorité du croyant, infectée par le virus de « l'occidentalité ». Des intellectuels iraniens, en contact avec le monde américain, l'ont théorisé sous forme de « maladie occidentale » (*qarb zadegui*), « d'occidentalité[39] ». Il faut combattre le cancer occidental en le pourchassant d'abord dans son for intérieur, ce qui donne la clé de ce *djihad* intérieur (*djihad akbar*, *djihad* majeur chez les soufis) que les adeptes empruntent à la mystique islamique. Cela explique aussi la haine inextinguible vis-à-vis de cet Occident dont on peut mettre à mort sa population anonyme dans des actes violents parce que chacun d'eux a un rôle, si minime soit-il, dans cette fascination que ressent le nouvel adepte de l'islam radical. Pour extirper le mal de l'intérieur de soi, une solution idoine consiste à le déraciner dans ses supports physiques, ces milliers d'hommes et de femmes occidentaux qui instillent, intentionnellement ou non, le virus de l'occidentalité dans l'âme des musulmans en les contaminant de l'intérieur. La lutte intérieure ne saurait se limiter, comme par le passé, à la guerre contre ses fauteurs directs, militaires directement impliqués dans la lutte. Elle se prolonge dans la guerre ouverte contre tout le monde.

On cherche – et bien sûr on trouve – des justifications chez les penseurs islamiques, dont Ibn Taymiya, théologien musulman du XIVe siècle. Celui-ci vivait à une époque où le conflit entre Mamelouks et Mongols rendait caduque la guerre classique entre musulmans d'un côté, non-musulmans de l'autre. Il y avait, du côté mamelouk comme du côté mongol des musulmans et des non-musulmans dans l'armée. L'interdiction traditionnelle de tuer des musulmans même en guerre contre d'autres musulmans rendait malaisé ce type de guerre mixte. Taymiyah invalida l'argument visant à interdire l'assassinat des musulmans par leurs coreligionnaires dans la guerre pour légitimer théologiquement la guerre mixte. Mais il visait ceux qui étaient directement impliqués dans la guerre et non la population civile[40]. On outrepasse donc son verdict en l'étendant à la population civile. Si on peut tuer des musulmans en guerre, *a fortiori*, peut-on massacrer des non-musulmans. Et si on en tue qui n'étaient pas directement impliqués dans les hostilités, pour les intérêts supérieurs de l'islam cela est autorisé. Du côté occidental, on traduit ce phénomène en termes techniques et non religieux de « dommages collatéraux » – ce que relèvent les islamistes en prison[41] qui ne manquent pas de dire que la mort des innocents est tout aussi bien pratiquée hypocritement par les Occidentaux dans les affrontements avec les musulmans.

Plusieurs registres viennent ainsi se combiner pour brosser l'image d'un Occident démoniaque. Pour construire une image unifiée, on inverse la complexité en une transparence diabolique occultée par la ruse des Occidentaux. Enfin, le constat d'un traitement injuste à l'égard des pays musulmans par cet Occident détrôné de son prestige d'antan est fait par les musulmans de la diaspora qui y résident et en partagent les soucis quotidiens au même titre que les autres.

Ces militants se radicalisent, par ailleurs, pour se distinguer des majorités musulmanes vivant en Occident.

À la différence de la grande majorité d'entre elles qui s'adapte aux us et coutumes occidentales, ils préconisent une stratégie de rupture. C'est pourquoi ils doivent s'opposer non seulement à l'Occident, mais aussi à ces musulmans attiédis et réfractaires à leur version manichéiste des faits. La diabolisation de l'Occident sert ainsi à des groupes diasporiques fortement minoritaires, à se positionner autant contre l'ennemi occidental que des majorités musulmanes qui y sont paisiblement installés.

La jeunesse diasporique française : le multiculturalisme inversé

Les données disponibles et les entretiens menés en prison durant les cinq premiers mois de 2002 permettent de dégager quelques traits saillants de cette jeunesse. La plupart des prisonniers sont de parents algériens ou marocains et ont choisi l'Angleterre pour lieu de résidence. Il y a aussi quelques Français convertis parmi eux. Ce qui caractérise avant tout ces derniers, c'est le sentiment d'échec en France, le rapport antagonique entretenu avec le pays d'adoption de leurs parents dont ils ont pour la plupart la nationalité, un niveau intellectuel supérieur à la moyenne et une grande familiarité avec les nouvelles techniques comme l'informatique, l'aéronautique ou le commerce. Plusieurs ont suivi des études universitaires, même s'ils n'ont pas nécessairement réussi. Ils appartiennent à ces classes moyennes qui, entre la réussite relative et l'échec partiel, ont un réel problème d'identité. Ils éprouvent un malaise profond dans une France qui, à leurs yeux, les a dépossédés de tout enracinement dans le pays d'origine de leur famille sans les intégrer pleinement sur son sol.

Leur séjour en Angleterre ne leur a pas pour autant ouvert la voie à l'intégration en son sein. Néanmoins, ils y ont trouvé une « communauté musulmane » qui leur donne le sens d'appartenance à une *umma* beaucoup plus large, dans un sentiment d'extériorité par rapport au Royaume-Uni. Le départ de la France et le séjour, quelquefois de plusieurs années, en Angleterre renforce chez eux ce sentiment d'être apatrides. Ils s'identifient d'autant plus facilement à une *néo-umma* élargie qu'ils ont perdu leur sentiment national. La nouvelle identité leur donne la possibilité de se faire, à leur façon, citoyens d'islam en rompant plus aisément avec un monde français vécu comme opposé à leur intégration. L'Angleterre, c'est le lieu de la double non-appartenance : ni à la France, ni au Royaume-Uni. Ce pays, tolérant jusqu'à accepter qu'on y prône le *djihad* et peu regardant sur les menées des groupes déviants tant qu'ils ne mettent pas directement en danger sa sécurité, renforce chez eux cette marginalité dédoublée qui leur fait rejeter l'Europe et plus globalement l'Occident.

Leur expérience des États-Unis où ils passent plusieurs mois corrobore à son tour cet état de fait. L'accumulation de ces séjours dans une multitude de pays occidentaux accroît leur sentiment de différence. Désormais, le lien indéfectible à un pays déterminé est rompu par la démultiplication de séjours dans plusieurs d'entre eux. Avoir vécu en Angleterre leur donne cette identité qui se détache d'une quelconque appartenance nationale, avant même qu'elle ne se fixe sur l'islam. Le départ de la France trouvait son origine dans un malaise identitaire encore aggravé par un ou plusieurs échecs et la volonté d'apprendre l'anglais pour accéder plus facilement à un travail mieux rémunéré. Avant leur départ à l'étranger, les tracasseries commencent par leur exclusion de certains types d'emploi, en particulier ceux liés aux relations publiques, mieux rémunérés. Un racisme quelquefois diffus, d'autres fois beaucoup plus explicite, leur barre l'accès aux mêmes emplois que les Français « de souche », à qualification égale[42]. Ensuite, c'est le décrochage qui peut arriver à tout jeune et en particulier aux « Arabes », pour des raisons souvent spécifiques à chaque individu et à sa sensibilité particulière mais qui ont pour toile de fond le sentiment de rejet et de stigmatisation. Ce fut le cas de Khaled Kelkal qui n'a pu poursuivre des études normales à l'école parce qu'il était arabe et mal-aimé et bascula, en 1995, dans le terrorisme[43]. À cela s'ajoute le fait que travailler pour des « Français » ravive le souvenir de l'exploitation de leurs parents, transposition, à la situation présente, des relations coloniales dont avaient souffert les générations anciennes des Maghrébins face au colonisateur français. L'ensemble de ces données les place dans une situation financière et mentale fragile avant même leur traversée de la Manche.

Même s'ils se sont déjà frottés à un islam rigoriste en France, c'est souvent en Angleterre qu'ils finissent par recouvrer une identité nouvelle. Elle n'a pas pour finalité de les européaniser et de les ouvrir au monde par le truchement de la langue de Shakespeare qu'ils finissent par apprendre, mais de les islamiser dans des réseaux qui leur permettent de vivre sur modestement le plan financier tout en s'assignant une vocation sacrée au service de la religion d'Allah.

La multiplicité des visages de l'Occident que cette génération de jeunes déracinés – ni Français ni Maghrébins – découvre en arpentant des terres bigarrées allant d'Angleterre en Espagne et aux États-Unis, engendre chez eux un multiculturalisme à l'envers. Ils ne s'ouvrent pas aux autres cultures dans un sentiment d'euphorie et de métissage, mais prennent leurs distances vis-à-vis de toute culture comme un ensemble artificiel et s'identifient fermement au message d'Allah qui les transcende et propose, à leur place, un code rigoriste de bonne conduite, au-delà de la contingence humaine. Les droits de l'homme promeuvent-ils une vision de l'humanité et de ses droits inaliénables par-delà toute culture spécifique, ils leur emboîtent le pas en partie en prônant un islam transculturel qui ne reconnaît aucune culture particulière et se donne pour vocation de répandre le message d'Allah en ignorant les sociétés, les pays, les nations ou les peuples. Leur expérience de la pluralité des cultures en Occident leur fait prendre une conscience suraiguë de leur nature artificielle et imparfaite qui ne saurait résister face au message d'Allah, transculturel par essence. Ils se dressent ainsi au-dessus de tout particularisme culturel en s'identifiant à un islam méta-culturel et purement scripturaire où la parole du Prophète ne souffre aucune détermination historique et culturelle[44].

La familiarité avec diverses cultures occidentales engendre également chez eux un sentiment de refus vis-à-vis d'un Occident qui ne leur laisse aucun espace d'affirmation de soi. Cela est vrai des exclus mais aussi, d'une certaine manière, de ceux qui ont su s'intégrer socialement et économiquement. Le moindre trait renvoyant à une origine différente et stigmatisée par le racisme quotidien devient lancinant et épouse des dimensions symboliques démesurées au regard des attitudes souvent anodines qui l'ont engendré. Il y a disproportion entre le « petit racisme » qui berne les « Arabes » et se gausse d'eux et le sentiment quelquefois paranoïaque qu'ils éprouvent face à cette attitude dégradante. La grande majorité des immigrés d'origine maghrébine ne se laisse pas scandaliser outre mesure par ce type de racisme moqueur et ironique qui ne va pas très loin en se disant qu'après tout l'intégration dans la société vaut bien quelques avanies blessantes, mais sans conséquence majeure. Mais d'autres viennent gonfler le rang de ceux qui, exclus, ont beaucoup de raisons objectives d'en vouloir à une société qui les a mis en marge, du fait de leur origine. Les dés sont jetés ; ils sont hors jeu. Dès lors, l'identification à une *néo-umma* particulièrement rigoriste inverse les données du problème : s'ils n'ont pas leur place dans ce monde inhospitalier, c'est que celui-ci est corrompu. D'une vision de soi appartenant à un hors-jeu tragique dans l'indifférence et l'insouciance des autres, ils passent à la perception de ceux-ci comme des ennemis qui les empêchent d'accéder à l'islam authentique. Ils s'opposent, dès lors, à cette promiscuité, ce mélange des choses et l'absence de normes qui font qu'on ne sait plus qui est femme et qui est homme ; qui est grand et qui est petit ; qui est adulte et qui est mineur ; qui est probe et qui est débauché ; qui est vertueux et qui est licencieux. L'Occident est ce lieu d'indécision et de mixité qui le rendait opaque avant la conversion et qui, à présent qu'ils ont découvert la vraie foi, se révèle à eux dans sa nature insidieusement diabolique.

L'informatique, secteur où nombre d'entre eux trouvent un emploi précaire, vient corroborer le caractère abstrait du monde où ils vivent. En l'occurrence, l'abstraction informatique n'est pas un vain mot, d'autant plus que plusieurs d'entre eux s'y sont adonnés et que diverses manipulations par le biais des logiciels leur sont connues. Les procédés actuels, dont par exemple la pratique dite de « défleshisation », peuvent servir de fil directeur pour donner une idée de leur perception des choses. On appauvrit progressivement l'image afin de pouvoir la stocker dans ses caractères essentiels dans le disque dur, en la comprimant et en utilisant une fraction de l'espace qu'occuperait l'image complète[45]. Ici, la matière est à proprement parler inexistante. Ou plus exactement, elle n'est rien d'autre que les modalités de façonnement des diverses formes. Comme le réel, la matière n'est qu'une abstraction. Tout comme la mise en forme donne une liberté quasi absolue, le réel peut, à son tour, être façonné *ad libitum*. Il suffit, pour cela, de le réduire au statut de l'image sur laquelle l'imaginaire exerce désormais une emprise totale. Une société abstraite déploie son spectacle dans un monde voué à une virtualité que les gens « normaux » maîtrisent tant bien que mal mais que ceux qui se sentent exclus ou mal-aimés risquent de prendre au pied de la lettre et par la magie d'une mainmise imaginaire sur la réalité, tenter de la « virtualiser » littéralement.

Le cas de ces jeunes doublement ou triplement « diasporisés », qui ont perdu le sentiment d'appartenance à une nation ou à un pays bien avant d'avoir acquis la certitude rassurante d'être membres de l'*umma*, est symptomatique. Faute d'une communauté européenne authentique qui les insérerait en son sein après l'échec de leur intégration en France, le Royaume-Uni leur a donné l'occasion de constituer une *néo-umma* en lutte contre l'Occident. Ils y découvrent la communauté au sein d'un islam élargi qui ne connaît pas de confins. Que cette religion soit aussi celle des Pakistanais et des Indiens la rehausse, aux yeux de ces Franco-Maghrébins séjournant en Angleterre, comme incarnation d'une vérité par-delà toute culture. Intégration nationale refusée, européanité déniée, islam embrassé : telle est la formule adéquate pour exprimer l'état d'âme de ces exilés diasporiques au malaise démultiplié par les refus réitérés qu'on leur a opposé de s'insérer dans les mailles d'une modernité inaccessible. L'Europe n'est, en l'occurrence, qu'une vaste supercherie à leurs yeux, reproduisant à grande échelle le refus dont ils ont souffert au sein de la nation. Cette incompréhension dont ils se sentent les victimes est le ciment de leur *néo-umma* en rupture avec les pays d'accueil.

Au Royaume-Uni, ils réserveront un traitement moins hostile non par une tendresse particulière, mais par simple calcul froidement mené. Contrairement à la France, on les laisse tranquilles, et c'est pourquoi ils n'y commettront pas d'acte violent. Ils suivent en cela la *maslaha* selon les dires des imams radicalisés des mosquées anglaises comme celle de Finsbury Park au nord de Londres où officie Abu Hamza al-Mazri ou encore, la mosquée Piety de Leicester. Cette *maslaha* est l'opportunité pour l'islam et leur communauté de prospérer sous l'ombre protectrice de Sa Majesté dans une sorte de cessez-le-feu nécessaire pour l'instant, que le moment venu ils pourront rompre pour faire progresser la cause de leur religion dans un pays impie. Des villes anglaises comme Bolton où a habité Abu Qatada, le clerc islamiste que l'on suspecte d'avoir été l'ambassadeur de Ben Laden en Europe, Birmingham où a vécu Omar al Bayoumi, étudiant en doctorat à l'université Aston et que les services américains accusent d'avoir participé à la destruction partielle du Pentagone le 11 septembre 2001, Manchester où a séjourné Anas al Liby qui aurait pris part à l'attentat contre l'ambassade américaine à Nairobi en 1998, Slough proche de Londres où habitait Lofti Raissi, ce pilote algérien accusé, sans preuve convainquante, semble-t-il, par la CIA, de participation aux attentats du 11 septembre. Ces villes britanniques ont été le foyer de la constitution de réseaux et de la *néo-umma* islamiste beaucoup plus que le berceau de constitution de futurs citoyens européens. Même si les faits qu'on leur reproche sont loin d'être établis et que la suspicion qui pèse sur eux est en partie le résultat de la crainte de nouveaux attentats en Occident, il n'en demeure pas moins que la *néo-umma* est le principe d'identification d'une minorité activiste de musulmans européens qui n'ont su trouver dans la nation ou dans l'Europe le ciment d'un vigoureux principe d'adhésion.

Le séjour de ces jeunes diasporiques aux États-Unis s'est effectué, dans la majorité des cas, lorsqu'ils étaient déjà passés de l'autre côté et avaient épousé la cause d'un *djihad* sans merci. Certains, pourtant, ont adhéré aux groupes islamiques radicaux après leur expérience américaine, pas avant. C'est notamment le cas de ce Libanais, Wadih al Hage. Toujours est-il que la diversification des expériences multiculturelles au sein des sociétés occidentales a eu pour effet la fermeture de certains groupes minoritaires à ce monde qui aurait dû être théoriquement le leur, si on fait abstraction de l'origine de leurs parents au sud de la Méditerranée.

Une dialectique pernicieuse se met en œuvre. À l'inverse de l'expérience de la diversité enrichissante des us et des coutumes chantés par les humanistes comme Érasme et Montaigne, à l'opposé des formes de métissage et de multiculturalisme qui décloisonnent les sociétés en les rendant réceptives à d'autres conceptions, on assiste à une fermeture culturelle, voire au déni de droit à la culture comme forme légitime d'expérience humaine. Pour être authentique, la religion se doit d'être trans-culturelle, au-delà de toute culture, soumise à un code rigoureux qui est celui d'un islam déculturalisé. C'est un sentiment religieux sans référent concret, sans enracinement tangible dans le vécu humain, uniquement relié à un texte sacré, le Coran et des récits du Prophète (les hadith).

Cette religiosité consciemment désincarnée, qui s'inscrit dans l'imaginaire de ces jeunes émigrés devenus apatrides dans l'âme, trouve une légitimité supplémentaire en s'opposant à un monde chaotique auquel il faudrait imposer un nouvel ordre. Celui-ci ne se réalise pas par la passion du martyr iranien du Bassidje ou de la bombe vivante palestinienne qui sont des écorchés vifs par rapport à la froideur de ces nouveaux adeptes d'Allah. Le nouvel ordre islamique dépourvu d'ancrage au sein d'une nation s'engendre sous le regard glacial de l'informaticien et du manieur des réseaux qui procède par coupures et collages, compression et décompression, par l'intervention quasi chirurgicale sur l'image qui est le lieu désincarné d'une expérience de monde sans orientation ni signification existentielle. Dans leur contenu anthropologique, les morts, tels que les imaginent les jeunes diasporiques exilés en Angleterre, en Allemagne ou en Amérique, sont différents de ceux qu'envisagent les bombes vivantes palestiniennes ou les martyrs iraniens en quête de disparition violente. Dans ces derniers cas, sauf chez les plus radicalisés, l'ennemi a un visage particulier : il est irakien pour l'Iranien, israélien pour le Palestinien, russe pour le Tchétchène. Par contre, chez les diasporiques, les morts sont un signe dans une sémiologie abstraite, sans visage spécifique. Leur seul caractère identifiable, c'est d'être des « Occidentaux », pour la simple raison qu'ils vivent en Occident. L'attentat contre le World Trade Center a eu lieu à New York, il a été dirigé contre l'Amérique, mais Al Qaeda a tenté d'en organiser d'autres, en Europe. Et à New York, ville cosmopolite, parmi ceux qui sont morts, beaucoup étaient des étrangers. Les deux tours jumelles étaient le symbole d'une Amérique arrogante et « mondialisée ».

Dans le monde des banlieues, on voit quelquefois des jeunes d'origine non maghrébine, qui empruntent les manières d'être, l'accent, l'habillement et la gestuelle des jeunes « Arabes », c'est-à-dire des Français d'origine maghrébine. C'est qu'en partageant les conditions de vie de ces derniers les premiers finissent par s'y identifier à tel point que le mimétisme des autres devient comme un mode d'être légitime. Ils procèdent alors des mêmes types de comportement à l'égard des filles que les « beurs », leur donnant les mêmes appellations, les excluant des cercles étroits de leur accointance. Dans ces quartiers, l'islam devient aussi attractif pour les mêmes raisons : c'est la religion de ceux avec qui on vit, de ceux que l'on fréquente et dont on partage le sort, les goûts et les modes d'être. Chez une partie délinquante de la jeunesse banlieusarde qui vit de petits larcins et du deal, l'islam n'est pas une religion parmi d'autres, mais la seule et unique que l'on pourrait éventuellement embrasser, celle qui n'est pas entachée par les méfaits de la domination[46]. Certains Français d'origine catholique finissent par y adhérer parce qu'on ne saurait qu'être musulman dans ce monde sélectivement multiculturel. Ce phénomène se retrouve aussi en Angleterre où l'islam est vécu comme la religion de préférence des *underdogs*, des laissés-pour-compte.

Cela crée les conditions nécessaires mais pas suffisantes à l'adhésion aux groupes radicaux. Le fait d'appartenir à une bande ou à une association qui rejette explicitement une société vécue comme excluante, réconforte ceux qui y adhèrent par cette identité anti-française ou anti-anglaise que cette affiliation leur procure. Si le réseau s'instaure et trompe la vigilance policière, dès lors l'adhésion peut tourner à l'activisme, voire au terrorisme.

La jeunesse anglo-asiatique désarçonnée

Si la France a eu ses jeunes, issus de l'immigration maghrébine, les Anglais ont eu les leurs, de parents d'origine indo-pakistanaise musulmane. La structure communautaire, beaucoup plus reconnue en Angleterre, permet en principe d'atténuer le choc lié au séjour des populations fragiles sur le territoire de la Couronne. Puisque l'on reconnaît l'existence des communautés et qu'on les aide même par des subsides spécifiques, elles peuvent, en règle générale, assurer l'intégration par une phase intermédiaire, celle où les immigrés de fraîche date ne perdent pas pied et trouvent appui auprès de leurs compatriotes, avant de s'émanciper dans la deuxième et troisième génération. Cette vision beaucoup moins restrictive que le modèle d'intégration française qui refuse la reconnaissance du fait communautaire a ses avantages mais présente aussi ses problèmes spécifiques. Si les Français rejettent le communautarisme au nom de l'adhésion individuelle du citoyen à la seule communauté légitime qu'est la nation, les Anglais prétendent, eux, qu'une intégration réussie nécessite une phase intermédiaire sans laquelle les individus risquent de perdre pied, livrés à une société individualiste où aucune place ne leur serait aménagée. Selon cette perception, une grande part de la tâche d'intégration est dévolue aux communautés et celles-ci assurent, en contrepartie, la soumission à la loi de leurs membres qu'elles acceptent de contrôler plus ou moins indirectement, même si chacun est directement responsable, à titre individuel, devant la loi. Néanmoins, le contrôle et l'intériorisation des normes ne fonctionnent pas pour ceux qui, pour une raison ou une autre, se trouvent hors communauté ou refusent de se plier à ses normes. Ces individus, souvent des jeunes issus des familles immigrées, sont, dit-on, des *disaffected young Muslims*[47]. Les communautés ne parviennent pas à les intégrer, ni la société à les apprivoiser. Parmi eux, on cite volontiers le cas de Richard Reid, mais aussi d'autres qui avaient rejoint l'association Al Mouhajirun, comme Afzal Munir ou Aftab Manzoor.

Des quatre Anglais, morts en Afghanistan en combattant aux côtés des Talibans, au moins un, Afzal Munir, aurait été membre d'Al Mouhajirun. Munir avait vingt-cinq ans ; il avait suivi des cours d'informatique à l'université de Luton, avant de trouver un emploi dans une entreprise[48]. Un autre jeune de même âge, Manzoor, vivait dans cette même ville de Luton à moins de deux kilomètres de la maison des parents de Munir. La communauté musulmane de la ville est bien structurée. Celui-ci avait obtenu l'équivalent du bac. Son père était arrivé une vingtaine d'années auparavant du Pakistan et son fils partageait son temps entre les deux pays.

L'association Al Mouhajirun exprime directement le sentiment de certains étudiants anglo-pakistanais qui se trouvent entre deux cultures, mais éprouvent aussi un sentiment de désaffection vis-à-vis des communautés pakistanaises en Angleterre. Ces personnes souffrent, par ailleurs, de l'étroite coopération entre les États-Unis et l'Angleterre dans la répression des musulmans, que ce soit en Irak ou plus particulièrement, en Afghanistan. L'association est née de la scission au sein du parti islamique Hizb ul Tahrir. Al Muhajiroun radicalise nombre de thématiques de Hizb al Tahrir et a une implantation quasi-exclusive à l'université. Il exploite ce sentiment qu'il amplifie en référence à une conception *djihadiste* de l'islam. Ce type d'association, de même que la frange des jeunes qui se trouvent rejetés hors des communautés, montre les limites du modèle anglais, de même que la non-intégration des jeunes d'origine maghrébine en France révèle celles du modèle français d'intégration.

Pour les jeunes qui adhèrent à cette association, l'insertion des Pakistanais dans la société anglaise est un leurre. Ils se sentent rejetés, non seulement parce qu'on les traite en inférieurs, mais aussi en raison du peu d'égards qu'ils ressentent vis-à-vis des membres de leur communauté, trop « corrompus » et « compromis » avec les Anglais pour pouvoir représenter leurs sentiments authentiques. Il se produit alors une double marginalisation : par rapport à leur communauté, mais aussi par rapport à la société anglaise. En France, en l'absence de communauté réelle qui puisse les prémunir contre la marginalisation, une bonne partie des jeunes d'origine nord-africaine de condition modeste deviennent déviants et se retrouvent derrière les barreaux[49]. Certains choisissent l'exil (Royaume-Uni, États-Unis ou Canada) comme solution à ce mal-être. Les Anglo-Pakistanais, eux, partent quand ils le peuvent en Amérique. De plus, jusqu'à récemment, ils pouvaient bénéficier de la tolérance anglaise et exprimer leur extériorité vis-à-vis de l'Angleterre officielle en professant des opinions islamiques radicales qui auraient causé l'emprisonnement de leurs coreligionnaires français s'ils avaient eu l'audace de les exprimer publiquement sur le territoire français. Si la France a pu souffrir du terrorisme islamiste dans les années quatre-vingt-dix, et en particulier en 1995, cela est dû à l'approbation de l'État français à la répression par les militaires algériens islamistes, mais aussi au fait que l'État n'a pas cherché à trouver un *modus vivendi* avec les islamistes. La répression a eu raison de leur volonté d'affirmation de soi sur la scène publique française. L'Angleterre a joué un jeu différent et, n'ayant que peu d'Arabes sur son territoire, les retombées de l'islamisme algérien ne l'ont pas directement touchée, si ce n'est par l'installation d'une minorité d'islamistes qui ne trouvaient pas de place à Paris et ont choisi Londres comme terre d'asile. Toujours est-il qu'une liberté d'expression plus étendue au Royaume-Uni a permis aux jeunes d'origine pakistanaise qui se sentaient aliénés par une Angleterre trop asservie à l'Amérique dans sa politique étrangère et de ce fait opposée à la cause des musulmans en Afghanistan et au Moyen-Orient, d'exprimer leur malaise par des propos et des formes associatives qui n'auraient pas été tolérés en France.

Le sentiment d'outrage n'en a pas été moindre chez ces groupes minoritaires qui se sont rassemblés dans des associations telles que Al Muhajiroun. Pour eux, l'islam est un principe d'identification autrement puissant que la nationalité anglaise qu'ils vilipendent symboliquement en réclamant la participation des musulmans à la guerre sainte contre les troupes anglo-américaines en Afghanistan. Le même sentiment de rejet, d'infériorité, de non-appartenance à la nation et de stigmatisation en Angleterre et en France se retrouve chez une minorité de jeunes d'origine immigrée qui se sent atteinte dans sa dignité et voit en l'islam un signe de dignité supérieure, lui restituant l'honneur perdu en le détachant symboliquement d'une nationalité qui ne s'est jamais réalisée autrement que sur le papier. La religion d'Allah opère comme un rejet symbolique du *Britishness*, de ce qui serait l'équivalent du sentiment de citoyenneté en France. Que l'on opte pour l'exil réel comme chez les islamistes français ou que l'on choisisse d'être symboliquement étranger à l'Angleterre par l'adoption d'un islam de combat comme chez les Anglo-Pakistanais, le résultat est le même : rupture symbolique avec un monde où on n'avait jamais eu l'impression d'être accueilli à bras ouverts. Cependant, une différence est saillante entre les musulmans radicalisés français d'origine maghrébine et les Anglais d'origine pakistanaise. Dans le premier cas, le passage à l'activisme s'est effectué à partir des années quatre-vingt-dix, notamment avec le terrorisme de l'année 1995. Dans le cas anglais, on assiste en fait à une radicalisation du langage beaucoup plus qu'à une mise en acte de ce que l'on exprime. Quelques dérapages mais rien de comparable à ce qui s'est passé en France où il y a eu une implication réelle des réseaux liés aux groupes islamistes radicaux affiliés au GIA avec des jeunes d'origine maghrébine et quelques convertis. La proximité de l'Algérie et la position politique de la France, opposée aux islamistes algériens, ainsi que le nombre comparativement plus élevé d'immigrés musulmans (quelque quatre millions en France comparés à un million et demi en Angleterre) expliquent en partie cet état de fait. La notion du droit tel qu'il se pratique des deux côtés de la Manche intervient aussi : dans le cas français, un droit démocratique influencé par le passé jacobin, en Angleterre, un droit qui accorde des libertés beaucoup plus étendues aux affiliations politiques et au radicalisme, tant qu'ils ne mettent pas directement en cause les libertés fondamentales.

Les convertis

La conversion a de tout temps existé. Là où il y a religion, il y a conversion. Celle-ci peut être spontanée ou forcée. Le cas des conversions plus ou moins forcées dans les sociétés occidentales (pendant la Reconquista espagnole) ou musulmanes (la conversion permettait d'échapper à un impôt, le *djiziya*, et de ne plus appartenir à une communauté dominée) a été récurrent tout au long de l'histoire. Les nouvelles formes de conversion des chrétiens à l'islam, du moins en Occident, sont en général fondées sur une volonté individuelle d'embrasser cette religion, en l'absence de contrainte institutionnelle. Les motivations peuvent être nombreuses, mais certains traits sont communs. La conversion peut signifier l'acte de faire corps avec la modernité : en choisissant telle religion, l'individu dépose sur la religion ainsi choisie son empreinte personnelle. Sa foi est désormais strictement individuelle et non celle que lui ont léguée ses parents et qui aurait pu être assimilée à des mécanismes impersonnels de transmission. Les nouveaux types de convertis renvoient à ce bricolage moderne où l'individu reconstruit son rapport au sacré en sélectionnant sa communauté et en lui insufflant un sens qui ne lui est pas donné d'avance[50].

La figure de converti se décline de deux manières autonomes : soit ceux qui, par leur conversion, mettent de l'ordre dans leur vie intérieure sans que cela change en quoi que ce soit leur rapport au politique ; soit ceux qui, par leur conversion, s'engagent dans une redéfinition de soi qui implique une prise de position politique nouvelle. C'est cette nouvelle catégorie qui nous intéresse ici. Ces convertis sont en général d'origine chrétienne, le plus souvent catholiques en France, protestants en Europe du Nord. Aux États-Unis, ils seraient plutôt protestants. Jusqu'à présent, seuls quelques Américains semblent avoir été directement impliqués dans le *djihad*. Il y en a un d'origine arabe chrétien (Wadih al Hage), qui a embrassé l'islam aux États-Unis et paraît s'être lancé dans des activités de *djihad* en adhérant à Al Qaeda. Un autre, John Walker Lindh, avait rejoint les Talibans et a été arrêté en Afghanistan.

Chez les convertis *djihadistes*, dont quelques-uns interviewés dans les prisons françaises, ressort tout particulièrement le sentiment d'une *umma* musulmane malmenée par l'Occident. Chez les jeunes Palestiniens de la Seconde Intifada ou les Iraniens du Bassidje, l'*umma* désigne un ensemble qui est l'extension de la « mal-vie » dont on fait soi-même l'expérience. En revanche, dans le cas des convertis *djihadistes*, l'*umma* est une communauté à laquelle on adhère après la conversion et sur laquelle on projette une souffrance que l'on ne ressent que par procuration, par la volonté de faire corps avec d'autres musulmans, sans que cette expérience soit nécessairement sous-tendue par un substrat concret. La *néo-umma* ainsi caractérisée est une communauté abstraite à laquelle on cherche irrésistiblement à appartenir. Elle est aussi virtuelle que celle de la totalité abstraite que l'on se donne pour exister collectivement, pour perdre le sentiment de solitude et d'absence de groupe d'appartenance. Il y a une froideur dans l'individualisme et surtout dans l'absence d'appartenance qui devient angoissante.

Dans les entretiens avec les convertis, certaines caractéristiques récurrentes apparaissent. Pour commencer, l'islam est embrassé par une décision individuelle, c'est en même temps une religion qui permet de décentrer l'individu de manière originale. Dans un monde moderne où tout lui est renvoyé, où l'individu demeure la clé de voûte de ce qui advient, l'individualité est une charge écrasante. Elle est partout, dans tout, tout dépend d'elle, tout est construit autour d'elle, plus aucun sacré ne lui résiste. Les formes anciennes de sacré comme la nation, la science, le progrès ou encore, la lutte des classes ou les formes plus ou moins engagées du christianisme en sortent affaiblies. Or, l'islam décentre l'individu en mettant le poids de la vie dans une instance transcendante qui le dépasse et le déleste de l'écrasante pesanteur d'être à l'origine de tout. Cette attitude est sensible chez certains volontaires occidentaux qui sont allés en Tchétchénie, en Bosnie ou en Afghanistan dans les années quatre-vingt-dix et au début 2000 et dont certains ont laissé des témoignages écrits, comme ce Norvégien converti qui s'est engagé dans la guerre contre les Russes en Tchétchénie[51].

Par la conversion à l'islam, on sort d'une société abstraite à force de complexité, société marquée par un anonymat angoissant, monde du chacun pour soi où l'image d'autrui s'estompe progressivement à mesure que celle de soi devient de plus en plus introvertie, voire narcissique. Par l'adhésion à l'islam, on rejoint une humanité nouvelle, avec des obligations et des droits nouveaux, et surtout, pour les idéalistes, une humanité souffrante qui est celle des laissés-pour-compte et des opprimés, malmenés par cet Occident maléfique auquel on appartient. Être en Afghanistan, en Bosnie ou en Tchétchénie est un témoignage concret de l'engagement dans la voie de cette nouvelle humanité qui n'est pas marquée par le péché de consumérisme, d'égoïsme et de matérialisme excessif. La frange idéaliste qui rejoignait dans la première moitié du XXe siècle le communisme, pour réaliser l'utopie d'une société nouvelle délestée des péchés capitaux du capitalisme, embrasse à présent l'islam, pour se doter d'une utopie qui donne sens à la vie dans l'engagement pour une cause « noble » qui transcende l'individu tout en étant fondée sur sa décision souveraine. Or, embrasser l'islam peut aboutir soit à constituer une communauté restreinte dans la paix de l'âme (les formes soufi ou néo-mystique qui prolifèrent en Occident) ou encore à trouver des modes d'engagement actifs au sein d'une communauté élargie à plus d'un milliard d'hommes et de femmes qui sont sous le joug de l'impérialisme et à la libération de laquelle on contribue par le *djihad* et le martyre. Le malaise du nivellement, ainsi que celui d'un hyper-individualisme angoissant, se trouve ainsi surmonté. Au sein du *djihad*, le martyre est vécu comme le témoignage le plus sincère à l'encontre de l'insincérité régissant la vie dans un Occident désenchanté où règnent l'anomie et l'absence de vocation « noble ». L'islam est vécu alors comme une religion transparente et cohérente, à la différence de la religiosité diffuse et relâchée d'un christianisme dilué. Il est altruiste en opposition à l'égoïsme régnant, spirituel à la différence du matérialisme et du consumérisme dominants. Au sein d'une *néo-umma* confraternelle, on réalise ces nouvelles valeurs qui donnent un sens renouvelé à la vie en la mettant à l'épreuve de la mort.

L'adhésion à l'islam obéit encore à la volonté de retrouver une distinction claire entre le rôle dévolu à l'homme et à la femme. En adhérant à l'islam, les hommes (mais aussi une minorité de femmes) retrouvent une définition de soi qui échappe à l'égalitarisme et donne un relief particulier à un soi « masculin » ou « féminin ». Ceci ne signifie pas le retour au passé et à la tradition islamique ancestrale, mais une manière sacralisée de poser le problème de l'identité masculine et féminine qui éclaircit les rôles de chacun. Souvent, les nouvelles réclamations féministes se font jour chez les femmes musulmanes en termes de « complémentarité » des rôles et de revendication d'une plus grande justice. Les convertis occidentaux cherchent moins à

« dominer » les femmes qu'à échapper au malaise de l'indistinction des rôles et de la nécessité épuisante de négocier constamment, dans la famille comme à l'extérieur, son identité. Avec l'islam, ils embrassent, dans leur imaginaire, une version de l'identité masculine et féminine soustraite à la contestation et à une constante remise en cause. Ceci les conforte dans leur sentiment de supériorité vis-à-vis des femmes, parce qu'ils peuvent s'engager dans le *djihad* jusqu'au martyre alors qu'aux femmes est encore déniée cette capacité. En s'islamisant, ils épousent des musulmanes qui sont, à leurs yeux moins revendicatives et plus « dociles » que les Occidentales. La nécessité pour elles de revêtir le *hidjab* (le voile) souligne encore plus la distinction des rôles et des identités. Par ailleurs, les convertis qui cherchent à s'engager dans le *djihad* optent souvent pour une version rigoriste et puritaine de l'islam qui souligne plus encore la séparation entre les deux identités et redonne confiance à une masculinité aux abois, faute de pouvoir s'inscrire, en Occident, dans le champ de disparité de rôles marquée par l'hégémonie explicite de l'homme sur la femme.

Le christianisme, affirme-t-on par ailleurs, n'est pas de nature à constituer une communauté forte. C'est la religion des faibles. Ne demande-t-il pas à tendre la joue gauche quand on gifle celle de droite ? Tel détenu pointe du doigt cette faiblesse chrétienne qui ne saurait rendre fier d'appartenir à cette religion. Et puis, cette religion est trop embrouillée dans des distinctions qui expliquent l'obscur par le plus obscur, notamment la notion de la Trinité qui rend impossible une communauté concrète autour d'elle. On embrasse cette religion pour avoir une évidence irréfragable, pour rompre avec un monde dépourvu d'orientations et de sens. L'islam apporte cette certitude qui a, dans sa simplicité même, quelque chose de sublime : un livre, le Coran, indique ce qui est vrai et désigne, du coup, ce qui est faux ; une personne, le Prophète, serviteur de Dieu, indique le droit chemin (*sarât mostaqim*) et invite les musulmans à s'engager dans la Voie de Dieu (*fi sabil ellâh*). Il n'est pas, comme Jésus, Fils de Dieu sous une forme énigmatique qui jette le trouble dans l'esprit et rend malaisée la compréhension de la foi. La simplicité de l'islam va de pair avec sa rationalité : la distinction entre ce qui est permis et ce qui est prohibé, entre le licite (*halâl*) et l'illicite (*harâm*), trace une ligne de démarcation entre le Bien et le Mal qui n'existe pas dans le christianisme où celle-ci est brouillée, souvent absente et dont le caractère flou est vécu comme angoissant. En disant clairement ce qui est autorisé et ce qui est défendu, l'islam, aux yeux de ces convertis, apporte une clarification de nature apaisante. L'islam est transparent là où le christianisme est opaque, il est simple là où le christianisme est complexe, bref, l'islam est la religion de la « nature humaine » dans la mesure où il apporte le remède aux maux de la vie. Cette vue de l'islam n'est pas neuve. Déjà au XVIIIe siècle, des intellectuels occidentaux, et non des moindres, comme Lessing, l'identifiaient à la « religion naturelle », celle de la simplicité[52], en opposition aux religions qui donnent des versions trop compliquées de la foi. Mais le contexte d'une modernité sans orientation et sans évidence partagée donne à cette vue de l'islam un relief particulier.

La religion d'Allah affirme l'unicité divine et l'unité de la communauté autour d'elle : clarté et transparence vont de pair et le refus de l'injustice par le recours à la violence légitime donne lieu à une fierté et une virilité que l'on ne trouve pas dans les autres religions. Au sentiment de solitude et d'abandon, l'islam répond par l'unité indéfectible d'une *umma* basée sur l'unicité divine. Au sentiment de nivellement et de perte de soi dans une déliquescence générale qui caractérise l'expérience quotidienne dans les démocraties désenchantées, il riposte par le recours à une force et une puissance qui peuvent relever le défi de la guerre et combattre de manière frontale tous les maux contre lesquels on n'a d'habitude que des demi-solutions marquées souvent, par le refus de décision.

Les convertis *djihadistes* peuvent provenir de milieux modestes. Dans le cas français, ils habitent souvent dans les banlieues. Ils sont entourés d'autres jeunes qui en veulent à une société qui les a exclus et qui éprouvent un sentiment de victimisation intense[53]. L'islamisation devient synonyme de la légitimation de la révolte contre les « inclus », et la sacralisation du sentiment d'appartenir aux « exclus ». La haine se dote d'attributions religieuses pour se légitimer dans l'absolu. Dès lors, un prosélytisme s'instaure qui peut emporter le converti dans un vertige de violence. En effet, par un racisme inversé, les jeunes d'origine maghrébine perçoivent avec méfiance ces Français qui embrassent leur religion, quelquefois pour pouvoir les narguer et les écraser davantage sur leur propre terrain, sur l'islam qu'ils maîtrisent mal, eux qui parlent mal l'arabe et dont l'idiome est souvent l'arabe dialectal, très éloigné de l'islam dont le mode d'expression est l'arabe littéral qu'ils ne savent souvent pas déchiffrer. Se sachant fragiles et peu instruits sur l'islam, les jeunes d'origine maghrébine sont d'autant plus susceptibles vis-à-vis des Français qui se convertissent à leur religion et qui, de ce fait, semblent vouloir leur donner des leçons de morale et les humilier même sur ce qui relève de leurs propres racines. Pour combattre cette tendance inscrite dans leurs relations avec les jeunes de confession musulmane, les convertis sont souvent obligés de faire un excès de zèle. Ils doivent se prouver à eux-mêmes comme aux autres qu'ils sont d'authentiques musulmans et peuvent aller jusqu'au bout pour leur foi. C'est ainsi que le *djihad* revêt le sens d'un affrontement symbolique avec les musulmans d'origine afin de se racheter une honorabilité religieuse. Le malaise ressenti dans les banlieues est transcrit dans un symbolisme religieux qui se renforce dans ses tendances radicales, de manière à convaincre ceux qui seraient sceptiques sinon suspicieux, de la sincérité des nouveaux chevaliers de la foi. L'islam devient *djihad* en partie parce qu'en lui se sublime le mal-être de l'exclusion et qu'il se transforme en lieu d'affrontement avec les autres musulmans. L'adhésion à l'islam par les nouveaux convertis « blancs » (c'est-à-dire d'origine non-immigrée) dans les banlieues françaises revêt souvent une autre signification, celle de faire corps avec les démunis, les laissés-pour-compte, cette jeunesse de quartier, chômeuse et délinquante dans une proportion beaucoup plus importante que les quartiers « normaux ». La réaction peut se développer de deux manières diamétralement opposées. Ou bien on en vient à abhorrer ces jeunes de parents immigrés qui « salissent » la réputation du quartier et donnent une image dégradée de la cité ; dès lors, on peut adhérer aux groupes d'extrême droite ; ou bien, on développe une attitude d'empathie avec eux et on peut alors se convertir pour aller jusqu'au bout de la logique d'identification selon une visée altruiste, voire sacrificielle.

Par ailleurs, l'image négative de l'islam comme religion de violence et de lutte acharnée répandue par les médias durant les deux dernières décennies a pour conséquence d'en rehausser le prestige aux yeux d'une partie de la population qui cherche à épouser les contre-valeurs de la société. Celle-ci est mue par le sentiment d'être rejetée et nourrit l'espérance de prendre une revanche violente contre la violence institutionnalisée qui s'exerce insidieusement à son égard. La version violente de l'islam devient, dans cette perspective, l'islam viril. Par une mutation symptomatique de sens, sa version agressive devient, à son tour, la religion d'une juste rétribution. L'islam rigidifié qui prohibe la liberté de la femme se mue en religion qui départage, selon un ordre naturel et immuable, le rôle de l'homme et de la femme et réintroduit la morale dans le foyer. L'islam rendu archaïque par une interprétation régressive devient celui de l'âge d'or, de l'aube d'une humanité bienheureuse qui n'a pas souffert les injures du temps, ni les déformations du christianisme. Enfin, l'islam rendu encore plus puritain que celui de la tradition devient la religion de la consolation contre les maux d'une dépravation sexuelle qui féminise les hommes et pervertit les femmes dans le monde moderne, dérobant aux premiers leur honneur et ôtant aux seconds leur pudeur. Bref, chez des groupes qui aspirent à incarner les contre-valeurs de la société, un islam malfamé et décrié se métamorphose en religion d'une dignité offensée et d'une virilité blessée dont l'adepte accentue les traits dans le sens d'une inflexibilité et d'une rigidité accrues.

Le souci lancinant de pureté s'exacerbe dans les sociétés modernes, tentatrices par essence. Comment résister à l'attrait de la femme lorsque les relations amoureuses ne sont plus soumises à des normes rigides ? Cela est vrai tout autant des femmes qui embrassent l'islam selon cette version et qui refusent une société de licence sexuelle. Tel est le cas d'un des islamistes interrogés dont la femme, une Française convertie bien avant son mariage, ne l'a accepté qu'après s'être assurée de son rejet de la licence sexuelle et débridée de l'Occident. La guerre contre les tentations corruptrices devient elle-même partie intégrante d'une foi qui ne peut survivre dans sa version intégraliste que si elle promeut une lutte constante contre la dépravation sexuelle et la corruption des mœurs.

Dans la conversion, des personnalités charismatiques jouent un rôle important. C'est l'imam de la mosquée ou encore, des groupes de jeunes du Tabligh, multinationale islamique qui fait du *da'wa* (invitation à joindre la religion d'Allah) le motif essentiel de leur sortie (*khoroudje*) qui se chargent de convaincre les autres du bien-fondé de la religion du Prophète. Tant que le converti se trouve encadré au sein de ces groupes, l'éventualité de son dérapage est faible, ne serait-ce que parce que ces associations cherchent à s'implanter dans la durée au sein des sociétés occidentales et que pour cela elles ont besoin d'honorabilité. C'est suite à la sortie de ces groupements religieux que l'adepte peut opter pour une voie radicale. Pour cela, il lui faut l'aide d'un réseau ou d'un groupe et s'il la trouve, il peut s'embarquer dans une expérience dont la fin risque d'être la mort. Quoi qu'il en soit, le converti est souvent prêt à des expériences extrêmes qui sont destinées à lui prouver, ainsi qu'aux autres, l'authenticité et la sincérité de sa foi.

Les convertis ne sont pas tous d'origine modeste. Quelquefois, des membres des classes moyennes rejoignent les adeptes d'Allah pour des raisons différentes. Ils trouvent, d'abord, une solution à des questions demeurées sans réponse dans la vie de tous les jours. La « désinstitutionnalisation » des relations sociales[54], la perte du rôle central de l'État dans le façonnement de la vie des individus, l'affaiblissement des valeurs comme la citoyenneté et, dans le cas français, la laïcité, font que l'individu ressent une vacuité qui engendre le vertige et ce, indépendamment de sa position dans le monde économique. L'appartenance aux classes moyennes aggrave le malaise. S'il appartient aux classes inférieures ou populaires, l'individu peut attribuer ses échecs et ses problèmes à la duplicité des classes dirigeantes ou à la corruption des élites politiques. Mais s'il est membre des classes moyennes, ceux-ci prennent un autre relief. Ils ne sont pas de nature économique, n'exigent pas une solution tangible et concrète, ils deviennent « métaphysiques ». On assiste à une globalisation du malaise qui se décline au prorata de l'incapacité des élites politiques à insuffler une âme à la citoyenneté et aux dirigeants à constituer un champ social où l'appartenance à la même nation puisse revêtir une signification noble. Tout se passe comme si la laïcité s'était éteinte après sa victoire à la Pyrrhus sur l'Église catholique et que son triomphe avait été son chant du cygne. Dans un monde sans âme, où le sentiment d'appartenance à la même nation par delà les différences culturelles et économiques, est en perte de vitesse naît l'idée du salut par le religieux, à défaut du politique. L'islam est l'une des éventualités dans une vaste gamme allant du bouddhisme à une multiplicité de sectes, les unes plus bariolées que les autres. Ce qui donne un relief particulier à cette religion, c'est de ne pas éluder la question de la violence, d'y avoir recours là où cela engage la justice, et de donner un sens de la droiture qui ne souffre pas d'ambiguïté. La violence comme mode légitime de gestion de la société, cautionnée par le recours au sacré, apporte un baume à la blessure symbolique que l'on éprouve, dans la vie quotidienne, devant des problèmes que l'on sait instinctivement comme dépourvus de solution par les voies habituelles qu'optent les politiques. À la complexité croissante d'une société que tout contribue à rendre comme une sphinge de plus en plus énigmatique dans sa nature et dans son devenir, l'islam apporte des réponses d'une bienheureuse simplicité. Le christianisme – et tout particulièrement le catholicisme – complique inutilement la vie : entre Dieu et les hommes s'interpose un Fils qui, lui-même, est représenté par l'Église, disent des détenus convertis. Et cela rend Dieu un peu plus étranger aux hommes, en brisant le rapport direct avec Lui. Par contre dans l'islam, la relation directe avec Allah ne souffre pas l'interposition d'un clergé ni la médiation d'un Fils : simplicité, transparence, univocité, rationalité et surtout une vision du corps et de la sexualité dépourvue de culpabilité ou de sentiment de péché. Religion de la nature humaine, l'islam est le remède à la vie épuisante dans une société où il n'existe plus aucune norme centrale et où toutes les normes semblent réduites à l'impuissance par cette tolérance qui met sur le même plan le vrai et le faux, le juste et l'injuste. Une société de tolérance absolue excut toute norme et l'équivalence de tous les principes normatifs signifie l'évacuation de la vérité du champ de la vie. Or, l'un des principes négatifs auxquels croit la modernité tardive est celui du rejet de la violence. La réintroduction de celle-ci dans sa version légitime et divinement cautionnée est l'une des causes de la nature rassurante que revêt la religion d'Allah dans un monde sans âme qui vit de la nostalgie de son âme perdue.

Reste le prestige inégalé de la mort. Celle-ci est le contre-pied de la modernité doucereuse qui caractérise la fin du siècle précédent et les débuts de celui qui s'annonce. La mort a un caractère paradoxal. Elle est constamment occultée par le culte de la jeunesse éternelle qui hante notre modernité tardive. Mais la mort est en même temps comme la capacité démiurgique du sujet à maîtriser la vie jusqu'à sa limite extrême, là où celle-ci se mue en son contraire, ou à tout le moins, se change en une indépassable altérité. La quête du pouvoir et de savoir absolus, poussés à leur limite ultime, signifie l'exaltation *dans* et *pour* la mort. C'est la fascination ultime où « devenir maître et possesseur de la nature » peut se métamorphoser en « devenir maître de sa mort » en s'y essayant, en épuisant la vie dans la tentation même de la surpasser et de la convertir en son contraire : la mort, comme limite de la vie, se change en dépassement de la vie dans l'exaltation de sa domination.

À cette ivresse de la mort, l'islam *djihadiste* peut apporter une réponse satisfaisante pour des convertis blasés par les veules approximations de la vie quotidienne. Jadis, les Nietzschéens cherchaient des solutions dans la guerre où le décisionnisme de l'individu transformé en surhomme imprimerait un dernier sens par le sursaut dans l'inconnu de la mort. L'islam devient un nietzschéisme d'un nouveau genre, en l'absence d'une guerre synonyme de l'embrasement général. Mourir pour la cause sacrée est un stratagème qui permet de surmonter le sentiment de vide qui habite les classes moyennes des sociétés occidentales où la perspective d'une guerre généralisée s'éloigne des esprits et où aucune solution héroïque ne pointe à l'horizon. En l'absence de lutte majeure qui puisse galvaniser les esprits, reste le spectacle dérisoire d'une vie quotidienne que ne rien ragaillardit si ce n'est des faits divers dépourvus de sens ou des guerres lointaines qui se vivent par procuration à l'écran, dans une irréalité qui tranche avec l'ennui du réel conjugué sur le mode de la répétition[55]. Le *djihad* fait office d'une apocalypse qui tarde à venir. En d'autres termes, les derniers temps se transforment insensiblement en temps de crise continue et sans fin. C'est à ce prix que la transcendance de l'Apocalypse et sa rupture avec le temps se transforme en l'immanence et la continuité d'une fin de laquelle on s'approche sempiternellement, sans jamais l'atteindre[56]. Or, le *djihad* rompt cette crise qui n'en finit pas de se propager sans produire une véritable apocalypse, digne de ce nom.

Adhérer, de la part des convertis, à une vision *djihadiste* donne sens à la vie en lui assignant une fin tangible, une forme de défi qui consume dans la mort ce sentiment d'un temps quasiment immobile et d'une immanence qui nivelle tout. On commence par l'apocalypse virtuelle, le simulacre de la catastrophe. L'engagement dans les groupes *djihadistes* peut paraître un acte léger au tout début, distraction au sein d'un réseau qui reproduit en l'amplifiant à peine l'énergie que l'on dépense pour d'autres réseaux : simple manipulation du curseur et transmission d'informations et de données qui rendent l'adhésion au groupe inoffensive voire ludique. Celle-ci renvoie à « l'engrenage » dans un sens qui échappe, pour la plupart des temps, à ceux qui s'introduisent dans le groupe tout en ignorant les conséquences ultimes de leur engagement. Une fois dedans, il est difficile, voire impossible, d'en sortir et surtout, passé le premier moment, le sens ludique peut s'aiguiser par la sortie intermittente de l'espace de la virtualité en quête d'une réalité qui annonce l'imminence de la catastrophe à venir. Désormais l'apocalypse ne se joue plus de manière exclusivement électronique, mais dans un espace réel dont la portée dépasse celle de la fiction. C'est à ce rapport malaisé entre réalité et fiction, entre ce qui relève de l'immanence de la joute électronique où la rupture n'est que virtuelle, à un type de discontinuité qui, elle, se déroule dans une redoutable réalité engendrant mort et destruction à l'échelle d'une grande ville, que l'on assiste. Abstraitement, cette mutation n'est qu'un jeu de plus dans un simulacre[57] généralisé. Mais il y a changement d'échelle et ceux qui y participent ne sont pas toujours conscients de ses implications, tant ils sont prisonniers de cette vision de crise sans fin dans une virtualité immuable qui leur en fait désirer la sortie tout en leur faisant accroire l'extrême improbabilité, voire l'impossibilité de sa transcription dans la réalité extérieure. Les convertis qui s'engagent dans ce jeu dangereux sont pris dans l'étau de l'irréel d'un côté, de la volonté de transcendance par le recours au *djihad* au nom d'Allah, de l'autre. Ils rêvent d'un monde nouveau qui les fasse sortir de ce sentiment de crise continuelle sur fond de virtualité et d'immanence vers le vécu fort d'un Dieu transcendant qui imprimerait sa marque en lettres de feu à un monde injuste à l'égard des musulmans, dépourvu de consistance et vidé de sacré. L'avènement du sacré sous les traits d'un Dieu irascible et vengeur donne sens à une guerre sainte qui se décline sous les traits de la catastrophe, de l'apocalypse conjuguée en destruction massive d'un Occident impie. Le registre du *Tremendum*[58], de ce qui engendre crainte et tremblement que la modernité a exclu du sentiment religieux, revient, dès lors, par une vision qui entend instaurer l'apocalypse plutôt que d'assister passivement à son avènement. La modernité de cette attente réside dans cette activité fébrile pour faire advenir la catastrophe et non l'attendre dans le quiétisme et l'effroi. Ce dernier sentiment s'engendre par le spectacle même de la destruction massive que l'on crée au nom d'un Dieu dont on devient le lieutenant impitoyable dans une colère qui se décline en termes purement virtuels mais dont les effets sont terriblement réels.

Les femmes exclues de la mort sacrée

Si on rencontre chez les Palestiniens quelques femmes qui ont participé ces dernières années au kamikaze islamique, tel n'est pas le cas des martyrs iraniens ni des membres d'Al Qaeda. Il s'agit d'une exclusion imposée aux femmes beaucoup plus que souscrite par elles. Mais cette exclusion s'accompagne souvent de l'acquiescement tacite de celles-ci dans un rapport au genre qui se décline de manière originale. Les partisans d'Al Qaeda qui ont vécu plusieurs années dans les sociétés occidentales modernes ont pu épouser la technologie de pointe, comme l'informatique, et l'apprentissage de l'ingénierie moderne, en particulier à Hambourg, mais au niveau des relations homme/femme, ils sont en retrait par rapport à un Occident dont ils tiennent à se distinguer sur ce plan. La famille est l'un des lieux de cette identité islamique qui se veut profondément différente de celle des Occidentaux. Les deux sexes sont complémentaires, pas égaux ; la femme a pour mission d'assurer la perpétuation de la famille, à l'homme de lui assurer une vie matériellement décente et une existence digne et à l'abri du besoin ; à la femme, le foyer, à l'homme, l'espace public ; à la femme la chasteté et la pudeur, à l'homme, la virilité et la préservation de l'honneur de la famille. Cette idéologie, vieille comme le monde, n'a en soi rien de spécifiquement islamique. Ce qui en fait l'originalité est son maintien dans un contexte où, par ailleurs, la modernisation a bouleversé les cadres de vie et la structure mentale de ceux-là mêmes qui se réclament de l'islam.

Comment dans ce tourbillon aboutissant à la transformation politique des sociétés musulmanes, le rapport à la femme est-il demeuré immuable ? En fait, il s'agit d'une fausse immuabilité. On est face à une régression pure et simple, une crispation identitaire, un refus et une rigidification beaucoup plus qu'au maintien de la posture traditionnelle. La femme est le talon d'Achille des civilisations musulmanes en voie de transformation. L'idéal culturel de l'islam a été celle d'une civilisation de couverture, de la non-promiscuité, de la séparation entre hommes et femmes. La réalité pratique de nombre de sociétés musulmanes s'est, de tout temps, écartée de cet idéal, par exemple, dans les zones tribales où la nécessité du travail féminin rendait la ségrégation beaucoup plus difficile dans les déplacements et les transhumances. À l'horizon, l'islam a pourtant toujours maintenu l'idéal de la pudeur féminine et de l'honneur masculin sous la forme de séparation et de couverture de cette dernière.

Le rapport entre hommes et femmes dans les sociétés musulmanes contemporaines relève d'une dialectique où la femme, naguère mère, sœur, fille ou épouse, s'individualise progressivement et remet en cause le statut de l'homme en tant qu'acteur social exclusif dans l'espace public. Par ailleurs, l'évolution des sociétés musulmanes et leur intense urbanisation induisent la nécessité du travail féminin pour assurer au ménage un revenu décent. La déstructuration des communautés concrètes et l'anonymat des grandes villes affaiblissent les mécanismes de protection de la pudeur féminine. Le contact des classes moyennes avec l'Occident introduit des aspirations et des revendications nouvelles chez les femmes et leur accès à l'enseignement supérieur modifie leur mentalité et leurs aspirations. La crise de modernisation induit un patriarcalisme d'un nouveau genre. Plus la place de l'homme et de la femme et leur statut respectif deviennent problématiques dans la société, plus le premier a tendance à rigidifier les rôles au sein de la famille pour compenser la crise globale de la place de l'individu dans un monde de plus en plus anonyme où les statuts communautaires de jadis sont inopérants. Face à cela, l'attitude des femmes est souvent ambivalente. Elles participent à la crise des rôles au sein de la société par leur volonté d'intervenir dans le champ social et politique, mais, en tant que membres de la société, elles souffrent aussi de la perte des repères traditionnels. Le nouveau patriarcalisme au sein de la famille se conjugue selon l'idéologie de la préservation des valeurs familiales et fait vibrer chez elles une corde sensible. Il en résulte une grande faiblesse des mouvements féministes qui poseraient la question en termes explicites et frontaux et le développement de mouvements de femmes qui tentent de faire un compromis entre leurs aspirations et une situation sociale marquée par l'émergence de mouvements néo-patriarcaux mus par des conservateurs religieux ou des néo-fondamentalistes.

L'un des domaines refusés aux femmes dans les sociétés musulmanes en voie de modernisation est l'accès au martyre. En interdisant aux femmes de mettre leur vie dans la balance, on leur dénie en fait l'individuation par le baptême du feu. Sacrifier sa vie à une cause noble implique la reconnaissance, par les autres, de votre prééminence sociale. C'est l'irruption dans le champ social de « l'individu héroïque » avant que par la sécularisation, celui-ci ne devienne l'individu tout court. Or, sur ce plan, l'accès au martyre est encore dénié aux femmes moins pour des motifs politiques que par un tabou culturel qui se donne pour intouchable.

Dans les actes de *djihad*, le martyre des femmes ne joue encore aucun rôle et ceci en fait des citoyens de seconde zone. Faute de pouvoir mettre en cause leur vie, elles sont placées « sous la protection » des hommes qui, en le faisant, leur dénient ainsi le droit à l'autodétermination dans le domaine du sacré et par extension, dans le domaine profane. Que ce soit en Iran, en Algérie, en Égypte ou en Afghanistan, le refus de laisser accéder les femmes au martyre signifie qu'elles ne peuvent disposer de leur vie et de leur mort comme les hommes, la dissymétrie sociale étant, sur ce plan, maintenue, voire accentuée. Nombreuses pourtant sont celles qui voudraient prendre leur place au panthéon des martyrs et accéder ainsi à une reconnaissance collective de leur citoyenneté et de leur égale dignité dans la société. En Iran, l'un des slogans du Hezbollah était : « La pudeur de la femme est cautionnée par le sang des martyrs. » En d'autres termes, le refus d'accès de la femme à l'espace public et sa mise sous la tutelle des hommes sont cautionnés par le sang que répandent ceux-ci en tant que martyrs. Il acquiert un statut de légitimité que la femme ne saurait atteindre, faute d'accès à la mort sacrée.

Le nouvel imaginaire globalisé

Bien avant l'avènement d'une mondialisation effrenée sur les ruines de l'empire soviétique, le monde islamique a participé à un imaginaire mondialisé par la magie du pétrole. Un sous-sol mythique permettait à des élites de s'enrichir sans mesure, par la magie de l'or noir qui faisait déverser des milliards de dollars dans les caisses d'États patrimoniaux et dépourvus de légitimité démocratique. Il n'est pas neutre que la première Révolution islamique se soit produite dans l'Iran pétrolier ou que le groupe Al Qaeda ait été fondé par un opulent Saoudien dont le père s'est enrichi dans des investissements fructueux, à la suite de l'accroissement des revenus pétroliers dans les années soixante-dix. Cette vision des choses a été la première manifestation d'un imaginaire mondialisé qui supposait l'affranchissement vis-à-vis des pesanteurs du réel par le spectacle d'une opulence qui ne devait rien à l'effort mais à un miracle pétrolier où l'implication humaine était quasiment nulle. Cette déconnexion du réel, à côté d'autres phénomènes plus classiques (comme l'arbitraire croissant de l'État, la lutte contre les institutions religieuses et une autocratie de plus en plus accentuée), a été à l'origine de la révolution iranienne. Ses effets ont été amplifiés, par la suite, par les révolutions technologiques et informatiques. Le « pétro-islam » engendre une mentalité qui pousse à des formes de délires susceptibles d'épouser celles de la virtualité informatique et de l'imaginaire globalisé, sans que les mécanismes qui réfrènent ce débridement en Occident puissent opérer.

Si le pétrole a attisé la convoitise des uns, il a aussi accentué le sentiment d'injustice de ceux qui trouvent inique l'enrichissement de quelques principautés et une Arabie saoudite à la solde de l'Amérique à côté du spectacle désolant de la pauvreté dans le reste du monde arabe et musulman. Si l'invasion de Koweit par Saddam Hussein en 1990 n'a pas engendré de vague d'indignation massive dans le monde arabe, cela a été dû à cette richesse illégitime d'une petite population qui avait oublié que l'islam signifiait avant tout justice et partage, à travers les impôts islamiques comme le *khoms* ou la *zikat*. L'imaginaire de ceux qui ont prospéré grâce aux revenus pétroliers a engendré un imaginaire blessé chez ceux qui, au sein de ces mêmes sociétés, ont été exclus de l'opulence et ont assisté, en spectateurs impuissants, à l'enrichissement des *happy few*, arrogants et opposés à la pudeur et à la bienfaisance islamiques.

La richesse provenant du pétrole a durablement marqué les sujets d'Arabie saoudite comme la plupart des pays du Moyen-Orient, que ce soit par la participation à la manne pétrolière ou par l'exclusion de celle-ci. Par le biais de l'imaginaire pétrolier, ceux qui viennent en Occident ne sont pas étrangers à sa mentalité consumériste. Ils peuvent souvent y vivre par leur travail et pour les plus aisés, accéder aux bienfaits de la vie moderne. Mais le sentiment d'être étranger ou méprisé n'en disparaît pas pour autant. Bien au contraire. Même chez ceux qui parviennent à vivre comme les classes moyennes, voire supérieures, il y a cet arrière-goût d'un mépris à peine voilé de la part des Occidentaux. Dans le cas des martyrs de la diaspora, c'est la « communauté câblée », virtualisée, celle-là même qui n'a de consistance que purement numérisée, relayée par la télévision et par Internet, qui prend le dessus. Cette *néo-umma* est dramatiquement vécue comme violentée, malmenée, mise à mort par le biais de ses adeptes aux yeux des personnes diasporiques. Cette vue des choses n'a pas à trouver dans le réel un contrepoids important pour être crédible à leurs yeux. Il suffit qu'il y ait des traces, des vestiges, un tissu de faits disparates allant dans ce sens et des formes inédites d'identification pour que la *néo-umma* islamique puisse être désirée et devenir principe d'action et moteur de mobilisation. Dans un réseau à la Al Qaeda qui ne sera certainement pas le dernier à voir le jour, la *néo-umma* imaginaire et virtuelle est aussi fondamentale que les griefs réels ou imaginaire contre l'Occident.

La place que tient l'imaginaire se traduit jusque dans l'expérience anthropologique de la mort. Dans le cas du martyr national, la mort sacrée procède, on l'a vu, par une triple rupture : entre la vie et la mort, entre le présent et le futur, entre le monde ici-bas et le paradis dans l'au-delà. Chez le martyr de la *néo-umma*, ces trois ruptures sont atténuées, voire occultées, par la spécificité de leur univers mental. Il y a comme une semi-continuité entre la vie et la mort, de même qu'il y a quasi-continuité entre le virtuel et le réel. De la même façon, présent et futur sont vécus dans une sorte d'apesanteur au sein des villes modernes qui perturbent le sens du temps en brisant les catégories « naturelles » de l'espace et du temps et en téléscopant le passé et le futur dans un présent artificiellement étendu. Tout se décline sous forme de présent actualisé ou d'absence de temporalité. La virtualisation du réel fait que celui-ci est à moitié évacué dans un monde à demi onirique où prévalent les formes cathodiques ou électroniques. Le passage de la vie à la mort perd une grande part de son aspérité dans ce monde qui tend à oblitérer la différence fondamentale entre le réel et l'imaginaire.

Le sentiment de rupture entre la vie et la mort est beaucoup moins accentué lorsqu'il faut peu de chose pour passer du pôle du réel à celui de l'irréel, de celui du concret à celui de l'abstrait numérisé. La peur de mourir en sort métamorphosée. Dans le cas du martyr national, pour surmonter la peur de mourir, il faut une organisation bien rôdée comme le Bassidje en Iran, le Hamas en Palestine, le GIA en Algérie, afin d'accompagner le martyr dans ses dernières semaines, voire ses derniers jours.

Dans le cas de la mort sacrée au service de la *néo-umma* diasporique, la tâche est, en un sens, beaucoup plus aisée. Il faut certes, une organisation, mais celle-ci est plus souple, plus embryonnaire que dans le premier cas. C'est un réseau qui s'accommode de la tâche et les membres en sont eux-mêmes, par des formes d'autosuggestion et d'écriture, les éléments essentiels. Comme la rupture entre le réel (la vie) et le virtuel (la mort) est fortement atténuée, le passage de l'un à l'autre est beaucoup plus aisé et n'exige pas une structure et un accompagnement aussi élaborés que dans l'autre type de martyr. Ce monde de virtualité étendue à l'ensemble de l'expérience anthropologique des adeptes diasporiques doit être pris au sérieux. C'est d'abord celui de la construction électronique, champ d'événement du possible où ne s'exercent pas les contraintes du monde réel et où la communication fait des participants des demi-dieux, s'ils connaissent les règles d'intervention sur le réseau. L'image de l'interactivité est adéquate : cela permet de façonner le réel sur mesure en intervenant selon des normes données d'avance, sur ce réel numérisé. Cela introduit une distance vis-à-vis de la réalité en chair et en os où il n'existe pas de règle donnée d'avance qui la façonne et lui retire son imprévisibilité foncière et son hétérogénéité. Dans le champ numérique, le réel devient du virtuel complexifié et manipulable à l'infini, ce qui, pris au pied de la lettre, altère le sens même de la réalité vécue dans son irréductibilité. Certains adeptes franchissent la limite, ce qui les autorise à faire abstraction de la réalité concrète en s'identifiant à sa version appauvrie et virtualisée dans un jeu informatique qui peut devenir redoutable dans ses conséquences pour soi, comme pour les autres. Ce qui aide grandement à l'expansion de cette vision virtualisante du réel n'est pas uniquement la spécificité du jeu électronique ou les prestidigitations au sein des réseaux informatisés. Une autre composante entre en ligne de compte qui en accuse les conséquences. C'est le monde quotidien des sociétés contemporaines, en particulier dans les grandes villes mondialisées. On y assiste à l'opacification des significations au sein des milieux multiculturels où le même acte peut revêtir une diversité de significations hétérogènes selon qu'ils relèvent de telle ou telle communauté. La perte de visibilité et d'univocité des significations et leur indécidabilité renforcent le sentiment de virtualité et de décrochage du réel. L'ensemble de ces phénomènes donne lieu à un nouveau type d'anomie que l'on pourrait appeler, faute de mieux, « l'an-hylie » : il n'y a plus de *hylè*, de contenu spécifique et celui-ci épouse les contours flous de la pluralité des formes possibles qui définissent une réalité absente à force d'être plurielle dans ses significations. Le contenu (*hylè*) devient la potentialité d'une pluralité de formes dont chacune peut être considérée comme la transformation de l'autre, dans une arborescence et une modification continues. La matière se dissout dès lors dans la forme, comme un principe de sa démultiplication à l'infini. Autrement dit, la matière, le réel dans sa substance, devient la potentialité d'une infinité de formes manipulables. Le réseau opère de la même façon. Le monde se change en un avatar de la « forme », le réel n'est qu'un « signal » non encore numérisé, il s'y dissout comme une virtualité supplémentaire.

Les nouvelles technologies, cumulées à l'expérience de la ville moderne, opèrent sur deux fronts. D'une part, celui de la création d'un nouveau monde numérisé qui engendre un « réel sur mesure », lui-même vécu comme un niveau intermédiaire, doté de sens et d'autonomie, par rapport à la réalité et la virtualité purement numérique. C'est le niveau du réel virtualisé qui est là où l'interactivité constitue les rudiments d'une grammaire dotée d'un lexique. Du virtuel comme pure grammaire abstraite on passe au niveau intermédiaire ainsi constitué, à une lexicalisation qui engendre un réel *sui generis*. Mais ce niveau intermédiaire ne serait qu'un pur lieu ludique s'il n'y avait, dans la réalité contemporaine, les éléments qui donnent consistance à ce type d'imaginaire. Le monde des grandes métropoles modernes que relient entre elles de multiples réseaux, incline à son tour à l'évanescence du réel. Celui-ci n'est, en dernier lieu, qu'un réseau non encore explicitement codifié. Que ce soit dans les réseaux routiers, les relations de travail à distance, les modes d'accès à la télévision, désormais, le formalisme et la pauvreté en contenu caractérisent une part importante de nos expériences au quotidien. D'où la convergence troublante entre l'expérience d'interactivité au sein d'un monde intermédiaire purement numérisé et celle d'un appauvrissement croissant du réel dans la vie de tous les jours. On aboutit à une «*networkisation*» du réel dans le sens de la perte de sa substance.

Lorsqu'on vit dans de grandes cités où le réel est évanescent et que l'on est socialement (pas nécessairement économiquement) marginalisé, il est alors facile de franchir le pas. L'«arrogance occidentale» décriée par les islamistes de la diaspora a pour corollaire la perte de la réalité même de cet Occident dans l'étrangeté des expériences de moins en moins branchées sur le réel et de plus en plus marquées du sceau du virtuel, du numérique et de l'abstrait chez ceux-là mêmes qui la dénoncent. L'*umma* endolorie qui s'étend à perte de vue devant les écrans de la télévision, la *néo-umma* que l'on appelle de ses vœux pour mettre fin à cette souffrance humiliante se nourrissent de cet appauvrissement du réel au contact d'un monde de plus en plus abstrait et inaccessible. Si les contours de la *néo-umma* sont si flous, c'est parce qu'elle a son ancrage dans un monde où les formes concrètes d'expérience humaine sont de plus en plus supplantées par des types complexes et abstraits de relations formalisées et numérisées. L'Apocalypse que l'on appelle de ses vœux a partie liée à ces nouvelles formes de sociabilité où l'impersonnel, le formel, le numérique et l'abstrait finissent par pouvoir se dispenser de la référence au réel et donnent un sentiment de vacuité aux relations humaines.

Alors que le martyr national vit la tragédie par lui-même, celui d'Al Qaeda en fait l'expérience par les réseaux, les câbles, la télé, le numérique. Il est relié à cette réalité par le système électronique au sens large. Sa souffrance est celle d'un pathos qui se nourrit d'images et se transmet par procuration, dans une *néo-umma* où pourtant personne ne l'a désigné comme mandataire. Il s'agit d'une procuration auto proclamée dans une communauté fantasmée où chacun se substitue aux victimes dans un acte dont l'enracinement se trouve dans les villes globales de New York, de Paris ou de Londres et dans les formes numériques ultramodernes au moins autant que dans les banlieues pauvres d'Alger, les collectivités surpeuplées de Gaza ou les quartiers pollués du Caire.

Conclusion

Deux types de martyre ont pu être identifiés. Le premier, assez classique, concerne ceux qui aspirent à la construction d'une collectivité souveraine et qui, face à l'impossibilité de l'ériger, épousent la mort sacrée, pour apporter ainsi leur contribution à l'érection d'une nation *après eux*, soit pour supprimer *avec eux* le plus d'ennemis. Ainsi, entendent-ils faire partager leur profond désarroi avec ceux qu'ils perçoivent comme un obstacle à l'édification de la collectivité nationale qu'ils appellent de leurs vœux.

À côté de ce martyre classique, il en existe un autre, plus déconcertant dans ses aspirations. Il revendique la réalisation d'une communauté mondiale incarnée par l'universalisme islamique en brisant la puissance du Mal qui s'y oppose : l'Occident personnifié par l'Amérique mais aussi, dans une moindre mesure, par les autres sociétés occidentales. Ce second type de martyr a son origine dans la disparition du monde ancien qui façonnait l'ordre mondial à partir d'une dichotomie entre l'Est et l'Ouest et dans l'affaiblissement de l'imaginaire national, en raison de la crise des allégeances et des principes d'identification au sein des nations constituées, suite à la mondialisation. L'islam est tout indiqué pour assumer le rôle du pôle d'allégeance et devenir le porte-parole principal, même s'il n'est pas le seul, de ce malaise. En effet, nombre de sociétés musulmanes sont dans un état critique. Dans certains cas, l'indépendance a été accaparée par un État qui s'est mué en un ordre patrimonial comme en Algérie. Dans d'autres, c'est le conflit au Moyen-Orient qui ravive le sentiment de l'humiliation du monde islamique par Israël, lui-même perçu comme l'agent de l'impérialisme occidental. Un troisième ordre de causes a son origine dans l'émergence de nouveaux pays musulmans, après l'écroulement de l'empire soviétique, qui ont du mal à se construire sans effusion de sang, en partie à cause de l'impérialisme de la nouvelle puissance coloniale, la Russie.

La multiplicité de ces phénomènes et la spécificité de chaque cas sont en partie occultées par l'appel à deux thématiques majeures de l'islam : le *djihad* et le martyre. L'appel à ces représentations donne une universalité à la souffrance des uns et des autres et peut faire croire à un seul et même mobile. De fait, il y a un monde de différences entre le Palestinien qui réclame une nation, le Tchéchène qui souhaite l'indépendance par rapport à la Russie, le Bosniaque qui exigeait le retrait de l'armée serbe d'un côté, et de l'autre, les partisans de l'Al Qaeda qui visent à détruire l'impérialisme occidental. Ils veulent la destruction de l'Occident non pour le remplacer par un ordre tangible comme c'était le cas de la gauche révolutionnaire, mais afin de briser un monde perverti et arrogant sans être à même de le remplacer pour autant par un autre principe d'ordre universel.

La concomitance dans le temps de ces deux phénomènes – l'un national, l'autre transnational – engendre des liens entre eux. Mais ils demeurent distincts dans leur nature et si le premier cas est celui du monde des nations, le second renvoie à un nouvel ordre global en gestation dont les effets inattendus se manifestent par ce type de martyre. Dans le creux laissé par les nations et par l'écroulement d'un ordre ancien, se constitue un nouveau monde où s'exprime ce qui ne va pas, ce que d'aucuns ne veulent pas, sans que l'on puisse connaître leurs aspirations et leur solution de rechange. En un sens, les morts de second type sont tragiques et inutiles : tragiques parce qu'il s'agit de la mort de plusieurs milliers de personnes qui n'ont pas eu d'engagement direct dans une guerre non déclarée et non définie explicitement par des enjeux clairement circonscrits. Inutile parce que la destruction de la totalité occidentale réclamée par ces mouvements est impossible sans l'écroulement du monde tout court, tant ce qu'on appelle improprement l'Occident fait désormais partie de l'acquis de l'humanité dont l'extension même atteint l'imaginaire et les conditions de vie non seulement de ses protagonistes, mais aussi, de ses adversaires. Des slogans comme «le Coran est notre constitution» ou «l'islam est un système complet» ou «la *shari'a* d'Allah sur terre» (*shari'at allâh fi'l ardh*) peuvent revêtir un sens dans une nation et en cas de réussite du mouvement qui les porte, donner lieu à une théocratie islamique. Mais à l'échelle du monde, ce type de slogan est dépourvu de sens, hormis celui de l'Apocalypse, ce que cherchent précisément les protagonistes de l'islam globalisé.

La question est, dès lors, la suivante : comment comprendre cette poussée jusqu'à la mort de groupes d'hommes qui se mettent à mort et visent aussi à faire mourir les autres?

La ville moderne, surtout les grandes villes qui sont des «villes d'accès», des *gateway cities*, sont des métropoles immenses et anonymes où le sentiment de perte de soi et de désarroi causé par la frénésie globale et l'absence de repères, même là où existent des communautés spatialement visibles (comme les Chinatown) donne le vertige. Ce sont des cités monstrueuses, ne serait-ce que par la licence sexuelle ainsi que la promiscuité et « l'immoralité » qui en font autant des Sodome et des Gomorrhe que des Babylones pour de nombreux migrants, mais aussi, pour ceux qui se sentent dépassés par une modernisation effrénée et diabolique. Dans ces villes naît le sentiment d'une *néo-umma*, beaucoup plus que dans les terres d'origine où l'individu est trop souvent enserré dans la camisole de force des contraintes de l'État mais aussi, sociales. On peut se révolter au Caire, à Téhéran, dans les banlieues pauvres d'Alger (la Casbah) ou encore, dans la bande de Gaza (Palestine), mais le résultat en est un type de mouvement lié à la nation musulmane beaucoup plus qu'au monde dans sa globalité. Même la révolution iranienne qui entendait exporter l'islam aux quatre coins du monde, s'est vite rangée à l'évidence de son caractère national et ce n'est qu'au Liban, dans un pays sans État et en crise, qu'elle a exercé une influence réelle, par le truchement de la communauté chiite et l'aide financière et matérielle au Hizballah. Après quelques années, le fantasme d'une révolution à vocation mondiale a vécu et l'urgence a été de se défendre contre l'ennemi irakien et les contre-révolutionnaires de l'intérieur, comme les Modjahidine du peuple. Pour prendre conscience de l'universalité du message islamique et s'adonner à une *néo-umma* globale, il faut être au cœur même de l'Occident, dans ses cités mondialisées, dans les *global cities* où tout est présent, mais où tout est aussi, en un sens, dans un état d'instabilité profonde, de rejet mutuel et de malentendus culturels. C'est dans les villes comme New York, Paris, Londres, Madrid, Hambourg, Rome, Los Angeles ou leurs banlieues que le projet d'un islam mondialisé lié à une *néo-umma* transcendant les frontières nationales peut prendre naissance. Cette idée ne saurait germer ailleurs qu'au cœur même de l'Occident, dans ses mégapoles les plus modernes, et non dans les bleds ou les villes peu modernes de la périphérie des pays musulmans. Les membres d'Al Qaeda qui ont été à l'origine des attentats du World Trade Center ne sont pas des gens étrangers à la vie en Occident ou peu au fait de la modernité. Ils sont, bien au contraire, trop au fait du monde occidental pour croire à sa supériorité intrinsèque ou ne pas engager le combat par sentiment d'infériorité et d'effroi. C'est ce mélange explosif de participation à la modernité et de refus de reconnaissance de l'islam par le monde, à leurs yeux, qui donne lieu à leur révolte et nourrit leur haine. Ils sentent l'islam malmené et les musulmans, réprimés. Ils sentent aussi que l'islam qui, jadis, était au centre du monde civilisé, dominateur et sûr de lui, n'est à présent qu'une périphérie manipulée et marginalisée d'un Occident truculent et immoral qui vise à l'offenser et l'humilier pour détruire la dignité de ses adeptes et briser le dernier rempart d'opposition à son hégémonie illégitime. Ils éprouvent douloureusement le fait qu'un pays faiblement peuplé comme Israël (moins de dix millions d'habitants) puisse narguer un milliard de musulmans dont ils deviennent, par une procuration autoproclamée, les porte-parole. L'islam, jadis l'un des maîtres les plus redoutés du monde, est aujourd'hui dominé par un Occident sans égard et sans le moindre sentiment de compassion pour ses peines et les afflictions de ses représentants autoproclamés. Toutefois, ceux qui émettent ce verdict sont, d'une certaine manière, profondément influencés par l'Occident. Ils ne sont pas sous-modernisés, la plupart d'entre eux ne sont pas malmenés et marginalisés sur le plan économique (nombreux sont, en Occident même, ceux qui sont beaucoup plus pauvres, et beaucoup moins intégrés socialement et économiquement que la plupart d'entre eux).

Cet islam qu'ils cherchent à opposer à l'Occident n'est pas une civilisation autre mais plutôt la face d'ombre de la nouvelle civilisation mondiale dont l'Occident est la figure de proue[61].

Les martyrs et leur islam radical sont le fait d'une infime minorité au sein des sociétés occidentales. Mais elle est agissante et c'est pourquoi, la tentation est grande de faire endosser à l'ensemble des musulmans les méfaits imputés à cette minorité. L'islam, selon certains, n'est pas susceptible de s'adapter au monde moderne, à l'individu, à des sociétés de droit et à l'égalité qu'elle implique, notamment celle des hommes et des femmes, celle qui suppose la participation de tous à une conception politique pluraliste et démocratique. Ces questions, ainsi formulées, se sont tout aussi bien posées, il y a à peine un demi-siècle, au sujet du catholicisme[62]. Or, celui-ci a intégré la représentation démocratique dans ses aspects essentiels. Il n'y a aucune raison pour que l'islam ne suive le même chemin. Pour cela, il lui faut des théologiens qui donnent une interprétation hiérarchisée et historique des textes sacrés et des groupes qui épousent les mœurs et les coutumes de la vie moderne. La première composante est encore dans la phase de balbutiement, même si de nouveaux intellectuels en Iran, en Égypte, au Maghreb, en France, en Angleterre, en Turquie et dans bien d'autres pays cherchent à renouveler la pensée islamique et montrer sa compatibilité avec le pluralisme démocratique. La seconde composante est en bonne voie, celle de l'adaptation à la vie moderne de la diaspora islamique. Dans les sociétés musulmanes elles-mêmes, ces deux composantes sont en gestation. Que ce soit en Iran, en Égypte ou au Maroc, la réflexion sur l'islam et la référence démocratique remettent en question les prestiges de l'islamisme radical. Ce qui, désormais, rend difficile l'ouverture démocratique des sociétés musulmanes, ce sont les conflits du Moyen-Orient, celui du Cachemire, de la Tchétchénie, ainsi que la présence de classes dominantes clientélistes, voire corrompues, en leur sein qui monopolisent le pouvoir et répriment la demande démocratique des nouvelles classes émergeantes. Leur emprise sur les ressorts économiques et politiques de ces sociétés fait obstacle à la pénétration de la démocratie dans cette partie du monde.

Le martyre n'est pas la maladie infantile de l'islam, mais le moyen de se rehausser à la dignité dans des situations où celle-ci est déniée aux musulmans, tout en démissionnant devant les difficultés et en occultant la fuite dans la mort, avec cette maigre et dangereuse consolation d'emporter ses ennemis dans la mort, tout comme soi-même. Il y aura toujours des candidats à la mort sacrée tant que les problèmes majeurs demeureront. Si on les résoud, ils ne disparaîtront pas pour autant, mais leur nombre diminuera, au point de devenir marginal. Les sociétés sereines incitent peu les gens à étreindre la mort sacrée. Ceux qui le font constituent une petite minorité, une secte de gens exaltés. Sous cette forme marginale, on ne saura jamais les éliminer totalement, parce qu'ils sont sécrétés par nos sociétés modernes et dynamiques mais inégalitaires et iniques où les déséquilibres sociaux sont structurels.

Hegel pensait que la lutte pour la reconnaissance impliquait l'affrontement entre le maître et l'esclave, mais pas la mort. En effet, l'esclave mort, il ne resterait personne sur qui exercer son hégémonie et sa domination. Le martyre moderne ouvre un nouvel espace d'intelligibilité, dans la lutte pour la reconnaissance peut passer par la mort, en faisant appel au sacré. Le siècle qui s'inaugure risque de voir la généralisation mimétique de cette forme de mort sacrée.

Annexes

Portraits

Haroun Fazil, désigné par les services américains comme principal responsable des commandos qui ont commis les attentats du 8 août 1998 en Afrique de l'Est contre les Américains, est accusé de 12 meurtres. Il était expert en explosifs, avait entre 20 et 30 ans et parlait plusieurs langues : le français, le swahili, l'arabe et l'anglais entre autres. Il n'a en rien le profil du musulman traditionnel ou dépourvu de contact avec l'Occident (à l'inverse des Talibans et d'une grande partie de leur direction politique).

Le docteur Ayman al Zawahiri est né en 1951 au Caire, issu d'une famille de notables musulmans. Il achève ses études en chirurgie à l'université du Caire en 1978. Il s'installe en Afghanistan en 1985, après sa condamnation à trois ans de prison en 1981 lors du procès d'assassinat de Sadate. Il devient le chef du Djihad islamique égyptien. En 1985, il fait la connaissance de Ben Laden qu'il suit au Soudan en 1992 et voit en lui un nouveau « Che Guevara ». Il a eu une éducation moderne et connaît l'anglais.

Mohammed Atta est fils d'un avocat égyptien connu, il est issu d'une famille musulmane pieuse sans être radicale. Il suit des études d'architecture au Caire, apprend l'anglais et l'allemand et se rend à Hambourg en 1992 pour étudier l'urbanisme[1]. En 1997, il disparaît de la scène en rejoignant le groupe Ben Laden. Il devient plus pieux et obtient le diplôme de l'université de Hambourg. C'est à partir de 1999 qu'il prépare les attentats.

En mai 2000, il se rend aux États-Unis pour y suivre avec ses amis de Hambourg, des cours de pilotage en Floride. Le 11 septembre, il s'envole pour un aller simple vers la mort, à l'âge de 33 ans.

Ramzi Youssef, auteur de l'attentat contre le World Trade Center de 1993, est né en 1968 au Koweit dans une famille originaire du Baloutchistan pakistanais. Depuis 1988 jusqu'à sa condamnation à prison à vie aux États-Unis, il évolue dans la Fraternité de Ben Laden.

Wadih al Hage, Libanais naturalisé américain, est né en 1960 dans une famille chrétienne de Saïda, au Liban. Il passe une partie de sa vie au Koweit où son père travaille pour une compagnie pétrolière. Contre l'avis de sa famille, il se convertit à l'islam alors qu'il n'est qu'adolescent. Un cheikh koweitien le prend en charge aux États-Unis. À partir de 1978, il fréquente l'université Lafayette en Louisiane où il étudie l'urbanisme, en gagnant sa vie dans un fast-food. En 1979, il s'envole pour le Pakistan et prend part au *djihad* contre Kaboul. Il est en contact avec le cheikh Azzn, le Palestinien recruteur en chef du Bureau d'aide aux moudjahidine. Il fait la connaissance de Ben Laden. Il retourne en

1985 aux États-Unis où il épouse une jeune musulmane américaine âgée de 18 ans, April. Ils auront 7 enfants. Il repart au Pakistan avec sa femme et sa belle-famille. Ensemble, ils contribuent au *djihad*. Ils retournent aux États-Unis en 1989 et Wadih est naturalisé américain. En 1998 il est arrêté et inculpé pour conspiration visant à tuer des Américains.

En 1997, Khalil Deek, informaticien arabe naturalisé américain, né dans les territoires palestiniens occupés par Israël, s'était rendu au Pakistan. Sur le CD qu'on a saisi sur lui, il y avait une encyclopédie de la guerilla. Il était lié à la Fraternité Ben Laden.

Richard Reid est né à Bromley, au sud-ouest de Londres en 1973 d'un père jamaïcain et d'une mère anglaise. Il se lance dans de petits larcins, vend de la drogue et se fait mettre en prison. Il y embrasse l'islam, comme nombre de jeunes d'origine maghrébine en France. Il fréquente la mosquée de Brixton qui était aussi celle de Zacarias Moussaoui. À noter que le nombre des détenus musulmans dans les prisons anglaises a doublé entre 1993 et 2000[2]. Il change son nom en Abdel Rahmin et joint les groupes islamiques radicaux. Il visite le Pakistan où il se rend dans des camps d'entraînement et fait son apprentissage au sein du groupe Al Qaeda. Il est arrêté dans l'avion pour les États-Unis alors qu'il cherche à faire exploser une bombe dissimulée dans les semelles de ses souliers.

Lionel Dumont, cadet d'une famille de 8 enfants, né en 1971 dans le Nord de la France, épousera la cause du *djihad* après sa conversion à l'islam en 1992. Entre 1993 et 1995, il se rend régulièrement en Bosnie où il semble avoir mis en place une filière de trafic d'armes. Il combat contre les Serbes dans des bataillons de la légion islamique encadrés par des « Afghans ». Devenu bosniaque par son mariage, il porte désormais le nom d'Abu Hamza[3].

Djamel Loiseau est mort de froid dans les montagnes de la région Tora Bora d'Afghanistan, à l'âge de 28 ans[4]. Il était de père kabyle et de mère française. C'est durant son service militaire qu'il devient pratiquant, au début des années quatre-vingt-dix. Il suit en cela les autres jeunes de cette époque qui ont un premier contact avec l'islam soit en prison, soit dans l'armée, en tant que conscrit. Selon son entourge, avant, il avait une amie, fréquentait les boîtes de nuit et aimait la musique pop. Après sa conversion à un islam pur et dur, il se levait à 5 heures du matin pour aller faire ses prières. À la maison, son comportement était devenu celui d'un puritain. Il arrachait les photos et démontait les tableaux qu'il jugeait indécents. Son père a fini par l'expulser. Il vit alors quelque temps à Londres, tout comme Zacarias Mousaoui. En 1998, il part pour l'Arabie saoudite et depuis lors, sa famille est sans nouvelles de lui. Selon son père, ce sont les religieux intégristes qu'il fréquentait à Belleville qui l'ont entraîné dans cette voie. Comme nombre d'autres adeptes, il était « influençable ». C'est aussi le cas de Richard Reid, dont on dit qu'il était « impressionnable[5] » ou de Mohamed Atef. Le 11 mars 2001, il prend l'avion de l'aéroport de Heathrow près de Londres pour Lahore au Pakistan, vraisemblablement pour rejoindre Al Qaeda.

Le portrait de Zacarias Moussaoui[6] présente des ressemblances avec Djamel Loiseau. Il est né à Saint-Jeande-Luz le 30 mai 1968 d'une mère célibataire, marocaine. À l'âge de 19 ans, il est attiré par un islam strict. Il suit un BTS commercial en génie électrique à Perpignan et travaille comme surveillant à Narbonne. Il décide de partir pour Londres en 1992, en vue d'améliorer son anglais. Là il fréquente les milieux islamistes. À l'université de South Bank, il décroche une maîtrise en commerce international. Il semble avoir subi l'endoctrinement du Cheikh Omar Abu Omar, surnommé Abu Qatada, d'origine palestinienne, à la mosquée de Baker Street au sud de Regent Park, fréquentée par des milieux islamistes. L'Angleterre, et en particulier Londres, semblent des lieux privilégiés pour l'endoctrinement par une version salafiste particulièrement rigoriste de l'islam. Il part ensuite pour les États-Unis où, compte tenu de sa nationalité française, il n'a pas besoin de visa (il peut y rester 90 jours). Il se fait inscrire à l'école de pilotage Norman à l'Oklahoma. Mais il se révèle piètre élève et n'obtient pas sa licence. Il est arrêté le 17 août 2001 pour une histoire de visa périmé. Il aurait pu être le vingtième pilote selon les autorités américaines.

Kamel Daoudi est né en 1974 en Algérie de parents algériens et arrive en France à l'âge de 4 ans[7]. Ils habitent d'abord dans le Ve arrondissement de Paris. Il est brillant et décroche un bac S à dix-sept ans à peine, au lycée Lavoisier. Mais en 1993, il arrête ses études au milieu de sa seconde année de DEUG. Il s'inscrit en licence d'informatique à Jussieu en 1995, mais abandonne les études avant d'avoir obtenu son diplôme. En 1996 et 1997, il passe plusieurs jours par semaine hors de chez lui. Il fait un premier voyage en Angleterre en 1999 et trouve un emploi-jeune au cyberespace d'Athis-Mons en mars 1998. Mais il s'absente de plus en plus longuement et il est enfin licencié en 2000. En mars 1999, il se marie avec une femme hongroise de Roumanie et ils vivent quelque temps ensemble. Mais il part en Angleterre à Leicester d'où il écrit à sa femme que leur mariage ne saurait durer vu son refus d'embrasser l'islam. Il est arrêté le 25 septembre dans le centre de l'Angleterre et remis à la police française. Il est soupçonné d'être l'un des représentants de Ben Laden en Europe.

Notes

Introduction

1. Sur dix musulmans dans le monde, neuf sont sunnites et appartiennent à l'une des quatre écoles officielles du sunnisme, un seul chiite. Les Chiites se répartissent en plusieurs groupes dont les principaux sont les chiites duodécimains (à douze imams) et les ismaéliens. Voir Moojan Momen, *An Introduction to Shi'i Islam*, New Haven, Yale University Press, 1985; Yann Richard, *L'Islam chi'ite*, Paris, Fayard, 1991.

2. Voir Pierre Centlivres (dir.), *Saints, sainteté et martyre*, Neuchâtel, Paris, Éditions de l'Institut d'ethnologie, Éditions de la Maison des Sciences de l'Homme, 2001.

3. Voir Galia Valtchinova, « Post-communiste et prémoderne : actualité du culte de sainte Petka dans les Balkans, une étude de cas en Bulgarie occidentale », *in* Pierre Centlivres (dir.), *Saints, sainteté et martyre*, *op. cit.*

4. Voir G.W Bowersock, *Rome et le martyre*, Paris, Flammarion, 2002 (édition originale anglaise 1995).

5. Je tiens à remercier Marcel Swyngedauw pour son aide bibliographique au sujet des martyrs chrétiens.

6. Voir G.W. Bowersock, *op. cit.*

7. Voir Eusèbe de Césarée, *Histoire Ecclésiastique III*, Paris, Cerf, 1993.

8. Eusèbe de Césarée, *op. cit.*

9. C'est l'expression qu'attribue Eusèbe de Césarée (*op. cit.*) à Pamphile.

10. Augustin, *La Cité de Dieu.*

11. Voir Louis E. Fennec, *Martyrdom in the Sikh Tradition*, Oxford, Oxford University Press, 2001.

I

L'islam

1. Voir *Le Saint Coran et la traduction en langue française du sens de ses versets*, l'an 1410 de l'Hégire.

2. Voir Mark Huband, *Warriors of the Prophet, The Struggle for Islam*, Colorado, Westview Press, 1999.

3. Voir Reuben Fierske, *Jihad, The Origins of Holy War in Islam*, Oxford University Press, 1999.

4. Les chafi'ites forment l'une des quatre écoles sunnites, les trois autres étant les hanbalites, les malékites et les hanafites.

5. Voir Rudolph Peters, *Islam and Colonialism, the Doctrine of Jihad in Modern History*, The Hague, The Netherlands, Mouton Publishers, 1979.

6. Le cas du mystique Hallaj est devenu paradigmatique en Occident suite au travail magistral que lui a consacré Louis Massignon.

7. Voir Morteză Motahhari, *âchénâï bâ qor'an, djahad, akhlâq e djensi* (*Connaissance du Coran,* djihad, *la morale sexuelle*), Éditions Sadrâ, sans date, Téhéran.

8. Voir dans le cas de la France, Farhad Khosrokhavar, *L'Islam des jeunes*, Paris, Flammarion, 1997. Nancy Venel, *Musulmans et citoyens, appropriations, usages et agencements des appartenances chez de jeunes Français d'origine maghrébine*, Thèse, Université Lille-II, 2002. Elle insiste à juste titre sur la perte de centralité de l'allégeance nationale dans l'identité des nouveaux citoyens, sans que cela donne lieu à une relation conflictuelle avec la société globale.

9. Voir Yann Richard, *L'Islam chiite*, Paris, Fayard, 1991.

10. Cette version modernisatrice a été systématisée par Shariati. Voir Ali Shariati, *Entézâr, mazhabé é'térâz* (*L'attente,*

religion de protestation) *in Hoseyn, vârés é âdam* (*Hoseyn, héritier d'Adam*), Éditions Qalam, 2e édition, aban 1361 (1982-83), Téhéran, Iran.

11. Pour nombre de ces interprétations, voir Bakhsh Ali Qanbari, *Falsafé yé achoura az didgâh e andichmandânemosalman* (*La philosophie d'achoura du point de vue des penseurs musulmans*), Daftar barrési hâyé eslâmi, 1379 (1991-1992), Téhéran.

12. À partir des années quatre-vingt-dix, le martyre devient de plus en plus marginal en Iran et sa marginalisation se présente comme le refus de l'idéologie «rabat-joie» et répressive des conservateurs iraniens par une nouvelle jeunesse qui ne montre plus d'attrait pour le martyre, à la différence de la génération de ses parents, deux décennies plus tôt.

13. Voir Towfiq abou Alam, *Abou al chohadâ al Hossein ibn Ali*, Matabi'ol Ahram al Tedjariya, Le Caire, 1974.

14. Voir Djalâl ed Dine Homaï, *Asrâr o âsâr e vâqé'é yé karbélâ* (Secrets et signes de l'Événement du Kerbala), éditions Dehkhoda, 1355 (1976-77), Téhéran.

15. Voir Khâled Mohammed Khâled, *Farzandân e payâmbar dar karbelâ* (*Les Enfants du Prophète à Kerbala*), traduction persane, Éditions Ibn Sina, 1347 (1968-1969), Téhéran.

16. Voir Morteza Motahhari, *Shahid* (*Martyr*), Éditions Sadrâ, Qom, sans date, Iran.

17. Voir Seyd Ali Farahi, *Bar rési va tahqiq pirâmoun e nehzat e Hosseini* (*Étude et recherche autour du mouvement de Hossein*), Daftar nashr farhang eslâmi, 1370 (1991-1992), Téhéran.

18. Voir Seyd Mohsen Amin, *Sire ye ma'souman* (*La Spiritualité des Immaculés*), traduction en persan, Éditions Soroush, 1373 (1994-1995), Téhéran.

19. Voir Seyd Hoeyn Dja'fari Hendi, *Tashayyo' dar masir e târikh* (*Le Chiisme sur le chemin de l'histoire*), traduction persane, Daftar nashr farhang eslâmi, 1359 (1980-1981), Téhéran.

20. Voir Abdallah Alayeli, *in* Bakhsh Ali Qanbari, *op.cit.*

21. Voir *Qiâm e achourâ dar kalâm o payâm e emâm Khomeyni* (*Le Mouvement d'achoura dans les paroles et le message de l'imam Khomeyni*), Daftar e nashr e âsâr e emâm, 1375 (1996-1997), Qom, Iran.

22. Voir Bernard Lewis, *Les Assassins*, Paris, Complexe, 1982.

23. Voir pour les formes schismatiques et sectaires de l'islam dans l'âge prémoderne, Henri Laoust, *Les Schismes dans l'islam*, Paris, Payot, 1965.

24. Voir Alexandre Popovic et Gilles Veinstein (dir.), *Les Voies d'Allah*, Paris, Fayard, 1996.

25. En revanche, c'est dans les sectes modernes non islamiques comme Le Temple solaire ou Aum que l'idéal d'un monde nouveau, se déclinant selon les lignes de force du millénarisme, se donne à voir.

26. Voir Henri Laoust, *op. cit.*

27. Voir Patrick Michel, *Politique et religion, la grande mutation*, Paris, XXX, 1994. Voir aussi Olivier Roy, *L'Échec de l'islam politique*, Paris, Seuil, 1992.

28. Voir S.V.R. Nasr, *Mawdudi and the Making of Islamic Revivalism*, Oxford University Press, 1996.

29. Voir Gilles Kepel, *Le Prophète et le Pharaon*, Paris, La Découverte, 1984.

30. Voir Olivier Carré, *L'Utopie islamique dans l'Orient arabe*, Paris, Presses de la FNSP, 1991.

31. Voir Sayyid Qutb, *Ma'alim fil tariq*, 1964 (traduction américaine, Milestones).

32. Voir Mawdudi, « Revolutions are never brought about by Cowards and the Imbecilic », *in West versus Islam in* Adam Parfrey, *Extrem Islam*, Fera House, 2001, USA.

33. Voir Saïd Amir Arjomand, *The Shadow of God and the Hidden Imam : Religion, Political Order and Social Change in Shiite Iran from the Beginning to 1890*, Chicago University Press, 1984.

34. Voir Abdulaziz Abdulhussein Sachedina, *The Just Ruler in Shi'ite Islam : the Comprehensive Authority of the Jurist in Imamite Jurisprudence*, New York, Oxford University Press, 1988.

35. Voir Khomeyni, son discours sur « Le nid des espions » du 5 novembre 1979, *Keyhan*.

36. Voir Khomeyni, le 7 novembre 1979, *Keyhan*.

37. Voir Olivier Roy, *L'Échec de l'islam politique*, Paris, Seuil 1992.

38. Représentatif de cette tendance est par exemple l'ouvrage collectif sous la direction de Gilles Kepel et de Yann Richard,

Intellectuels et militants de l'islam contemporain, Paris, Seuil, 1990.

39. Voir Malika Zeghal, *Gardiens de l'islam, les oulémas d'Al Azhar dans l'Égypte contemporaine*, Paris, Presses de Sciences-Po, 1996.

40. Voir Malika Zeghal, *op. cit.*, p. 337 et *passim.*

41. Voir Aziz al-Azmeh, *Islams and Modernities*, London & New York, Verso, 1993.

42. Voir l'article de Sâléhi Nadjaf Abâdi *in Tchechme ye nour* (source de lumière), Éditions Daftar Nashr Asâr Emam, p. 381-382, 1374 (1995-1996), Téhéran.

43. Voir Ali Shariati, «Shahâdat» («Martyr») *in Hossein, Vâres e âdam* (*Hossein, héritier d'Adam*), œuvres collectives, tome XIX, Éditions Qalam, 1361 (1982-83), p. 187 et *passim.*

44. Voir Morteza Motahhari, *Shahid* (*Martyr*), Éditions Sadrâ, Qom, Iran, sans date.

45. Voir Cheikh Abbas Qomi, *Montahi ol âmal*, Éditions Hedjrat, 1365 (1986-1987), premier tome, Qom, Iran.

46. Voir Éric Butel, *Le Martyre dans les mémoires de guerre iraniens, guerre Iran-Irak 1980-1988*, INALCO, Paris, 2000 (thèse) ; Farhad Khosrokhavar, *L'Islamisme et la mort, le martyre révolutionnaire en Iran*, Paris, L'Harmattan, 1995.

47. Voir Shariati, *Hossein, Vâres e âdam* (*Hossein, héritier d'Adam*), œuvres collectives tome XIX, éditions Qalam, 1361 (1982-83).

48. Voir Ali Shariati, «Shahadat» («Martyr»), *in Hossein vâres e âdam* (*Hossein, héritier d'Adam*), œuvres collectives, volume XIX, Éditions Ghalam, 2e édition, 1361 (1982-83), Téhéran, p. 187.

49. Shariati, *op. cit.*, p. 217.

50. Shariati, *op. cit.*

51. Shariati, *op. cit.*, p. 189.

52. Shariati, *op. cit.*, p. 195.

53. Shariati, *op. cit.*, p. 155.

54. Shariati, *op. cit.*, p. 155.

55. Différentes catégories de la population étaient impliquées dans le mouvement révolutionnaire qui avaient d'autres exigences et d'autres aspirations comme les paysans exilés, les

couches traditionnelles liées au bazar et au clergé, et une partie radicalisée du clergé ainsi que les groupes d'extrême gauche, en partie proches des aspirations de la jeunesse modernisée et déstructurée des zones urbaines. Voir Farhad Khosrokhavar, *L'Utopie sacrifiée, sociologie de la révolution iranienne*, Presses de la FNSP, 1993.

56. Voir Farhad Khosrokhavar, *L'Islamisme et la mort, le martyre révolutionnaire en Iran, op. cit.*

57. Anderson traite de ces communautés imaginaires que sont les nations. Elles peuvent, tout aussi bien, être des communautés supranationales mythifiées, comme dans le cas d'Al Qaeda. Voir Anderson, Benedict, *Imagined Communities*, verso, London-New York, 1991.

58. Voir Sayyid Qutb, *Fi Zilal al-Qur'an* (*À l'ombre du Coran*), 1952-1956, Le Caire et son résumé *Ma'alim fil Tariq*, (*Les poteaux sur le chemin*), 1964, Le Caire. Voir en particulier Charles Tripp, « Sayyid Qutb : The Political Vision », *in* Ali Rahnema (dir.), *Pioneers of Islamic Revival*, Zed Books, London & New Jersey, 1994.

59. Voir Louis Dumont, *Essais sur l'individualisme*, Paris, Seuil, 1983.

60. Voir Olivier Carré, *Mystique et Politique : lecture révolutionnaire du Coran par Sayyid Qutb, frère musulman radical*, Paris, PNSP et Cerf, 1984; S. Kotb (*sic*), *Social Justice in Islam*, American Council of Learned Societies, New York, Octagon Books, 1970; Charles Tripp, *op. cit.*

61. Voir Claude Lefort, *L'Invention démocratique*, Paris, Fayard, 1981; *Essais sur le politique*, Paris, Seuil, 1986.

62. Voir Amir Nikpey, *Politique et Religion en Iran contemporain*, Paris, L'Harmattan, 2001.

63. Voir Friedrich Nietzsche, *La Généalogie de la morale*, Paris, Gallimard, XXX.

64. Voir Max Scheler, *L'Homme du ressentiment*, Éditions Gallimard, 1958 (1re édition allemande, 1912).

65. Kant montre que le rapport à la loi morale ne doit pas faire d'autrui un moyen en vue d'une autre fin. C'est pourquoi, lorsqu'on parle de la spontanéité en termes nietzschéens revus et corrigés par Max Scheler, il s'agit des modes de constitution de l'af-

fectivité, du rapport à soi, à autrui et au monde beaucoup plus que d'un quelconque rejet de la réflexivité.

66. Voir pour un développement de cette thématique, Farhad Khosrokhavar, *L'Instance du Sacré*, Paris, Cerf, 2001.

67. Voir Samuel Huntington, « The Clash of Civilizations ? », *Foreign Affairs*, 72, n° 3, 1993.

68. Voir Francis Fukuyama, *The End of History and the Last Man*, New York, Free Press, 1992.

69. Ainsi, le martyr Anouar Sukar, de Gaza, écrit à son père : « S'il te plaît, oublie toutes les erreurs que j'ai commises, nos disputes. Tu es un homme éduqué et tu sais que les martyrs agissent pour le bien de leur famille, pour qu'elles aillent au paradis. » À sa femme, il écrit : « Oublie tout le mal que je t'ai fait. Je souhaite que Dieu te donne des enfants. » Voir Agnès Pavlowsky, *Hamas ou le miroir des frustrations palestiniennes*, Paris, L'Harmattan, 2000.

70. Voir Gilles Kepel, *Le Prophète et le Pharaon*, *op. cit.*

71. Voir Farhad Khosrokhavar, *L'Islamisme et la mort*, *op. cit.*

72. Voir *Le Monde*, « "Le dernier soir" avant le 11 septembre », 2 octobre 2001.

73. Voir *The Observer*, « You have to kill *in* the name of Allah until you are killed », *The Observer*, 27 janvier 2002.

II

La communauté nationale impossible

1. Les statistiques sont à prendre avec prudence. On estime à quelque 500 000 les pertes iraniennes (125 000, celles de l'armée, le reste provenant de l'Armée des Pasdaran et des volontaires du Bassidje) et à plus d'une centaine de milliers, les invalides de guerre. Voir Mehdi Amani, *Les Effets démographiques de la guerre Iran-Irak sur la population iranienne*, Institut national d'Études démographiques, Paris, août 1992. Ces chiffres ont été, ensuite, revus à la baisse.

2. Ces faits sont longuement développés *in* Farhad Khosrokhavar, *L'Anthropologie de la révolution iranienne*, *op. cit.*,

L'Islamisme et la Mort, le martyre révolutionnaire en Iran, *op. cit.*, *L'Utopie sacrifiée, sociologie de la révolution iranienne*, *op. cit.* Voir aussi Jean-Pierre Digard, Bernard Hourcade, Yann Richard, *L'Iran au XX*e *siècle*, Paris, Fayard, 1996.

3. D'autres personnes comme Tâléghâni, Khomeyni, Banisadr, Motahhari, etc., jouent un rôle important dans d'autres couches de la population, mais chez la jeunesse urbaine, le rôle de Shariati est incomparablement plus grand. Pour un recueil de leurs textes, voir Mahmud Taleqani, Mortéza Mutahhari & Ali Shari'ati, *Jihad and Shahâdat. Struggle and Martyrdom in Islam*, Texas, Institute for Research and Islamic Studies, 1986.

4. Voir Mary Hegland : « Two images of Husain : Accomodation and Revolution *in* an Iranian village », *in* N.R. Keddie (dir.), *Religion and Politics in Iran*, London, 1983 ; *Le Discours populaire de la révolution iranienne*, *op. cit.*

5. Voir Ali Shari'ati (Shariati), *Histoire et destinée*, textes choisis, Paris, Sindbad, 1982.

6. Voir *infra*.

7. Il en est en particulier des écrits de Hamid Algar, *Religion and State in Iran*, 1785-1906, Berkeley, University of California Press, 1969 ; *The Islamic Revolution in Iran*, Londres, Open Press, Muslim Institute, 1980, qui donne une vision tendancieuse du chiisme iranien.

8. Cela n'empêchait pas la constitution des mouvements de contestation. Mais ceux-ci exprimaient souvent des enjeux locaux et peu d'entre eux parvenaient à remettre en cause le régime. Les crises survenaient dans les intermèdes de règne, ou encore, dans la lutte entre les divers prétendants au pouvoir après le décès du roi.

9. Sauf l'intermède du Nader Chah au XVIIIe siècle qui voulait ramener l'Iran au sunnisme, au besoin en décrétant le chiisme comme la cinquième école sunnite, ce qui occasionna le départ des ulémas chiites vers l'Irak.

10. Sur les relations entre la « hiérocratie » chiite et le pouvoir politique jusqu'à la fin du XIXe siècle, voir Saïd Amir Arjomand, *The Shadow of God and the Hidden Imam : Religion, Political Order and Societal Change in Shi'ite Iran from the Beginning to*

1890, Chicago, The University of Chicago Press, 1984 ; pour la période Pahlavi, voir Chahroukh Akhavi, *Religion and Politics in Contemporary Iran*, Albany, Suny Press, 1980.

11. Certes, de nombreux groupes de classes moyennes, formés d'intellectuels (comme l'Association des écrivains iraniens, *kânouné névisandégâné irân*) de juristes, (comme l'Association des avocats, *kânouné vokalâ)* ou des organisations autonomes comme la Ligue des droits de l'homme *(jam'iyaté hoghoughé bachar)* ou l'Organisation nationale des professeurs d'université *(sâzémâné mellié dâneshgâhiâné irân)* ont joué un rôle important dans la mobilisation contre le despotisme impérial. Ces actions ont culminé en octobre 1977 dans les Dix Nuits de Poésie à l'institut Gœthe de Téhéran où intellectuels et poètes ont dénoncé la répression et le régime impérial. Mais ces groupes étaient au mieux minoritaires dans le processus révolutionnaire qu'ils allaient contribuer à déclencher et leur fragilité et le peu de soutien dont ils disposaient dans la société se révéla avec les premières mobilisations de rue contre le régime du Chah. Pour le rôle des intellectuels au début de la révolution Nasser Pakdaman : voir *Dah shabé shé'r, bar rési va arzyâbié yék tadjrobéh* : (*Dix Nuits de Poésie : analyse et évaluation d'une expérience*), 26 février 1988, Paris.

12. Voir Homa Katouzian, *Political Economy of Modern Iran, 1926-1979*, New York, New York University Press, 1980. Robert E. Looney, *Economic Origins of the Iranian Revolution*, New York, Pergamon Press, 1982. Mohammad H. Malek, *The Political Economy of Iran under the Shah*, London, Croom Helms, 1986 ; Éric Hooglund, *Land and Revolution in Iran*, Austin, University of Texas Press, 1982.

13. Sur cette dimension de l'alliance entre ces couches plus ou moins traditionnelles de la société iranienne, voir Ahmad Ashraf, « Bazar-Mosque alliance : the social basis of revolts and revolutions », *International Journal of Politics, Culture and Society*, 1 (4), 1988.

14. Sur cette dimension du mouvement révolutionnaire, voir Paul Vieille, Farhad Khosrokhavar, *Le Discours populaire de la révolution iranienne*, Contemporanéité, Paris, 1990 (deux tomes).

15. Voir Mehdi Bazargan, *Enghélâbé irân da do harékat* (*La Révolution iranienne en deux mouvements*) où il analyse le renversement de la situation peu après la révolution, surtout la mainmise du Hezbollah et de Khomeyni sur l'État postrévolutionnaire. Voir Aussi Abolhassan Banisadr, *L'Espérance trahie*, Paris, Papyrus, 1982.

16. Pour tous ces problèmes, voir Shaul Bakhash, *The Reign of the Ayatollahs. Iran and the Islamic Revolution*, Londres, Tauris, 1985 ; Ali Rahnema, Farhad Nomani, *The Secular Miracle*, Londres, Zed Books, 1990 ; *L'Utopie Sacrifiée, Sociologie de la révolution iranienne*, *op. cit.*; Nikki R. Keddie (dir.), *Religion and Politics in Iran. Shi'ism from Quietism to Revolution*, New Haven-London, Yale University Press, 1983.

17. L'expression complète était « *Bassidjé ârtéché bist meliouni* » mobilisation pour une armée de vingt millions (de membres), c'est-à-dire la quasi-totalité des jeunes Iraniens susceptibles d'être appelés à la défense du pouvoir révolutionnaire.

18. Pendant la guerre contre l'Irak, il y a eu deux corps d'armée, l'armée de la République islamique d'Iran et l'armée des Pasdaran au sein de laquelle le Bassidje a préservé sa spécificité.

19. Voir *L'Islamisme et la Mort, le martyre révolutionnaire en Iran*, *op. cit.* Paul Vieille, « L'institution chiite, la religiosité populaire, le martyre et la révolution », *Peuples Méditerranéens*, 16, 1981. H.G. Kippenberg, « Jeder Tag 'Ashura, jedes Grab Kerbala : Zur Ritualisierung der Strassenkämpfe im Iran », *in* Kurt Greussig, (dir.), *Religion und Politik im Iran*, Frankfurt am Main 1981.

20. Les organisations d'extrême gauche (les Moudjahidine et dans une moindre mesure, l'extrême gauche laïque et marxiste) sont marginalisées après la rupture frontale avec le régime en juin 1981 ; quant aux royalistes, leur sort est scellé dans les premiers mois de la révolution, avec l'épuration de l'armée et la fuite de leurs leaders à l'étranger, avant même la révolution. Les organisations politiques des classes moyennes (*Nehzaté âzâdi* de Bazargan, *Djebhé yé melli*, Front national des mossadeghistes), sont anémiées, la répression par le chah les ayant refoulées dans une marginalité dont elles n'ont pas pu sortir pendant la révolution.

21. Le Bassidje compte quelque quatre cent mille adhérents, l'armée des Pasdaran autant, l'armée traditionnelle, presque autant. L'ensemble forme le corps de bataille de la République islamique dans la guerre contre l'Irak.

22. Voir Farhad Khosrokhavar, « Le Pur et l'Impur », *in Peuples Méditerranéens*, n° 50, 1990 ; « Chiisme mortifère : les nouveaux combattants de la foi », *in L'Homme et la Société*, n° 107-108, 1993 ; « Le martyre révolutionnaire en Iran », *Social Compass*, volume 43, n° 1, mars 1996.

23. Ils sont rétribués de cinq à huit mille toumans. Dans une économie à plusieurs taux de change, il est impossible de chiffrer avec exactitude l'équivalent en euros de ce montant. Approximativement, on peut dire que cela correspond au traitement mensuel d'un fonctionnaire moyen pendant la guerre.

24. La Fondation des Martyrs est l'un des piliers financiers du Bassidje et de l'ensemble des organisations qui financent la guerre. Les moyens financiers dont elle dispose en font un colosse économique. Elle dispose de 55 unités dont 5 dans les industries, 11 dans l'élevage et l'agriculture ainsi que 14 sociétés de construction de bâtiments et de routes et 26 sociétés fiancières. Depuis sa création, la branche économique a mis à la disposition de la Fondation 12 milliards de rials (un peu plus d'un milliard de francs au taux officiel). Dans la branche financière, 12 milliards de rials de produits et de pièces médicaux, de chirurgie dentaire, de laboratoires, de moyens de chauffage, et de pièces détachées de camion Mack et des voitures japonaises ont été distribuées (Voir *Ettélâât* le 20 décembre 1365, 1987).

25. Voir Bernard Hourcade, « Vaqf et Modernité en Iran : Les agro-business de l'Âstân-e qods de Mashad », *in Entre l'Iran et l'Occident,* sous la direction de Yann Richard, Paris, Éditions de la Maison des Sciences de l'Homme, 1989.

26. Dans une famille populaire (Voir thèse d'État, *op. cit.*, EHESS, Paris, 1992) le fils s'est affilié au Comité et la fille, plus âgée de deux ou trois ans, aux Moudjahidine. De nombreux exemples similaires ont pu être relevés pendant la révolution.

27. Voir Paul Vieille, *Féodalité et État en Iran*, Paris, Anthropos, 1975.

28. Ceci remet en cause la thèse du traditionalisme ou du néo-traditionalisme du mouvement révolutionnaire pour la catégorie des jeunes qui y ont participé. Voir en particulier Saïd Amir Arjomand, *The Turban for the Crown. The Islamic Revolution in Iran*, New York, 1988, pour qui la Révolution islamique aurait été néotraditionnelle : elle aurait été dirigée en réaction contre la modernisation pahlavi par des acteurs traditionnels radicalisés (le clergé et les groupes associés, le bazar et d'autres couches urbaines traditionnelles) dont le mode de vie aurait été mis en danger par la modernisation.

29. Voir Farhad Khosrokhavar, « Le quasi-individu : de la néo-communauté à la nécro-communauté », *in Penser le Sujet, Autour d'Alain Touraine*, Colloque de Cerisy, sous la direction de François Dubet et Michel Wieviorka, Fayard, 1995.

30. Pour le cas d'une ville moyenne et la transformation du Comité en organisme de répression étatique, voir Farhad Khosrokhavar, « Le Comité dans la révolution iranienne : le cas d'une ville moyenne, Hamadan », *Peuples méditerranéens*, n° 9, 1979.

31. Voir Ian Brown, *Khomeini's Forgotten Sons, The Story of Iran's Boy Soldiers*, Grey Seal Books, London, 1990 ; Werner Schmucker, « Iranische Märtyrertestamente », *Die Welt des Islams*, 27, n° 4, 1987 ; Farhad Khosrokhavar, « Bassidje, auxiliaires juvéniles de la révolution iranienne », *Cultures & Conflits*, n° 18, 1995.

32. Il en est ainsi d'appartements bon marché, de voyages en Syrie et en Libye où on est payé en dollars qui valent plusieurs fois leur prix officiel sur le marché. À noter que le prix officiel du dollar est maintenu artificiellement bas pendant la guerre, mais que son accès est restreint aux officiels triés sur le volet, qui s'enrichissent ainsi rapidement. Les autres doivent s'approvisionner sur le marché libre. Vers la fin de la guerre le dollar vaut vingt fois son taux d'avant la révolution.

33. Voir Bernard Hourcade, « Vaqf et Modernité en Iran : les agro-business de l'Astân-e qods de Mashad », *op. cit.*

34. Voir *infra*, la section sur la néo-mystique mortifère.

35. Les testaments des Bassidji fourmillent de ces considérations. Ils sont publiés tout au long de la guerre avec le soutien

actif de la presse et des nombreuses publications du Bassidje et des organismes affiliés mais le fond de désespoir qu'ils dénotent est authentique et a pu être observé sur le terrain. Voir *L'Islamisme et la mort, op. cit.* ; Éric Butel, *Le Martyre révolutionnaire : stratégies et discours néo-communautaires de la jeunesse populaire iranienne,* DEA, INALCO-EHESS, 1995 ; Alain Chaouli, *Un groupe minoritaire d'adolescents révolutionnaires iraniens : les Bassidji,* mémoire pour le diplôme de l'EHESS, 1996.

36. D'où les nombreux récits de vie des martyrs ou des nouvelles rédigées par eux où on voit, sur le front de guerre, surgir un vieillard illuminé qui peut être indistinctement l'Imam du temps ou Khomeyni, son représentant. Voir pour ces exemples *L'Islamisme et la Mort, op. cit*; Éric Butel, Thèse, *op. cit.*

37. L'imam Hossein, le troisième imam chiite, est le parangon du martyr : Prince des Martyrs. Voir Mahmoud Ayoub, *Redemptive Suffering in Islam,* The Hague, 1978 ; Jean Calmard : « Le patronage des ta'ziéh : Éléments pour une étude globale », *in* Peter J. Chelkowski (dir.), *Ta'zieh, Ritual and Drama in Iran,* 1979, New York University, New York. George Thaiss, « Religious symbolism and social change : The Drama of Husain », *in* Nikki R. Keddie (dir.), *Scholars, Saints and Sufis,* University of California Press, Los Angeles, 1972.

38. Olivier Roy analyse, selon une perspective comparatiste, l'échec des mouvements islamistes. Voir Olivier Roy, *L'Échec de l'islam politique,* Paris, Seuil, 1992.

39. Voir Fatima Mernissi, *Le Harem politique. Le Prophète et les femmes,* Paris, XXX, 1987.

40. Voir *Le Discours populaire de la révolution iranienne,* tome II, *op. cit.,* les entretiens, notamment avec Sakiné, fille de paysan exilé, et Hassan K., paysan exilé.

41. De nombreux cas sont relevés dans les médias comme celui de cette famille, originaire d'Arâk, mais vivant depuis une génération dans les banlieues de Téhéran. Des cinq fils, deux sont morts en martyrs et les trois autres ont été grièvement blessés sur le front. L'un s'est brisé l'épaule, l'autre s'est rompu la colonne vertébrale et demeure paralysé pour le restant de ses jours, le troisième est amputé des deux jambes. Le père, quant à lui, se trouve au front, en volontaire, en 1987. Les journaux abondent en

exemples; voir par exemple *Résâlat*, 28 janvier 1987, p. 1 et 2, qui fait état de quatre fils d'une famille, morts en martyrs (l'un d'eux est porté disparu).

42. La famille martyropathe est à rapprocher des sectes qui tentent quelquefois de commettre un suicide collectif comme Waco aux États-Unis (1992) ou la secte du Temple solaire en Suisse (1994). Ce type de structure est destiné à se démultiplier dans l'avenir, au sein d'une modernité déstructurante.

43. On ne dispose pas de statistique fiable sur le nombre des martyrs par régions, départements et villes. L'analyse ne peut dès lors que se baser sur l'observation individuelle et sur les données qualitatives.

44. Voir *L'Utopie Sacrifiée*, *op. cit.*, la section sur Khomeyni.

45. Voir Ali Farâsati, «Kizéche hâyé sé sâlé gozachtéyé irân, marhaléyé boloughé mobârézâté mardomi» (en persan, *Les mouvements des trois dernières années en Iran, l'étape de maturité des luttes populaires*), *Navidé Moghâvémat*, n° 7, printemps 1996, Paris.

46. Voir Mohsen Mottaghi, «Rowshanfekran e eslâh talab e didni va djâméé yé madani» («Les intellectuels réformateurs religieux et la société civile»), *Iran Naméh*, volume XIX, n° 4, automne 1380 (automne 2001), Bethseda, États-Unis et l'ensemble de ce numéro, sur les réformes en Iran, sous la direction de Farhad Kkosrokhavar.

47. Voir Farhad Khosrokhavar, Olivier Roy, *L'Iran : comment sortir d'une révolution religieuse?*, Paris, Seuil, 1999.

48. Voir Pénélope Larzillière, «Construction nationale et construction de soi : l'évolution de la contestation politique des jeunes Palestiniens de la première à la deuxième Intifada», *Égypte-Monde Arabe*, Le Caire, CEDEJ, automne 2002.

49. Voir Agnès Pavlowsky, *Les Femmes palestiniennes entre soumission et émancipation*, thèse en cours à l'EHESS, Paris.

50. Voir Läetitia Bucailles, *Gaza, la violence de la paix*, Paris, Presses des Sciences-Po, 1998.

51. Voir pour une justification théorique de cette quadruple dimension, Farhad Khosrokhavar, *L'Instance du sacré*, Paris, Cerf, 2001.

52. Voir Zéev Schiff, Ehud Ya'ari, *Intifada*, Paris, Stock, 1991.

53. Voir Läetitia Bucaille, *Générations Intifada*, Paris, Hachette, 2002.

54. C'est notamment le cas d'un kamikaze de 46 ans, Daoud Ali, qui avait des terrains à proximité de l'une des colonies mais qu'il ne pouvait exploiter. Voir « Un kamikaze ordinaire », *Le Monde*, 18 janvier 2002, *op. cit.*

55. Cette partie s'inspire des discussions avec Agnès Pavlowsky et Pénélope Larzillière.

56. Chaque Palestinien y dispose, *grosso modo*, de quelque 70 litres d'eau par jour lors même que les juifs des colonies (ils ne sont pas simplement israéliens, mais juifs, les autres, comme les Arabes ou les Druzes israéliens n'ayant pas le droit de résider dans les colonies) ont droit à 350 litres.

57. Voir Jean-François Legrain, « Palestine : les Bantoustan d'Allah », *Cahiers de Cermoc Palestine*, n° 17, 1997; Alain Dieckhoff, La Nation dans tous ses états, Paris, Flammarion, 1996.

58. Dans les testaments des martyrs on trouve souvent ces griefs couchés pathétiquement dans un langage qui se veut religieux mais dont le contenu est déterminé par la situation concrète des Palestiniens et leur condition de vie. Voir le site web www.palestine-info.org où se trouvent des testaments. L'un d'eux, de Edna Yaghi, « You have made me your human bomb » (« Vous avez fait de moi une bombe humaine ») résume assez bien ces griefs qui n'ont rien en soi de religieux.

59. L'expression « apartheid » est employée par des personnalités comme l'écrivain Grossman ou le juge Michael Ben Yaïr. Voir Michael Ben Yaïr, « Non à l'apartheid, pour sauver le sionisme », *in Le Monde*, 10-11 février 2002. Des personnalités comme le pacifiste Ouri Avneri, le général de réserve Dov Tamari ou même le président de la Knesset Avraham Burg relèvent cet état de fait. Ce dernier affirme : « L'occupation corrompt; plus précisément, elle nous a déjà corrompus. La discrimination devient notre norme, et l'insensibilité une manière d'être. » Pour Ehud Barak, sans le retrait des Territoires occupés, « ce sera ici la Bosnie ou l'Afrique du Sud ». Voir *Le Monde*, « La montée d'un camp moral humaniste (en Israël) », 10-11 février 2002.

60. Voir Lambert Dolphin, « From There's a War on, Folks – The Coming Tribulation », *in Extreme Islam*, *op. cit.*; dans le

même ouvrage, voir *Holy War Zero*, les productions d'un site web de prosionistes apocalyptiques et chrétiens.

61. Les partisans du « Grand Israël » comme les membres du parti Unité nationale, voire certains membres de Likoud, prônent le transfert massif de la population palestinienne hors des Territoires occupés. Voir les propos de Benyamin Elon qui parle de « transférer les Palestiniens », *in Le Monde*, 10-11février 2002. Le groupe Gush Emunim a tenté de faire exploser la mosquée Al Aqsa et dont le plan consiste à réaliser l'Eretz Israël en employant des méthodes d'élimination physique auprès des Palestiniens. Voir Yosef Hermoni, « Gush Emunim's view of Zionism », *in* Adam Parfrey, *Extreme Islam*, Feral House, Los Angeles, California, 2001.

62. Voir René Girard, *La Violence et le Sacré*, Grasset, 1972.

63. Selon les sources de sécurité israélienne, en 1993, le nombre des bombes vivantes était de 13, en 1994, 7, en 1995, 8, en 1996, 4 en 1997, puis en 1998, 2, en 1999, zéro, en 2000, 4, en 2001, 36 et en 2002, 28. Ainsi, le moment du répit dans le cycle de violence a été l'année 1999 où aucun attentat kamikaze n'a été recensé. Voir *Time*, April 15, 2002, qui attribue ces chiffres aux sources de sécurité israélienne.

64. Voir Agnès Pawlowsky, *Hamas ou le miroir des frustrations palestiniennes, op. cit.*

65. En septembre 1995, se produisit l'affrontement entre une section de la Force 17 et la Police civile. Voir Graham Usher, « What kind of Nation ? The Rise of Hamas *in* the Occupied Territories », *in Race and Class, Palestine*, Diplomacies of Defeat, 37 (2) octobre-décembre 1995. D'autres heurts eurent lieu en juin 1996 dans la cité de Gaza.

66. Voir Khaled Hroub, *Hamas, Political Thought and Practice*, Institute for Palestine Studies, Washington DC, 2000.

67. Voir Émile Habibi, *Les Aventures extraordinaires de Saïd le « peptimiste »*, Paris, Gallimard, 1997.

68. Leur nombre peut être cependant relativement élevé. Une quarantaine de milliers de jeunes Palestiniens auraient quitté les Territoires occupés, depuis la Seconde Intifada.

69. Voir Avishai Margalit, *La Société décente*, Éditions Climats, 1999 (1996 pour l'édition anglaise). Avishai Margalit propose

l'idéal d'une société décente où les institutions respecteraient l'individu. S'inspirant du cas palestinien, il pense que l'idéal de la décence est plus important que celui de la justice.

70. Voir *Time*, 15 avril 2002.

71. Voir Laëtitia Bucaille, *op. cit.*

72. Voir *Terrorism : Questions & Answers, Council on Foreign Relations*, qui donne le chiffre de 90 % des activités du Hamas comme étant d'origine culturelle et sociale en l'attribuant au spécialiste israélien Reuven Paz, *in* www.Terrorismanswers.com/groups/hams3.html

73. Voir Agnès Pavlowsky, *Hamas ou le miroir des frustrations palestiniennes, op. cit.*

74. Voir Stéphanie Nolen, «Portrait of a Suicide Bomber», *Palestine Report*, Jérusalem, 15 mars 1996.

75. A. Pavlowsky, *op. cit.*

76. Voir *Time*, 15 avril 2002, qui attribue ces chiffres aux sources de sécurité israélienne.

77. Dans un sondage effectué dans la Bande de Gaza, 78 % de la population approuvait les bombes vivantes alors que 60 % étaient pour la poursuite des négociations de paix. Voir *Time*, 15 avril 2002.

78. Voir Nasra Hassan, « An Arenal of Believers, Talking to the "human bombs" », *The New Yorker*, 19 septembre 2001.

79. Voir *Terrorism : Questions & Answers, Council on Foreign Affairs*, *op. cit.*

80. Voir Gilles Paris, « Un kamikaze très ordinaire », *Le Monde*, 18 janvier 2002.

81. Voir A. Pavlowsky, *op. cit.*, p. 184.

82. Voir Bernard Lempert, *Critique de la pensée sacrificielle*, Paris, Seuil, 2000.

83. Voir Dr Eyad Sarraj, *Understanding Palestinian Terror*, article de Mid-East Realities (MER), via www.middleeast.org. Le docteur Serraj, membre de la Commission des Droits de l'Homme, a été mis en prison par l'Autorité autonome palestinienne à trois reprises en 1996.

84. Pour les péripéties d'une religiosité mortifère réélaborée à partir d'une situtation de détresse intériorisée, voir la trilogie Farhad Khosrokhavar, *L'Utopie sacrifiée, sociologie de la révolution iranienne, op. cit.; L'Islamisme et la Mort, le martyre révolution-*

naire en Iran, op. cit.; L'Anthropologie de la révolution iranienne, le rêve impossible, op. cit.

85. En Iran, l'expression «martyr vivant» (*chahid e zendeh*) s'applique à ceux qui avaient visé la mort sacrée dans les opérations de guerre contre l'Irak mais qui n'ont pas péri, tout en ayant subi de graves blessures ayant entraîné des mutilations.

86. Voir Nasra Hassan, *The New Yorker*, le 19 novembre 2001, *op. cit.*

87. C'est ainsi que les bombes vivantes poussent à chaquc fois la société israélienne à voter à droite, voire à la droite radicale comme dans les dernières élections législatives où Sharon a été élue contre le candidat travailliste Ehud Barak. D'un autre côté, lorsque les gouvernements israéliens veulent faire ajourner des pourparlers sur la paix avec les émissaires américains, ils liquident un dirigeant du Hamas ou du Djihad, sachant pertinemment que la riposte ne tardera pas à venir et qu'il y aura une bombe vivante à la clé avec des morts, l'émotion collective et en conséquence, le caractère légitime de l'ajournement *sine die* des négociations.

88. On peut trouver sur le site web www.templemountfaithful.org des textes de chrétiens et des juifs sionistes qui cherchent à construire le troisième temple de Salomon sur les ruines de la mosquée Al Aqsa à Jérusalem.

89. C'est notamment le cas d'Ahmad Thomson, auteur de *Dajjal the Antichrist*, qui mêle des idées néonazies et une vision apocalyptique. Voir la section sur la Communauté absente.

90. Voir Safar Ibn'Abd Al-rahman Al-hawali, *The Day of Wrath, Is the Intifada of Rfajab only the beginning?* (*Le jour de l'Ire; l'Intifada du (mois de) Rajab est-elle uniquement le commencement?*) texte de 77 pages sur le site web www.azzam.com.

91. Voir Issa Makhlouf, *Beyrouth ou la fascination de la mort*, Les Éditions de la Passion, 1988. Georges Corm, *Le Proche-Orient éclaté*, Paris, La Découverte, 1983.

92. Voir Issa Makhlouf, *op. cit.*

93. Voir Patrick Meney, *Même les tueurs ont une mère*, Paris, La Table Ronde, 1986.

94. C'est l'inverse de la dialectique du maître et de l'esclave développée par Hegel dans *La Phénoménologie de l'Esprit.* Pour

lui, la mise à mort de l'esclave signifierait la fin de l'hégémonie du maître. C'est pourquoi celui-ci doit éviter à tout prix sa suppression. Le maître n'est maître que face à l'esclave, ce qui rend ce dernier indispensable pour la permanence de ce sentiment de maîtrise et de servitude. Une configuration échappe à Hegel : la mort de l'autre donne un sentiment de toute-puissance qui se revigore dans le spectacle même de la toute-puissance du maître. C'est la manifestation d'une omnipotence qui rapproche le maître de Dieu et fait du renouvellement de ces actes l'ingrédient nécessaire de la maîtrise comme telle. Cela signifie que la « maîtrise » ne peut se perpétuer que s'il y a un stock d'« esclaves », renouvelable à merci, permettant au dominateur de se sentir tel par la suppression du dominé.

95. Voir Kaufman, *op. cit.*

96. Voir Saoudi Fathia, *L'Oubli rebelle*, Beyrouth, 1982, Paris, L'Harmattan, 1986 ; Issa Makhlouf, *op. cit.*

III

La *néo-umma* transnationale : le martyr Al Qaeda

1. Voir Moussa Khedimellah, *De l'obscurité à la lumière. Da'wa, subjectivation et resocialisation : le cas des jeunes hommes engagés dans la Tablighi Jama'a en Lorraine*, DEA, EHESS, Paris, septembre 1999.

2. Voir John R. Hall, Philip D. Schuyler et Sylvaine Trinh, *Apocalypse Observed*, Routledge, New York et Londres, 2000.

3. Certains de ces détenus étaient en mandat de dépôt, c'est-à-dire n'avaient pas encore été jugés ; d'autres, avaient eu des condamnations en raison de leur implication dans des activités terroristes liées à l'Algérie et ont vu leur dossier remis en jugement en raison de leurs relations avec Al Qaeda. Pour des raisons évidentes, nous maintenons l'anonymat des détenus.

4. Voir Zygmunt Bauman, *Life in Fragments*, Blackwell Publishers, Oxford, UK, 1995.

5. Voir Alain Ehrenberg, *La Fatigue d'être soi*, Paris, Odile Jacob, 1998, qui a une vision fine de la dépression sur laquelle elle insiste particulièrement, mais ne perçoit pas la dimension maniaque qui habite tout aussi bien l'individu moderne, avec ses hauts et ses bas psychiques.

6. Voir Alain Touraine, Farhad Khosrokhavar, *La Recherche de soi, op. cit.*

7. C'est l'allusion à la sourate *Al-Alaq* (*L'Adhérence*) qui commence par : « Lis au nom de ton Seigneur qui a créé, qui a créé l'homme d'une adhérence... ».

8. Voir Saskia Sassen, « Whose City is it? Globalization and the Formation of New Claims », *Public Culture*, 19, 1996; *Cities in a World Economy*, Thousand Oaks, California, Pine Forge/Sage Press, 1994.

9. Voir Dale Eickelman & James Piscatori, *Muslim Travellers*, University of California Press, 1990; Susanne Hœber, Rudolph & James Piscatori, *Transnational Religion and Fading States*, Westview Press, 1997; les contributions de Valérie Amiraux, de Michel Peraldi et de Rémi Leveau *in* « Les Anonymes de la Mondialisation », Jocelyne Cesari (dir.), *Cultures & Conflits*, n° 33-34, printemps-été 1999.

10. C'est le cas du Hizb ul-Tahrir basé à Londres qui entend reconstruire le califat à l'échelle du monde.

11. C'est en 1987 que commencent, chez les Tamouls, les tactiques de la « bombe humaine » aboutissant à l'assassinat du Premier ministre indien Radjiv Gandhi en 1991 et d'un Président du Sri Lanka en 1993. À noter que presque le tiers des auteurs des attentats sont des femmes qui se font souvent passer pour enceintes.

12. On emploie l'expression dans un sens neutre, même si on ne peut éviter ses connotations négatives.

13. Voir François Heisbourg, *Hyperterrorisme : la nouvelle guerre*, Paris, Odile Jacob, 2001.

14. Voir Yossef Bodansky, *Bin Laden, The Man who declared War on America*, Forum, 2001, USA; Florent Blanc, *Ben Laden et l'Amérique*, Paris, Bayard, 2001.

15. Voir Brett McCrea, *US Counter-Terrorist Policy : a Proposed Strategy for a Non-Traditional Threat, Low Intensity Conflict and Law Enforcement*, hiver 1994.

16. Voir Michel Wieviorka, *Sociétés et Terrorisme*, Paris, Fayard, 1988, qui insiste à juste titre sur la dissociation entre l'acteur terroriste et la cause qu'il prétend incarner (par exemple, il se donne pour le représentant de la classe ouvrière alors qu'il n'en est rien).

17. Voir « Le Harkat, l'islamisme pur et dur », *in Courrier international*, n° 604, Du 3 mai au 5 juin 2002, reproduisant partiellement l'article de Khaled Ahmed, *The Friday Times*, Lahore.

18. Voir Manuel Castells, *Le Pouvoir de l'identité, l'ère de l'information*, Paris, Fayard, 1997.

19. Voir F. Heisebourg, *idem*, Florent Blanc, *ibidem*.

20. Voir Roland Jacquard, *Au nom d'Oussama Ben Laden*, Éditions Jean Picollec, 2001.

21. Voir Jossef Bodansky, *loc. cit.*; Roland Jacquard, *op. cit.* Pour une vue d'ensemble de ces phénomènes, voir Gilles Kepel, *Jihad, expansion et déclin de l'islamisme*, Paris, Gallimard, 2000.

22. Voir R. Jacquard, *op. cit.*

23. Voir Gérard Chaliand, « Ce n'est pas une guerre, c'est le stade ultime du terrorisme classique », *Le Monde*, 18 septembre 2001, p. 13.

24. *Islam and the Death of Democracy* est le titre d'un ouvrage de Ian Dallas, disponible sur son réseau électronique.

25. Voir Adam Parfrey, *Extreme Islam*, Feral House, 2001, USA, pour des morceaux choisis du *Islam and the Death of Democracy*.

26. Voir Ahmad Thomson, *Dajal the Antichrist*, Novus Ordo Seclorum, USA, 1997.

27. Chez les chiites, l'institution du califat était entachée d'illégitimité, puisqu'après la mort du Prophète, ce n'est pas Ali, son gendre et cousin, qui a été désigné comme premier calife mais Abou Bakr et qu'Ali n'a été calife qu'après Omar et Osman. Par la suite, les califes et leurs représentants comme les sultans ottomans, ont réprimé souvent les chiites qui voyaient en eux des usurpateurs. Même si les chiites radicaux prônent l'unité de l'islam et à terme, son unification politique, ce n'est pas en référence au califat, mais au Prophète et son règne médinois qu'ils formulent cette idée.

28. Pour le Hizb al Tahrir, voir Suah taji Farouki, *A Fundamentalist Quest : Hizb al Tahrir and the Search for the Islamic Caliphate*, London, Grey Seal, 1996.

29. Voir Werner Schiffauer, *Die Gottesmänner, Türkische Islamisten in Deutschland*, Suhrkamp taschenbuch, Frankfurt am Main, 2000.

30. Pour la genèse du mouvement des Talibans en Afghanistan, voir Michael Grifin, *Reaping the Whirlwind, The Taliban Movement in Afghanistan*, London, Pluto Press, 2001.

31. Voir Michael Elliott, « Al Qaeda Now », *Time*, 3 juin 2002.

32. Voir Peter L. Bergen, *Bin Laden, running a « Holy War Inc. »*, Weinfeld & Nicolson, 2001 ; Gilles Kepel, *Jihad*, *op. cit.*, Roland Jacquard, *op. cit.*

33. Voir Florent Blanc, *op. cit.*

34. Voir Gilles Kepel, *Jihad*, *op. cit.*

35. Voir R. Jacquard, *op. cit.*

36. Voir *Time*, 3 juin 2002, Michael Elliott, « Al Qaeda Now ».

37. L'aumônier juif d'une des maisons d'arrêt visitées nous a confié qu'il s'est vu traiter de « sale juif » par certains détenus d'origine maghrébine à partir de mars 2002, au moment où les menées de l'armée israélienne dans les Territoires occupés ont été couvertes le plus intensément par la télévision, source quasi exclusive d'information auprès des détenus.

38. Voir Anthony Giddens, *Modernity and Self-identity*, Cambridge Polity Press, 1991.

39. Voir Djalal Al Ahmad, *L'Occidentalite*, Paris, L'Harmattan, 1988.

40. Voir Johanes J.-G. Jansen, *The Neglected Duty : the Creed of Sadat's Assassins and Islamic Resurgence in the Middle East*, New York Mac Millan, 1986.

41. Entretiens avec des islamistes en prison, en mars et avril 2002, en région parisienne.

42. Voir Philippe Bataille, *Le Racisme au travail*, La Découverte, 1997.

43. Voir *Le Monde*, 7 octobre 1995, « Moi, Khaled Kelkal », entretien réalisé avec Dietmar Loch le 3 octobre 1992.

44. Olivier Roy parle en l'occurrence du néo-fondamentalisme. Voir Olivier Roy, « Le Post-islamisme », *Revue des Mondes musulmans et de la Méditerranée*, n° 85/86, Edisud, Aix-en-Provence, 1999.

45. Voir Denis Duclos, *Société-monde, le temps des ruptures*, Paris, La Découverte & Syros, 2002.

46. Voir pour les identités banlieusardes en France en comparaison avec celle de l'Allemagne, Nikola Tietze, *Islamische Identitäten, Formen Muslimischer Religiosität jünger Männer in Deutschland und Frankreich*, Hamburger Edition, Deutschland. 2001

47. Voir par exemple, Paul Kelso, « Terror recuits warning : young Muslims "fall prey to extremists" », *in The Observer*, 27 décembre 2001.

48. Voir Steven Morris, « Volunteers, shock for neighbours at Britons'fate », *The Guardian*, 27 octobre 2001.

49. Dans les prisons qui se trouvent à proximité des villes « à banlieues » comme Lyon, Marseille, Metz ou Lille, jusqu'à 70 % des détenus sont directement (nés au Maghreb) ou indirectement (parents maghrébins) d'origine maghrébine.

50. Voir Danièle Hervieu-Léger, *Le Pèlerin et le Converti*, Paris, Flammarion, 1999.

52. Voir « Killing Infidels *in* Chechniya, A Foreign Mujahid's Diary », Adam Parfrey (dir.), *Extreme Islam, Anti-American Propaganda of Muslim Fundamentalism*, Feral House, 2001, USA.

53. Voir Dominique de Courcelles, « Un lieu pour la raison des "Lumières" : la conversion à l'islam d'Adam Neuser au XVIe siècle » Mercedes Garcia-Arenal *in Conversions islamiques*, (dir.), Paris, Maisonneuve & Larose, 2001.

54. Voir Farhad Khosrokhavar, *L'Islam des jeunes*, *op. cit.* ; Nikola Tietze, Farhad Khosrokhavar, « Violences, médias et intégration » *in Violence en France*, sous la direction de Michel Wieviorka, Paris, Seuil, 1999.

56. Voir François Dubet & Danilo Martucelli, *Dans quelle société vivons-nous ?*, Paris Seuil, 1998.

57. Malgré ses outrances verbales et son parti pris d'étrangeté, Baudrillard est celui qui exprime le mieux cet état de fait où l'individu oscille entre l'irréalité télévisuelle et une réalité dépourvue d'aspérité. Voir Jean Baudrillard, *Simulacre*, Gallimard.

58. Voir Frank Kermode, *The Sense of an Ending*, Oxford, 1967.

59. Voir Jean Baudrillard, *Simulacre*, *op. cit.* Celui-ci ne voit pas que la démultiplication des simulacres et l'effet de l'irréalité induit peuvent se muer, par un renversement de la continuité à la rupture, en une redoutable réalité mortifère.

60. Voir Rudolph Otto, *Le Sacré*, Paris, Payot, Petite Bibliothèque.

Conclusion

1. On peut le concevoir comme l'une des faces d'une modernité, multiple de nature. Mais alors, il s'agirait de savoir s'il est une manière de se moderniser ou c'est la face d'ombre de certains types de modernité. Voir les contributions de S.N. Eisenstadt et de Nilufer Göle *in* « Multiple Modernities », *Daedalus*, Vol. 129, n° 1, hiver 2000.

2. Voir Jose Casanova, « Civil Society and Religion : Retrospective Reflections on Catholicism and Prospective Reflectins on Islam », *Social Research*, Vol. 68, n° 4, hiver 2001.

Annexes

1. Voir Bruno Tessarech, Amaury Guibert et Maëlle Joulin, *Terrorismes, vers un nouveau désordre mondial?*, Paris Mango Document, 2001.

2. Voir pour des statistiques détaillées James A. Beckford and Sophie Gilliat, *Religion in Prison*, Cambridge University Press, 1998 où l'on relève qu'entre 1991 et 1997, le nombre des détenus musulmans est passé de 1 959 à 3 693, enregistrant une augmentation de 89 %. Pour la situation globale des musulmans anglais voir Danièle Joly, *Britannia's Crescent : Making a place for Muslims in British Society*, Avebury, England, 1995.

3. Voir Roland Jacquard, Yossef Bodansky, *op. cit.*

4. Voir *Le Monde* 27 décembre 2001, *Times*, 27 décembre 2001.

5. Voir *The Guardian*, 27 décembre 2001, p. 14.

6. Voir Frédéric Chambon, Jean-Pierre Langellier et Éric Leser, « Itinéraire d'un apprenti terroriste », *Le Monde*, 29 novembre 2001.

7. Voir *Le Monde*, 2 octobre 2001, *Time*, 12 novembre 2001.

Table

Annexes

Cet ouvrage a été imprimé par la
SOCIÉTÉ NOUVELLE FIRMIN-DIDOT
Mesnil-sur-l'Estrée
pour le compte des Éditions Flammarion
en août 2002

Imprimé en France
Dépôt légal : septembre 2002
N° d'édition : FF 831701 – N° d'impression : 60770